平凡社新書
927

今を生きるための仏教100話

植木雅俊
UEKI MASATOSHI

HEIBONSHA

今を生きるための仏教100話●目次

はしがき……9

第一章　仏教との出会い……11

第一話　紆余曲折　12／第二話　自分で考える　13／第三話　乞眼のバラモン　17
第四話　インドに行かないインド学者　20／第五話　言葉が出来上がる！　23
第六話　言葉の限界と必然性　26／第七話　中村元先生の励まし　30
第八話　『法華経』の導きか？　33／第九話　日系二世の菩薩道　37
第十話　駆け込み寺へのお礼参り　42／第十一話　毎日出版文化賞受賞スピーチ　46
第十二話　「白蓮華」批判　52

第二章　原始仏教の思想……57

第十三話　〝人間ブッダ〟の探究　58／第十四話　釈尊の平等思想　60
第十五話　〝非我〟と〝無我〟　64／第十六話　自己との対決の必要性　67
第十七話　〝真の自己〟の探求　69／第十八話　始終自身なり　72
第十九話　汝自身を知れ　75／第二十話　食法餓鬼　79
第二十一話　「成仏」とは人格の完成　82／第二十二話　タゴールの思想　86
第二十三話　如実知見の困難さ　90／第二十四話　迷信・神通力の否定　93

第二十五話　過去を引きずらない　97／第二十六話　怨みを捨ててこそ　101
第二十七話　映画『ボンベイ』の描くヒューマニズム　104／第二十八話　病者を看護せよ　114
第二十九話　フランクルと仏教　119／第三十話　盲信の否定　123
第三十一話　無疑曰信か、不疑曰信か　127／第三十二話　釈尊の〝遺言〟　132
第三十三話　名著『原始仏典を読む』　134

第三章　潑剌とした女性たち…………137

第三十四話　ジェンダー・フリー!?　138／第三十五話　釈尊のジェンダー平等思想　141
第三十六話　覚りを表明する女性たち　148／第三十七話　女性の自立と財産権　151
第三十八話　女性の智慧第一　153／第三十九話　龍女の成仏　155
第四十話　ザクロと鬼子母神　159

第四章　釈尊滅後の教団…………163

第四十一話　民主的な会議の空洞化　164／第四十二話　釈尊の神格化　168
第四十三話　教団の権威主義化　171／第四十四話　莫大な布施と蓄財　174
第四十五話　大乗の〝差別思想〟　176

第五章　大乗仏教による原点回帰……179
第四十六話　在家の復権　180／第四十七話　維摩詰の平和行動　187
第四十八話　白蓮華のシンボリズム　192／第四十九話　『法華経』の平等思想　195
第五十話　声聞の名誉回復　199／第五十一話　仏塔か、経典か？　202
第五十二話　聖地信仰への反省　206／第五十三話　弥勒菩薩への皮肉　209
第五十四話　「人」と「法」　213／第五十五話　法身如来は形容矛盾　216
第五十六話　久遠実成に込められた意味　224／第五十七話　巨大化した如来　231
第五十八話　掛詞に込めた寛容思想　234／第五十九話　大勢至菩薩がなぜ『法華経』に　238
第六十話　宗派を超える視点　243／第六十一話　大乗非仏説論　246

第六章　科学との接点……251
第六十二話　ブラックホール　252／第六十三話　ゼロと巨大数　255
第六十四話　三千大千世界　259／第六十五話　ナツメの種子から原子へ　261
第六十六話　科学と宗教　265

第七章　中村元先生のこと……271

第六十七話　決定版・中村元選集の完結に寄せて　272
第六十八話　昏睡状態での〝最終講義〟　274／第六十九話　普遍的思想史の夢　277
第七十話　「人間の平等」の東西比較　283／第七十一話　自作の戒名　289
第七十二話　この夫人ありて、中村元先生あり　291
第七十三話　評伝『仏教学者　中村元』　296

第八章　原典からの翻訳余話

……301
第七十四話　葬式のおまじない？　302／第七十五話　古訳・旧訳・新訳　305
第七十六話　納得できる訳を　309／第七十七話　菩薩の名は「妙音」か「吃音」か　311
第七十八話　耳で聞いて分かる訳を　316／第七十九話　ラクシャー・バンダンのお守り　320
第八十話　同じ漢字でも異なる意味　323／第八十一話　漢訳書き下しの落とし穴　328
第八十二話　漢訳のための新作漢字　332
第八十三話　真作か偽作かは大した問題ではない　337／第八十四話　梵文〝翻訳ノート〟　342

第九章　文学への影響

……347
第八十五話　お釈迦さまも詩人であった　348／第八十六話　西の元政・東の芭蕉　352
第八十七話　和辻哲郎と『法華経』　355／第八十八話　『法華経』と日本文学　360

第八十九話　芭蕉と近松　366

第十章　恩ある人々……371
第九十話　鑑真和上のコスモポリタニズム　372／第九十一話　白川義員氏の〃仏教伝来〃　375
第九十二話　菅原文太さん　378／第九十三話　偶然的必然　380／第九十四話　『等伯』　383
第九十五話　アメリカの出版事情　387／第九十六話　阿満利麿先生と慈雲尊者　390
第九十七話　卯の目・鷹の目　394／第九十八話　報恩　398

第十一章　終わりに……403
第九十九話　今を生きる　404／第百話　十一月二十八日のこと　406

あとがき……412
初　出……415

はしがき

本書は、二〇一七年九月十二日から十一月二十八日まで五十回にわたって「西日本新聞」に連載した随筆「仏教50話」を大幅に増補し、さらに五十回分を追加したものである。その結果、仏教そのものに関することに限らず、私の仏教探究の経緯や、その途上における人との出会いなどといった内容にまで膨らんでいった。そこで、タイトルを『今を生きるための仏教１００話』に改めた。

学生時代の仏教との出会いに始まり、長年の仏教学の独学と、三十代後半にぶつかった独学の限界、東方学院を開設された中村元《なかむらはじめ》先生（東京大学名誉教授）との四十歳過ぎてからの出会い、毎週三時間の中村先生の講義への参加、東方学院でのサンスクリット語の学習、中村先生の指示で挑戦したお茶の水女子大学での学位取得、博士論文の岩波書店からの出版と、それに続く『法華経《ほけきょう》』『維摩経《ゆいまきょう》』のサンスクリット原典からの現代語訳などの出版、さらにはＮＨＫ—Ｅテレ「100分de名著」に出演して『法華経』を解説したことなど、自分でも信じられないことが相次いだ。

それは、中村先生をはじめ、三枝充悳《さいぐさみつよし》先生（筑波大学名誉教授）、前田耕作先生（東京藝術大学客員教授）、ケネス・Ｋ・イナダ先生（ニューヨーク州立大学名誉教授）、加藤九祚《かとうきゅうぞう》先生（国立民族学博物館名誉教授）、ムルハーン千栄子《ちえこ》先生（元イリノイ大学教授）、佐藤アヤ子先生（明治学院大学名誉教授）などから受けた多大なる学恩のおかげである。

私は、学生時代に学生運動家から「だから何なんだ？」と問い詰められて何も答えられず、自信喪失に陥った。そこから立ち直るのに仏教との出会いがあったし、その仏教を学ぶのに、「だから何なんだ？」という問いをずっと自らに問い続けてきた。仏教を、信仰としてではなく、自らの人生にとって、思想としてどのような意味があるのか、「だから何なのだ？」という問いを自らに課してきた。自分が納得したことでなければ、他者を納得させることもできないし、普遍性も伴わない。本書は、その仏教探究の経過をまとめたものである。

第二十二話「タゴールの思想」で触れるように、アジアで初めてノーベル文学賞を受賞したインドの詩聖ラビンドラナート・タゴールは、「二十一世紀に仏教は重要な思想として注目されるでしょう」と言った。一方で、中村先生は「日本仏教は、所詮《しょせん》はシャーマニズムの域を出ていません」と厳しい評価をされていた。果たして仏教思想のどのようなところが注目されるのか、検証してきたことの一端をまとめた。

また、多くの諸先生方との出会いの不思議についても、ご恩返しの意味を込めて詳しく紹介させていただいた。一人では何もできない。人との出会いの大切さを改めて痛感させられた。

第一章　仏教との出会い

第一話　紆余曲折

肩書を聞かれたら、仏教思想研究家で通している。仏教というと、信仰として捉えられがちだが、本来は思想としてあったし、信仰として捉えてしまうと、大事なことがずいぶんと抜け落ちてしまうからだ。

仏教思想の研究にたどり着くまで、多くの紆余曲折《うよきょくせつ》があった。私は、雲仙普賢岳の麓《ふもと》の島原市に生まれ育った。中学時代は、「西日本新聞」の配達をして得たお金で参考書を買って勉強した。母ミズカは、三十年近く「西日本新聞」の集金をして私を九州大学大学院まで行かせてくれた。「西日本新聞」にこの「仏教50話」を連載することになって、恩返しの思いを込めて書かせていただく。

大学受験は工学部志望だったが、高校三年十月のテストで苦手な物理学で赤点の二十点を取った。それでは工学部は無理と言われ、慌《あわ》てて物理学の分厚い参考書を買ってきて、隅《すみ》から隅まで読破し、例題も練習問題もすべて自力で解いて年が明けた。最後のテストは九十六点で、学年最高点だったと聞いた。その勉強を通して、物理学が真理探究の勝《すぐ》れた学問だと感動した。

工学部に入学したものの、どうしても物理学の面白さが忘れられなかった。理学部長を訪ね、物理学への思いを訴えた。その熱意が通じたのか、理学部物理学科への転部を許可された。

ところが思春期の悩みで、自信喪失や自己嫌悪に苛《さいな》まれた。仏教学者・中村元《なかむらはじめ》博士の訳された原始仏典の言葉を通して、鬱《うつ》状態を乗り越えることができ、仏教学に興味を持った。物理学を学ぶ傍《かたわ》らで、独学で仏教書を読み漁《あさ》った。友人たちから「物理学が何で仏教学なんだ？」と聞かれた。「私にとって、ブッリのブッは物ではなく仏と書くんだ」と答えていた。

社会人になっても、独学で仏教学を学んでいたが、三十代後半に独学の限界にぶつかった。どうしてもサンスクリット語にさかのぼらなければ理解できないことが相次いだ。そんな時、中村博士との不思議な出会いがあった。毎週三時間の講義を受けることになり、中村先生から「植木さん、博士号を取りなさい」と指示され、お茶の水女子大学で男性初の人文科学博士の学位を取得した。

現在は、インドのサンスクリット語や、パーリ語から仏典を翻訳したり、身の回りの仏教に疑問を抱きながら、本来の仏教は何だったのかを探究している。

方向転換の連続で一見、支離滅裂な人生と思えるが、私にとっては一貫したものがある。

第二話　自分で考える

九州大学に入学したのは、一九七〇年のことだった。その二年前に米軍のファントム戦闘機が大学構内に墜落炎上したことで、学生運動が激化し、教養課程の学生全員が留年という事態になった直後のことだった。問題意識の塊《かたまり》のような先輩たちから、事あるごとに議論をふっかけられた。

聞きかじりの言葉で答えて、「だから何なんだ?」の一言で黙り込んでしまったものだ。「何を考えているんだ」「何も考えていないんじゃないの?」と詰め寄られ、その言葉が、ぐさりと胸に刺さった。自分の言葉で何も語れないことをとことん思い知らされた。私の知識が音を立てて崩れ、言葉が意味を失っていった。私は自信を喪失し、自己嫌悪に陥った。そして、「考える」という言葉に恐怖感を覚えるようになった。

「考えろ」と言われても、何をどう考えればいいのか、分からなかった。考えても、せいぜい受験勉強で与えられたものを理解すること、丸暗記をすることは、やってきたかもしれないが、「自分で考える」ということは、何も学んでいなかったことに気づくだけだった。

そんな失意の中、一学年を終えた春休みに帰省した。その時、知人が持っていた澤瀉久敬《おもだかひさゆき》著『「自分で考える」ということ』(角川文庫)という一冊の文庫本のタイトルに惹《ひ》かれた。一九六四年の東京オリンピックを控えて、「日本が文明国であることを外国人に見てもらおうとするなら、まず、精神の面における改革が必要なのではなかろうか」という思いでまとめられた本だという。

一晩借りて貪《むさぼ》り読んだ。「自分で考える」ということを噛《か》んで含めるように、手取り足取りに、ものごとを整理しながら、解きほぐすようにと言っていいほどに、懇切丁寧《こんせつていねい》に、順を追って、ものごとを整理しながら、解きほぐすように教示してくれていた。明晰《めいせき》な書は、読者に自分の頭がよくなったかのような錯覚《さっかく》をもたらすものだが、私は、この本を読みながら、頭の中が整理され、著者とともに順を追って思考している思いがした。その感動を知人に語ると、喜んでその本を私にくださった。そして、心に残る一冊となった。

澤瀉氏は、本書で「四つ五つの子供は見るもの聞くものに就《つ》いてよく私たちに『なぜ？』『なぜ？』と質問しては私共を当惑させます。『なぜお空は青いの？』『なぜお星さまは落ちてこないの？』たしかにこの年頃の幼児はものごとに説明を求めます。しかし、彼らはまだ自分で考える力をもってはおりません」と言う。そこまではいかなくても、「常識とは世間一般が承認している知識」「良識とは各人がどこまでも自分自身で行なう判断」「常識は受動的であり、動物的である。良識は、しかし、能動的であり、人間的である」という立て分けに従えば、私は、常識は多少あっても良識に欠けていた。

その本は、デカルトの「理性」に基づく「順序」と「方法」に則《のっと》って考えることについて詳述していた。すなわち、「多くの問題がいつまでも解決できぬのは、与えられている問題を、そのままで解こうとするから」で、「複雑な問題を、そのままで、全体として解こうとしても、それは無理な話」であり、「全体を部分に分けて、一つ一つ解きほぐさねばならぬ」と述べ、「特に東洋人は――『全体』ということが好きで、『全体を全体のままで』ということをむしろ重んじさえする」が、「それではいけない。複雑なものを単純なものに還元せねばならぬ」と忠告していた。

「理性の方法はこれだけではない。分けられた要素を、次に、一つ一つ、徐々に、段々と、積み重ねてゆくことが必要である」「絵の上達を願うものは、まず一本の線を美しく描くことを学ばねばならぬ。一人前の大工になるには、幾年もただ板をけずることだけを習わねばならぬのである」「その前進にあたっては跳躍を試みてはならない。地上から一挙に屋根に飛び上るようなまねをしてはならない」「理性に従う者は階段を一段一段と登らねばならぬ」「理性は飛躍をゆるさない」「分析と綜合こそ理性的人間の辿《たど》らねばならぬ道なのである」とも教訓していた。

こうしたことを読んで、与えられたものを受動的に受け入れるのみであったことを根底から反省した。素朴な疑問を大事にし、自分が納得することを重視した。単純なことに始まり、一つひとつ自分で納得したことを積み重ねていくという読書を続けた。自分が納得しなければ先へは進まないという方針を貫いた。不確かな「知」を足がかりとせずに、必ず納得するまで調べて、その上で先に進むという方法を取った。物理学の知の体系も鵜呑《うの》みにせず、すべて自分で計算して確認した。

澤瀉氏は、その著作の中で「自分で考える」ことを身をもって実践した代表として二人の名前を挙げていた。一人はデカルト、もう一人は何と釈尊《しゃくそん》だった。フランス哲学の先生の本だから前者は分かる。ところが、釈尊の名前には驚いた。その意外さから仏教に関心を持ち、仏教書を読み始めた。

しかし、多くの本は仏教用語の解説はしているが、「だから何だろう?」という思いが残った。その言葉を使うことで何が明らかになるのか、何がすごいのか、私にとって何の意味があるのか——ほとんど伝わってこなかった。迷信じみたものも多くあった。

その中で東京大学教授の中村元博士の著書は違っていた。中村先生は、インド哲学・仏教学の世界的権威で、文化勲章を受章されている。中村先生は、最初期の仏教(原始仏教)を基に神格化や権威主義化したものを選《え》り分け、〝人間ブッダ〟の実像を明らかにすることを心がけておられて、論理に飛躍や迷信じみたものがなく、納得がいった。

澤瀉氏が、「自分で考える」ことを身をもって実践した代表として、釈尊の名前を挙げていたことも、中村先生の描かれる〝人間ブッダ〟の実像から納得できた。

第三話　乞眼のバラモン

大学で寮生活を始めたころ、深夜に救急車が駆けつけた。学生が担架で運ばれていった。片方の眼玉が飛び出していた。学生運動の内ゲバで、眼玉をカレーライスのスプーンで抉《えぐ》り出されたという。何という大学に入学してしまったのだろうという恐怖感と孤独感に襲われた。

その後、仏教書を読み漁《あさ》っていて、龍樹《りゆうじゆ》の作とされる『大智度論《だいちどろん》』巻一二の冒頭に出てくる乞眼《こつげん》のバラモン（司祭者）の説話を読んでゾッとした。菩薩行《ぼさつぎよう》を貫いている身子《しんし》（舎利弗《しやりほつ》）にバラモンが近づき、「腹減った。お前の眼玉を食いたい」と乞《こ》うた。菩薩行の一環で、身子は乞われるまま眼玉を抉り出して差し出した。ところが、バラモンはにおいをかいで「臭い」と言って、地面に投げつけ足で踏みつけた。それを見て身子は憤慨《ふんがい》し、菩薩行を退転した。

これを読んで、背筋に戦慄《せんりつ》が走ったあの夜の恐怖が蘇《よみがえ》った。眼玉を抉り出す痛みは想像を絶する。身子はその激痛に耐えた。〝他者の眼〟があって、「俺が、ここまでしてやっている」という自尊心、虚栄心が満たされていたからであろう。それが満たされない時、破綻《はたん》する。虚栄心の塊で毀誉褒貶《きよほうへん》にとらわれ、他人の視線ばかり気にしていた自分の姿をそこに見て、自分が情けなくなった。

自己嫌悪に陥りながらも、中村元博士の訳された原始仏典を読んでいた。その中で「この世で自らを島とし、自らをたよりとして、他人をたよりとせず、法を島とし、法をよりどころとして、他のものをよりどころとせずにあれ」（『ブッダ最後の旅』、六三頁）という言葉に出会った。目が覚める思いがした。「自帰依《じきえ》」「法帰依《ほうきえ》」と呼ばれる一節であることを後で知った。

また、『法華経』の「長者窮子《ちようじやぐうじ》の譬《たと》え」「衣裏珠《えりじゆ》の譬え」などの譬喩《ひゆ》物語を読んで感動した。「長者窮子の譬え」は、物心《ものごころ》がつかないころ失踪《しつそう》した資産家の息子が後年、実の父親とは知らず、恐るおそるその資産家の邸宅の汚物処理の仕事に就く。実の息子と知りながら時を待つ資産家は、勤勉に働く息子に、やがて身の回りの世話、財産管理を任せる。卑屈さと自己卑下の心が抜けきれない息子は、財宝を見ても「私は管理しているだけで、私のものではない」と一線を画している。資産家は、男に「息子」というニックネームをつける。男は、「息子よ」と呼ばれても、「これはニックネームにすぎないのであって、私は本当の息子ではない」とここでも一線を画している。ところが、資産家が危篤《きとく》になり、今がその時と、実の息子であることを打ち明けた。すべての財宝が息子のものであることが明かされた。息子は「無上宝聚不《むじょうほうじゅふ》求自得《ぐじとく》」（無上の宝聚、求めざるに自《おのずか》ら得たり＝植木訳『梵漢和対照・現代語訳　法華経』上巻、三〇四頁）と感慨を述べた。

「衣裏珠の譬え」では、貧しい男が裕福な幼友達と再会し、酒食をご馳走《ちそう》になり眠ってしまう。幼友達は所用があり、眠っている男を憐れんで衣に宝石を縫《ぬ》いつけて出かける。それとは知らず、男は目覚めて再び放浪し続けた。その後、再会するが、相変わらずのみすぼらしい姿に幼友達は驚き、あきれ、宝石のことを告げた。貧しい男は、衣の裏に宝石を見つけて歓喜した。

いずれも自らを貧しい者と思い込んでいて、無上の宝石を自ら具《そな》えていることを知らない。目の前にあっても無縁と思っている人に、宝石の具有《ぐゆう》を自覚させる物語である。

無上の宝石とは、仏の本性（仏性《ぶっしょう》）のことで、『法華経』は誰もが成仏《じょうぶつ》（人格の完成）できることを説き示す経典であった。

自己嫌悪に陥っていた私は、まさに「貧なる人」であった。その「貧なる人」に具わる無上の宝石に気づかせようとしていることが有り難かった。虚栄心の塊であった私は、「仏教は、ここまで人間を信頼し温かい眼差《まなざ》しで見ているのか」と励まされる思いがした。

第四話　インドに行かないインド学者

第三話「乞眼のバラモン」で、「この世で自らを島とし、自らをたよりとして、他人をたよりとせず、法を島とし、法をよりどころとして、他のものをよりどころとせずにあれ」という一節を引用した。「島」と「よりどころ」がどう結びつくのか――一九九一年、雨季の八月にインドを訪れて納得できた。

飛行機で北部のベナレス（ヴァーラーナシー）に移動した。下界を見下ろすと、見渡す限りのチョコレート色。角度によって青い色が見えた。泥水の水面に反射された空の色だった。ウッタル・プラデーシュ州全体が、海と言っていいほどの洪水で、家も畑も水につかっている。こんな時、小高い丘があれば、島となって人々の避難所となる。「帰依処《きえしよ》」を「島」に譬えたのは、「インド人の生活実感に根ざした言葉だった」という中村元先生の言葉を理解できた。

私がインドを訪れたのは、独学の限界に直面し、中村先生と出会った直後のことだった。中村先生は、「思想というものは、人間の生活の場との関連において理解されなければならない」

と常に語っておられた。確かに、仏典を書斎の中で読んでいるだけでは理解できないことが多い。

中村先生は、「ヨーロッパの学者の中には、インドに一度も行ったことのない学者がいまだに幅をきかせています」と嘆いておられた。それは、ヨーロッパの学者のアジア軽視のゆえであった。東洋の宗教を見下していた。

日本のインド学の開拓者である南条文雄《なんじょうぶんゆう》と高楠順次郎《たかくすじゅんじろう》らにサンスクリット語を教えたのは、オックスフォード大学のマックス・ミュラーであったが、彼はインドに対して敬意を抱くこともなく、キリスト教を広めるための前段階に役立つものとしかとらえていなかった。サンスクリット語辞典を作ったオックスフォード大学教授であったモニエル・ウィリアムズは、イスラム教、バラモン教、仏教のことを「三つの主な虚偽の宗教」（false religions）と呼んで、キリスト教を絶対視していた。それは、彼自身が牧師であったことにもよるであろう。

彼らは、インドに行こうとも思わず文献のみに頼っていたので、自然や気象、風土などで誤解を生じた。インドの平野は、関東平野など平野のうちに入らないほどに広大である。何日旅行しても山一つ見えない。そこに雨季のモンスーンがもたらした大雨で水がたまり、見渡す限り水が広がって、まるで海のようになる。その「広大な水」をサンスクリット語でサーガラと言う。それを、ヨーロッパ人たちはオーシャン（海洋）と英訳した。中部インドの人たちは海洋から遠く隔てられていて、海洋など見たこともなかった。ここにズレがある。

中村先生は、このような誤解に基づく次のような誤訳を指摘しておられた。パーリ語の原始仏典『ダンマ・パダ』に出てくるパッバタ（pabbata）とヴァナ（vana）という語をマックス・ミュラーは、mountain（山岳）と forest（森）と英訳している。ところが、mountain に相当する語はギリ（giri）であり、パッバタは日帰りで登れるほどの小高い山のことである。釈尊の活動したウッタル・プラデーシュ州からネパールのタラーイ盆地には高い山岳は存在しない。また、ヴァナは森ではなく、木がまばらに生えた林である。

またナガラ（nagara）を fort（城砦《じょうさい》）と英訳しているが、ナガラは人々が住んでいる市や町のことで、インドでは、外敵を防ぐために人民は城壁に囲まれた中で暮らしていた。それは、中国語の「城」と通じるものだが、人民が城の外に住む日本の場合とは異なっている。この fort も、インドの暮らしを知らないマックス・ミュラーの誤訳である。

また、中村先生の「釈尊は昼寝をしていた」という記述に対して、「中村は、仏さまを怠け者のように言っている」と非難されたことがあった。これも、インドに行ったことのない人たちの非難と言えよう。インドの夏は暑いというよりも熱い。摂氏《せっし》四〇度を超すことはざらである。昼間のかんかん照りの時間帯は、何もする気が起こらない。多くの人たちは、木陰などで昼寝をしている。その代わり、早起きである。

タージマハルを訪ねた時、筆者が、朝五時ごろホテルを抜け出し、街灯もない街を散策していると、月も星も出ていない真《ま》っ暗闇《くらやみ》の向こうから、「フッ、フッ、フッ……」という息遣いをしながら近づいてくるものがあった。間近で目を凝《こ》らして見ると、真っ黒な水牛であった。

川に水浴びに連れていくところだった。さらに歩みを進めると、家々の前でかすかなローソクの光で人々がたむろしていた。歯を磨いている人たちもいる。いっぱい葉をつけた菩提樹《ぼだいじゅ》の小枝の束を抱えている少女もいる。ヤギに食べさせるために切ってきたのだという。みんな昼寝はするけど、朝早く起きて活動を開始していたのだ。それが、猛烈な熱さのインドの習慣なのだ。お釈迦《しゃか》さまが昼寝をしていたからといって、それはインドでは生活習慣のようなものであり、怠けているということにはならないのだ。

私にとってインド訪問は、大きな転機となった。仏典の文字を通して読んでいたことをインドの地で確認することができた原体験が、その後の学びに役立った。初めてのインド訪問から二十五年経《た》った二〇一六年に、その学びの軌跡を拙著『人間主義者、ブッダに学ぶ——インド探訪』（学芸みらい社）として出版することができた。

第五話　言葉が出来上がる！

私は、小学校から大学の初めぐらいまで、ずっと作文が大の苦手だった。小学校で遠足の翌日、よく作文を書かされた。「僕は、朝六時に起きました。そして、顔を洗い、歯を磨きました。朝ご飯を食べました……」と書き出す。その日あったことは全部書かなければいけないと思っていた。すると、決められた枚数では書ききれないことが、書いている最中に分かってくる。そこで、鉛筆が止まってしまう。だから書けなかった。書きたいこと、書かねばならないと思えることもない。それなのに無理やり書かされた。だから作文は、大嫌いだった。

ところが、学生運動家たちの詰問《きつもん》に何も答えられなかったことで、自信喪失と自己嫌悪に陥り、極度の鬱病《うつびょう》にまでなったことは既に記した。無口で作文が苦手だったその私が、積極的に文章で表現し、人前で話をするようになったのは、原始仏典の「自らをたより」とし、「法をよりどころ」とするようにと促した「自帰依《じきえ》」「法帰依《ほうきえ》」の一節に出会って、鬱状態を乗り越えることができた後のことだった。

それを乗り越えた時に、私の周りにも私と同じようなことで悩んでいる人たちがいるように思えた。「その人たちのために何か自分の思いを伝えたい、言ってあげたい」となった。

そのころ、「一心を妙と知りぬれば、亦《また》転じて余心《よしん》をも妙法と知る処《ところ》を妙経とは云《い》ふなり」という日蓮《にちれん》の言葉を知った。わが心（一心）が尊く勝《すぐ》れたもの（妙）だということを覚知した時、そのまま他者の心（余心）もまた尊く勝れたものだと知る／信ずることができる。そこに、「あなたの心も尊く勝れたものですよ」と訴えるために「妙経」という言葉による表現の行為があるというのだ。

短い言葉だが、私の最大関心事であった言葉（妙経）と自己（一心）と他者（余心）の関係を見事に、また簡潔に表現してくれていて感銘した。そして、拙《つたな》いながらも言葉を模索しながら、何とか心の思いを表現することに努めてきた。

学習院大学名誉教授（当時）で、国語学者の大野晋《すすむ》先生と「言葉による意思疎通を可能にするものは何か？」（広報紙『仏眼』二〇〇〇年九月十五日、十一月十五日号に掲載）というテーマで二時間ほど対談した折、そのことを話すと「本当の意味で、言葉が出来上がってきたわけですね」と言われた。

その時、釈尊の成道《じょうどう》後初の説法（初転法輪《しょてんぼうりん》）の場面に思いを巡らせた。五人の比丘《びく》（男性出家者）を相手に言葉を選びながら語ったであろう。五人が「それは、こういうことですか？」と確認すると、「いや、違う」というように、すれ違いの連続であったであろう。それでも、何とか分かってもらいたいと、手を替え、品を替えしていろいろな角度から説明したに違いない。

それを繰り返していて、憍陳如《きょうじんにょ》（パーリ語でコンダンニャ）という人が「分かった」と叫んだ。その時の喜びは、釈尊のほうが遥《はる》かに大きかったに違いない。「アンニャート・コンダンニョ」と叫んだ。それは、「憍陳如が覚《さと》ったぞ！」「覚った憍陳如」という意味である。それを音写した「阿若憍陳如《あにゃきょうじんにょ》」が、その人の名前のようになった。

こうして、釈尊個人の覚《さと》りが〝社会化〟された。この場合も、言葉と自己と他者の三つの関係の場で覚りを表現する言葉（仏教用語）が、出来上がっていったと言えよう。仏典（経）の数々も対機説法《たいきせっぽう》と言って人々の機根（能力、問題意識など）に対応しながら説法する中で形成されていった。

本来、仏典というものは、そういう人間関係の場において交わされた言葉の集大成であった。その点を抜きにしてしまうと、仏典は単に文字が羅列された無味乾燥で難解なものとなってしまうだろう。

第六話　言葉の限界と必然性

大野晋先生との二時間にわたる対話は、内容の濃いものだった。その中で、言葉は相手に分かってもらうために用いるものだが、「どうだ、分からないだろう」という使い方をする人がいることを指摘された。

それは、一九七〇年から八二年にかけて岩波書店から出版された叢書《そうしょ》「日本思想大系」全六十七巻の第五巻『空海《くうかい》』に収録するために、『十住心論《じゅうじゅうしんろん》』の漢文を訓読していて思われたことだという。そこには、日本人が見たことも聞いたこともない中国で話題になっていた仏典の名前が何の説明もなく出てきた。当時の日本人の了解事項ではないことを意図的に並べ立てて、「どうだ、分からないだろう」と言わんばかりであったという。「弱い奴だと見たら脅しをかけるというやり方が、あの本には表われている」とまで言われたのには驚いた。

それに対して私は、何かを見たことのある人が、それを見たことのない人に説明する言葉について日ごろから考えていたことを話した。その理想的なモデルは、成道《じょうどう》後初の説法である初転法輪《しょてんぽうりん》の際の釈尊の言葉だと思っていた。

釈尊は五人の比丘《びく》を相手に日夜、自分の覚った法を説き続けた。覚りというものは、「不可《ふか》思議《しぎ》」（言葉によって思議することもできない）、「言語道断《ごんごどうだん》」（言葉で表現する道が断たれている）などと言われるように本来、言葉による表現を超えたものであり、言葉に表現することは大変に困難なことだとされる。

それでも釈尊は、何とか分かってもらいたい、伝えたいという思いで説き続けた。おそらく、自分の覚ったことをどのように説明すれば分かってもらえるか、手を替え、品を替えして、言葉のもどかしさを痛感しつつ、言葉を選びながら、種々の方便を駆使して、試行錯誤しながら説いたのではないかと思う。その際、釈尊は、「こんなことも分からないのか」ということは決して言わなかった。どうしたら分かってもらえるかという思いに満ちていたであろう。その結果、時間はかかったかもしれないが、一人が覚り、二人、三人、五人と次々に釈尊の覚りを共有する人たちが現われた。そこには、「何とか分かってもらいたい」という話し手の思いと、「何とか分かりたい」という聞き手の思いがあった。

ここに仏教の言葉に対する基本姿勢、考え方を見て取ることができる。仏教では、言葉の持つ限界をよく自覚している。その限界を知りつつも、言葉で表現せざるを得ないことも知っている。だから、釈尊は自らの覚りを積極的に説くことを決意した。それなのに言葉の限界のみを強調して「不立文字《ふりゅうもんじ》」を強調することは、仏教本来の言語観の一面しか見ていないことになる。言葉の限界を知りつつも言葉によって説かねばならないという現実があるがゆえに、「真諦《しんたい》」（最高の真理、あるいは究極の真理）、「俗諦《ぞくたい》」（世俗的、世間的な真理）という言葉も生まれた。仏は、この真俗二諦《しんぞくにたい》によって法を説くのであり、世俗の言説によらなければ最高の真理も説くことはできない。

　こんな話をすると、大野先生は、「なるほどねえ。それは、興味深い話です。よく分かります。聞くほうも相手のことを分かろうと努力する。話すほうも、どうしたら分かりやすくなるかと努力する。そうした人間関係の中で、意思の疎通は行なわれると思います」とうなずいてくださった。そして、「言語とは何か」という問題に関連して、大野先生は「相手に分かってもらえるように努力して表現し、相手をよく理解できるようにと努力して読み、あるいは聞く。そういう行為が言語なのだと私は考えています」「自分の思うところをaと表現して、相手がa′と取ったとしたら、それはそのように取られるように表現した自分が悪い」とおっしゃられた。それは、国語学者としての誠実さであり、まさに釈尊が人々に法を説く時の姿勢そのままだと思った。

　大野先生は、言葉のそのような用い方の半面、「言葉というのは明晰に書いたり、語ったりするためだけではなくて、分からなくするために使われることが確かにあります」と語られ、国語学者として、そのことは何よりも残念なことであり、認めたくないことだとも語られた。

そして日蓮の、言葉について述べた次の一節が話題になった。

人の声を出すに二つあり。一には自身は存ぜざれども人をたぶらかさむがために声をいだす。是《これ》は随他意《ずいたい》の声。自身の思《おもい》を声にあらはす事あり。されば意《こころ》が声とあらはる。意は心法《しんぽう》・声は色法《しきほう》、心《しん》より色《しき》をあらはす。又《また》声を聞いて心を知る。色法が心法を顕《あらわ》すなり。色心不二《しきしんふに》なるがゆへに而二《にに》とあらはれて、仏の御意《みこころ》あらはれて法華の文字となれり。文字変じて又《また》仏の御意となる。されば法華経をよませ給はむ人は文字と思食《おぼしめ》す事なかれ。すなはち仏の御意なり。
（『木絵二像開眼之事《もくえにぞうかいげんのこと》』）

人が声を出すのに二種類有るという。一つは、自己の心に思っていることを何とか伝えたいとして発される声、もう一つは、自分自身は何も知らないのに、知っているかのように「人をたぶらかす」ために出す声だという。これは、表現する何ものも持たないのに、言葉などの表現手段を弄《ろう》している場合のことにも当てはまる。このように分類しておいて、仏の発する声も、それを記録した文字としての経典も、それらは皆、仏にとって何とか衆生《しゆじよう》に分かってもらいたいという「自身の思い」が表現されたものであり、「仏の御意なり」と結論されている。ここに、「自身の思い」や「意」に対する「言葉」や「文字」の本質的な役割が垣間見《かいまみ》える。「自身の思い」や「意」があって初めて、「言葉」や「文字」が意味を持つ。

中国の天台大師智顗《ちぎ》も、「譬《ひ》とは比況《ひきょう》なり喩《ゆ》とは暁訓《ぎょうくん》なり大悲息《や》まず巧智《ぎょうち》無辺なれば更《さら》に樹《き》を動かして風を訓《おし》え扇を挙げて月を喩《さと》す」と『法華文句《ほっけもんぐ》』第五巻に記している。目に見えない風を教えるのに樹木を動かして教え、月の出ていない時に月を示すのに扇を天にかざす。そのような譬喩《ひゆ》は、相手に何とか分かってもらいたいという「大慈悲」と「巧みなる智慧」に基づくものだというのだ。

第七話　中村元先生の励まし

社会人になってからも、仏教学の独学を続けた。三十代末に原稿用紙八千枚の本（私家版）をまとめることがあった。その際、ワープロで入力した四百字詰め原稿用紙百四十枚分を誤って削除してしまい、やる気を失《な》くした。

しばらく何も手につかなかったが、中村元《はじめ》著『佛教語大辞典』出版のエピソードを読んで励まされた。十九年がかりで仕上げた原稿は、四百字詰め原稿用紙に換算して約二万枚分、約三万語が収録されていた。出版社に渡したその原稿がゴミと間違えて出されてしまったという。八方に手を尽くして探し回ったが結局見つからなかった。

出版社の社長が謝罪に訪れた。その時、中村先生は怒られなかった。「どうして怒らなかったのですか？」と聞かれて、「怒ったって出てこないでしょう」と言われた。ただ、土足で顔を踏みつけられた思いだったと、後年口にされていた。一カ月ほど呆然《ぼうぜん》として何も手につかなかった。そんな時、原稿の清書を手伝った洛子《らくこ》夫人が「あなた、ボーッとしていてもしょうがないでしょう。やり直したらどうですか」と言われ、「それもそうだな」というのでやり直された。そして八年がかりで完成した。収録語は三万語から四万五千語に、原稿は四百字詰め二万枚から五万枚に拡充していた。「やり直したおかげで、ずっといいものができました。逆縁が転じて順縁になりました」と語られた。それが、一九七五年の毎日出版文化賞に選ばれた。

中村先生は二万枚、私は百四十枚――何だ、大したことないと思って心新たに作業を再開し、三年半、六千時間かけて私家版を完成させた。その本に、お礼の手紙を添えて中村先生に送った。手紙には、仏教学を学んできて独学の限界にぶつかっていること、サンスクリット語を学びたいことも記した。

その三日後に中村先生から礼状が届いた。「私が開設した東方学院にいらっしゃい」とあった。こうして、中村先生の講義に毎週三時間参加できるという幸運に恵まれた。四十歳を過ぎていたが、サンスクリット語も学ぶことができた。

中村先生は、常々「日本には、分からないことが有り難いことだとする変な思想があります。分からないことが学術的なのではなく、誰にでも分かることが学術的なのです」と話されていた。その言葉通り、受講するたびに山積していた疑問が次々と氷解《ひょうかい》していった。

それが嬉《うれ》しくて、中村先生に「もっと早く来ればよかった」と言った。すると先生は、毅然《きぜん》とした表情で「植木さん、それは違いますよ。人生において遅いとか、早いとかということはございません。思いついた時、気がついた時、その時が常にスタートですよ」とおっしゃった。

この言葉は、何よりも有り難かった。この言葉に支えられて、晩学の私は挫折することなく仏教学と、サンスクリット語を学び続けることができた。

ただ、言われた当初は、「私が年喰《としく》っているから激励の意味で言ってくださっているのだろう。気休めでも有り難い」と、そんな不謹慎《ふきんしん》なことを思っていた。ところが、講義のたびに中村先生の姿を拝見していると、それは中村先生自身の生き方であったことを痛感させられた。

東方学院で中村先生は、『高僧法顕伝《こうそうほっけんでん》』を講義されたことがあった。中国の法顕は、六十歳を過ぎて、インドに仏典を求めて旅立った、途中で引き返す人や、高山で凍え死ぬ人もいて、インドにたどり着いたのは二人だけだった。そこで手に入れた『涅槃経《ねはんきょう》』などを中国に持って帰った時は八十歳近くであった。その仏典を翻訳し、インドの旅の記録『高僧法顕伝』を書き残した。それについての中村先生の講義を聞きながら、仏教史には「思いついた時、気がついた時、その時が常にスタートです」という生き方をした人がたくさんいたことを知った。

一九九三年の年頭の講義で八十二歳を迎えられたばかりの中村先生は、「今年は九冊の本を出します」と切り出され、皆が「えーっ」と驚きの声を上げた。その年は、決定版・中村元選集など分厚い本を九冊出された。このように中村元選集も旧版（全二十三巻）から決定版（全四十巻）へと大幅に増補・改訂して亡くなる三カ月前に完成させられた。原稿紛失事件の後、もう一度作り直された『佛教語大辞典』についても、「あれはまだ不本意です。これから作り直します」と発言された。それは間に合わなかったかと残念に思っていたら、十万枚のカードが残されていた。それを基に、『広説佛教語大辞典』が没後二年目に出版された。

中村先生の人生は、まさに「思いついた時、気がついた時が常にスタート」という人生の連続であった。その詳細は、拙著『仏教学者　中村元――求道《ぐどう》のことばと思想』（角川選書）を参照していただきたい。

第八話　『法華経』の導きか？

一九九六年六月十二日の朝八時、電話が鳴った。出ると、「植木さん、博士号を取りなさい。日本は肩書社会で、植木さんがいろいろ論文や本を発表されていても、肩書でしか評価しようとしません。だから博士号を取りなさい」と一気に話された。東方学院総務の阿部慈園《じおん》先生（明治大学教授）だった。

青天の霹靂《へきれき》で、「私の専門は物理学ですよ」と言うと、「それがいいのです。仏教学しかやっていない人には見えなくて、ほかのことを学んでいるからこそ見えるものがあります。植木さんのように異分野の学問を身に付けた人が関わることで、仏教学の可能性が開かれます」。それは、中村元先生からの伝言だった。

「あの中村先生がおっしゃるんだから、やりなさい」。妻・眞紀子の強力な後押しを受け、挑戦することにした。論文のテーマは「仏教のジェンダー平等思想」とした。一九九〇年代に「仏教は女性差別の宗教だ」と決めつける論文や著書が相次いでいたからだ。それらは、漢訳や日本語の文献を基に書かれていた。歴史上の人物としての釈尊は果たしてどうだったのか、それを明らかにするために、私はサンスクリット語やパーリ語の原典から調べることにした。

大学院博士課程在学中に取得する課程博士と違い、その大学の卒業生でもなく、論文の中身だけで勝負する論文博士の場合は、「審査に自分の研究時間が取られる」と敬遠されがちだ。あちこちの大学に問い合わせたが門前払いされた。論文の提出先で早くも暗礁《あんしょう》に乗り上げてしまった。「もう駄目《だめ》か」と絶望的になった。

そのころ中国人の王敏《ワンミン》さん（現、法政大学教授）が、宮沢賢治研究でお茶の水女子大学に博士論文を提出されるというので、『法華経』について助言することがあった。王敏さんは、中国・河北省の出身である。中国の大学を卒業していてもお茶大に論文提出ができるんだと思った。

私の論文は門前払いが続き、某《ぼう》教授が力になれないことを涙を流して悔しがってくださった。その教授を笑顔にするために、口から出まかせで「お茶の水女子大学に出そうと思っています」と言った。教授は、「お茶大!?　それはいい！　飲め、飲め」と言って飲み交わし、笑顔になって帰っていかれた。

それからしばらくして、王敏さんの博士論文がお茶の水女子大学で認められ、二〇〇〇年十二月二十五日のクリスマスの日にお茶の水女子大学で行なわれた学位授与式に私も招かれた。終了後、佐藤保《たもつ》学長に紹介され、「仏教のジェンダー平等の研究をしています」と自己紹介した。

すると、「日本で最初にジェンダー研究所を開設したのは、わが大学です。うちに論文を出しなさい」と言われた。「男性でもいいんですか？」と聞くと、「在籍はできませんが、論文提出はできます。あなたが学位を取得すれば男性では六人目、人文科学では第一号になります」とおっしゃった。〝口から出まかせ〟が本当になったのには驚いた。

それから年が明けて、一月十八日にニューヨークの出版社ピーター・ラング社から拙著 *Gender Equality in Buddhism*（仏教における男女平等）が出版され、送られてきた。それを速達で佐藤学長に送った。すると、佐藤学長から速達が届き、「あなたの論文を審査する先生方を決めました。急いで連絡をとってください」とあった。

佐藤学長は、二月十五日に定年退官された。出会って、四十日間にすべて手を打ってくださった。そして、二松学舎《にしょうがくしゃ》大学の理事長に就任された。

ドナルド・キーン博士の下《もと》、コロンビア大学で博士号を取られ、三十五年間イリノイ大学などアメリカの大学で教鞭《きょうべん》をとられた比較文化学者のムルハーン千栄子先生から、「他の大学で断られてよかったのよ。植木さんの論文のテーマにとって、これ以上にない最適の大学に落ち着いたんだから。お茶大は世界に通用する大学ですよ」と言われた。

論文執筆に当たり、参考文献はサンスクリット原典のあるものは、すべて自分で翻訳して引用した。その中で、これまでの『法華経』の訳と大きく食い違っているところがあり、自分で全文を翻訳して『梵漢和対照・現代語訳　法華経』上・下巻（岩波書店、二〇〇八年）を出版した。それが毎日出版文化賞に選ばれた。さらに『梵漢和対照・現代語訳　維摩経』（同、二〇一一年）でパピルス賞を受賞した。

二〇一〇年に東京工業大学世界文明センターで、大学院生のための「思想としての法華経」という講義を行ない、それを基に『思想としての法華経』（同、二〇一二年）を出版した。その本を読まれたNHK—Eテレ「100分de名著」の秋満吉彦《あきみつよしひこ》プロデューサーが私に興味を持たれ、二〇一八年四月の「100分de名著」の〝今月の名著〟として拙訳『サンスクリット原典現代語訳　法華経』上・下巻（同、二〇一五年）が選ばれ、私が〝指南役〟を務めることになった。

秋満氏はツイッターで、東京工業大学名誉教授の橋爪大三郎《はしづめだいさぶろう》氏と私との対談『ほんとうの法華経』（ちくま新書、二〇一五年）についても、「橋爪大三郎さんによる容赦《ようしゃ》なく鋭い質問に対して、全くたじろぐことなく答え続ける植木雅俊さん」という感想とともに、番組制作に利用されたことを綴《つづ》っておられた。

放送を終えて七月に佐藤保先生から電話をいただいた。「二松学舎大学人文学会で記念講演をお願いできませんか？」という内容だった。今日の私があるのは、佐藤先生のおかげであり、お断りできるはずもない。「インド仏教の日本文学への影響」というテーマで十二月二十二日に一時間半ほど話をさせていただいた。

その後、講演の記録動画が同大学人文学会ホームページに公開されたと事務局から連絡をいただいた。その追伸に、一九八四年の人文学会のパンフレットが出てきて、中村元先生が講演されていたという。奇《く》しくも講演タイトルが、「日本文学に及ぼしたインド思想の影響」であったそうで、「勝手に植木先生と中村先生とのご縁を感じた次第です」とあった。

その時の講演の記録は残っているか確認すると、残念ながら残っていないとのことだった。

これまでの一連のことを振り返ると、不思議なことばかりであった。これは『法華経』の導きだろうか？

第九話　日系二世の菩薩道

博士号を取る上で、仏教における男女平等についての本（*Gender Equality in Buddhism*）をアメリカの出版社から出していたことが大きな力になった。論文博士の場合、二カ国の外国語の試験が必須である。口頭試問で、「論旨明快。サンスクリット語とパーリ語をここまで駆使して論文を書き、既にアメリカで英文著書を二冊出版している。従って、語学の試験は免除します」と言われた。

この本の出版を勧めてくれたのは、ニューヨーク州立大学教授（当時）のケネス・K・イナダ博士だった。拙著『男性原理と女性原理——仏教は性差別の宗教か？』を読んで英語での執筆を勧められた。それは、一九九七年、過労で入院して精密検査を受けている時だった。

イナダ夫妻とは、マサコ夫人とともに来日された折、中村元《はじめ》先生から紹介され、交流が始まった。イナダ先生は、第二次大戦中、日系二世のアメリカ人で編制された442連隊の一員としてヨーロッパ戦線でナチスと戦い、負傷して帰国した。日系人十二万人が強制収容所に収容される中、アメリカに対する忠誠心を証明するために、Go for broke！（当たって砕けろ）を合言葉に勇猛果敢にナチスと戦った。テキサス大隊が包囲され孤立した時は、八百人以上に及ぶ死傷者を出して二百十一人を救出した。442連隊の死傷者と、受章した勲章の数は、アメリカ陸軍史上最多を記録している。

イナダ先生は、恐怖の極限状態を体験し、自らは全治一年の重傷を負い、多くの戦友を亡くした。その苦しみに悩まされ、心にトラウマを抱えて、一九四六年の秋、ハワイ大学に復学した。迷うことなく哲学を専攻した。日系アメリカ人として理不尽な仕打ちを受けたこと、いかなる戦争も残忍で無意味であることに目覚めたこと、自分の人生の意味を見いだしたかったこと——それが理由であった。

しかし、西洋哲学で心の安らぎは得られず、東洋哲学、なかんずく仏教へと関心を深めた。シカゴ大学大学院に在学中に講演で訪れた鈴木大拙《だいせつ》氏と会った。「仏教を勉強したい」と言うと、「花山信勝《はなやましんしょう》、中村元の二人がいる日本の東京大学に行きなさい」との勧めで東京大学に留学した。そして、中村先生の下《もと》で外国人初の博士号を取得した。

「非我《ひが》」「縁起《えんぎ》」「空《くう》」「無分別智《むふんべつち》」などの仏教の考え方は、人間や世界をありのままにとらえる視点であり、極限状態を生きた人の苦を乗り越える道を開くものであった。

イナダ氏は、「仏教の生命哲学を学んだことで極限状態に置かれた人間の苦の根源、あるいは根本原因について理解することができました。その結果、個人や社会全体に向けられた憎悪、痛恨、嫌悪、妄想などが消散し、自由と平穏、平静といった内面的感情が実現され、精神的に満たされました」と話してくださった。

ある日、東条英機《とうじょうひでき》の教誨師《きょうかいし》であった花山博士から研究室に呼ばれた。半分ほどになったワインのボトルがテーブルに置かれた。乾杯でもするのかと思ったら、「これは、東条元帥《げんすい》が絞《こう》首刑《しゅけい》になる直前に、二人で酌《く》み交《か》わしたワインの残りです」と切り出した。元帥は、「辛抱強く意義深い花山博士の教誨（教えさとすこと）のおかげで神道信仰から仏教徒になって、死に向かう覚悟ができている」と話したという。そうしたお膳立《ぜんだ》てで、イナダ氏は、アメリカにおける仏教研究の将来を花山博士から託されたという。

その使命感に立たれていたのであろう。イナダ先生は、英語で執筆した私の原稿に目を通し、細かい書き込みをして助言され、ニューヨークの出版社にも紹介してくださった。出版された本の裏表紙に長文の推薦文も書いてくださった。

　お茶の水女子大学で博士号を取得すると、夫妻で受話器を奪い合うようにして祝福してくださった。博士論文は、二〇〇四年に岩波書店から『仏教のなかの男女観――原始仏教から法華経に至るジェンダー平等の思想』として出版された（二〇一八年に講談社学術文庫『差別の超克――原始仏教と法華経の人間観』として出版）。「あとがき」にイナダ先生の戦争体験を詳細に綴《つづ》って感謝の言葉とした。そして、アメリカのイナダ先生の自宅を妻・眞紀子と訪ねた。お礼の言葉を申し上げると、ただ一言、「それが菩薩の道ですから」とおっしゃった。

　二〇〇八年に植木訳『梵漢和対照・現代語訳　法華経』上・下巻が岩波書店から出版され、イナダ先生に送った。その直後、北海道大学名誉教授の藤《ふじ》田《た》宏達《こうたつ》先生が、イナダ先生の自宅を訪ねてこられたそうで、二人で「最近は日本でも、アメリカでも仏教を学ぶ人が少なくなってきている。この本の出版で仏教に興味を持つ人が増えることを願っている」と話し合われたとイナダ先生が教えてくださった。

　その拙訳が、毎日出版文化賞を受賞した。中村先生が一九七五年に『佛教語大辞典』で受賞されたのと同じ賞であった。イナダ先生から、「中村元先生と同じ賞を受賞されたことに神秘的な巡り合わせという不思議な思いを抱きました。それは、これから大きな仕事を成し遂げられる予兆だと思っております」というメッセージが届いた。

そのイナダ先生が二〇一一年三月二十六日に亡くなった。享年八十七。東日本大震災、福島第一原子力発電所のメルトダウンという大事故の混乱の中、奥さまのマサコさんから電話をいただいた。日本国中が不安に陥っている状態で、イナダ先生の告別式に飛んでいくことができず、十一月になってお墓参りに妻と娘とともに訪米した。

翌年、『思想としての法華経』を岩波書店から出版することができ、イナダ先生のご霊前にと航空便で送った。その数日後の十月十二日にマサコ夫人に電話した。妻と代わると、奥様は興奮して、「眞紀子さん！　すごく不思議なことがあったのよ。夢に主人が出てきて、『植木さんが最近、また本を書いたよ。どんな内容かな？　読むのが楽しみだね』って言ったのよ。その夢を見て目が覚めたら、ピンポーンって郵便配達が来て小包が届いたの。開けたら、びっくり。植木さんの『思想としての法華経』が入っていたの。もう震えちゃって、急いで仏壇に上げたわよ」と一気に話された。

イナダ先生が東京大学大学院を受験される時に、友達から「きょう、大学院の試験にこんな問題が出たよ」と言われた夢を見たら、本当にその問題が出たということがあったそうだが、それと同じくらいに驚かれたという。そのことと併せて手紙に書いて、私宛に出したところだと言われた。その話を聞いて、イナダ先生は亡くなられた後も菩薩として見守っていてくださるんだと思った。

二〇一七年四月の深夜、帰りの遅い子どもの携帯に電話すると、「ジス　イズ　イナダ　スピーキング」と男性が応答した。イナダ先生の子息、アーネスト・イナダさんだった。間違って子どもの登録番号の隣の番号にかけたようだった。慌《あわ》てて、「日本の植木です」と言うと、「どうして分かったんですか？」と聞かれた。「え！　どういうことでしょう」「今、母が危篤《きとく》で今際《いまわ》の際《きわ》です」――。声が詰まったが、気を取り直して、「お母さまは昏睡《こんすい》状態かと思いますが、受話器をお母さまの耳に近づけてください」とお願いし、これまでの数々のことにお礼を申し上げた。何とも不思議な思いでマサコ夫人の冥福を祈った。

第十話　駆け込み寺へのお礼参り

お茶の水女子大学に提出した博士論文が、二〇〇四年三月十九日に『仏教のなかの男女観』（岩波書店）として出版されることになり、鎌倉在住の金子務《つとむ》大阪府立大学教授（当時）から〝鎌倉散歩〟に誘われた。

三月の天気のいい日曜日に出かけ、指示された通り北鎌倉駅で下車した。金子先生に案内されるまま、駅の斜め前にある松岡山東慶寺《しょうこうざんとうけいじ》の門をくぐった。そこで、金子先生から、「ジェンダー論で学位を取った人を、どこへ案内するかと考えた結果、北鎌倉の東慶寺に案内しようと思いました」とその理由を聞いた。明治までの六百年にわたり、「縁切り寺」として、女性たちが駆け込んでいたお寺だ。そのため、「駆け込み寺」とも言われている。

封建時代には、妻のほうから離縁を申し出ることはできなかった。その例外として、東慶寺と徳川満徳寺《とくがわまんとくじ》（群馬県太田市）の二カ所が縁切り寺として認められていた。そこへ駆け込んできた女性を保護し、要望を聞いて調停する役を果たした。夫側が調停に応じない場合は、さらに寺社奉行《じしやぶぎよう》が乗り出すという体制が取られていた。

境内《けいだい》を散策しながら、墓石に刻まれた名前を見ていると、哲学者・和辻哲郎《わつじてつろう》の和辻家の名前があった。「あれ、中村先生の恩師の墓だ！」と思った。少し階段を上がったところに岩波書店創始者の岩波茂雄さんの墓があり、その隣に哲学者の西田幾多郎《にしだきたろう》と安倍能成《あべよししげ》の墓が並び、その隣の隣の隣辺りに鈴木大拙博士、ずっと離れたところにサンスクリット学の大家・辻直四郎《つじなおしろう》博士の墓があった。それを見て、「あれっ？」と思った。それは間接的ではあれ、私の学位論文の執筆、および出版でお世話になった人たちであった。それらの名前を立て続けに目にして、今日は〝お礼参り〟に来たのかなという思いが募った。

岩波書店が出してくださるその本の淵源をたどれば、実は鈴木大拙博士も関わってくる。なぜかといえば、私にニューヨーク州立大学教授のケネス・K・イナダ先生を紹介してくださったのは中村先生である。そのイナダ先生は、実はハワイの日系二世で、４４２連隊の一員としてヨーロッパ戦線でナチスと戦った生還者であった。大半の人が亡くなった中で負傷されながらも生き残られて、人生とは何ぞやという思いに駆られて、大学では西洋哲学を学ばれた。ところが、西洋哲学に飽き足らず、東洋哲学を目指された。シカゴ大学大学院在学中に鈴木大拙博士と会われた。「仏教を勉強したい」と相談すると、「あなたは、日本へ行って、東大で勉強しなさい」と言われた。その東大で花山信勝先生や、中村先生に会われた。筑波大学名誉教授の三枝充悳《さいぐさみつよし》先生とも同年齢で、東大で一緒に勉強された。そして、一九六〇年に中村先生の下で博士号を取られた。

イナダ先生が、鈴木博士に会っていなければ、日本に来られることもなかった。中村先生とも知り合われることもなかった。私も中村先生との出会いがなければ、イナダ先生とも知り合うことはなかった。もしイナダ先生の勧めがなかったならば、英語の本（*Gender Equality in Buddhism*）は出ていなかった。それが出ていなければ、お茶大への学位論文提出の道は開けていなかっただろう。そうすると、私が博士号を取ったこと、岩波書店から本を出したこと、そのすべてがいろいろな人々につながっていって、あらゆる縁というものが見えてくるような気がした。

感慨に浸っている私に、断崖を指さして金子先生が言われた。

「この階段を上がったところに松ヶ丘文庫があるんですが……」

「えっ、それって鈴木大拙さんが設立されたところですよね。ここにあったんですか」

「三十年、鎌倉に住んでいますが、敷居が高くて訪ねたことがありません。でも、きょうは植木さんが岩波から本を出されることをダシにして、訪ねてみましょう」

ということになった。ものは試しと、階段を登り、門をくぐり、玄関のブザーを押した。一人の女性が出てこられた。怪訝《けげん》そうな顔をされている。

すかさず金子先生が、「この方は近々、岩波書店から博士論文を出版される人です」と言うと、その女性の表情がゆるんだ。金子先生は、私が持参していた岩波書店の新刊案内を「これです」と差し出した。

「きょうは、亡くなられた古田《ふるた》紹欽《しょうきん》先生のお弟子さんたちがみえていて、話し合いをしていたところです。どうぞ、どうぞ」と部屋に案内された。こうして、イナダ先生から話に聴いていた松ヶ丘文庫と縁を結ぶことができた。

博士論文が出版され、三枝充悳先生に本を届けにご自宅を訪問した。そこで、以上のことを話すと、「そういうことを〝重重無尽《じゅうじゅうむじん》の縁起《えんぎ》〟と言うんですよ」と教えてくださった。本当にそうだなあと思った。仏教で説く四つの恩の中に一切衆生《いっさいしゅじょう》の恩がある。東慶寺で諸先生方のお墓に合掌しながら、目に見えないところでいろいろな人のご縁と恩恵を被っていると、しみじみと感じた。

その後、金子先生はその松ヶ丘文庫の理事に就任され、読売新聞社、中央公論社での編集の経験を活かして鈴木大拙没後四十周年の記念出版『追想　鈴木大拙』（松ヶ丘文庫刊）の編集を担当され、私もケネス・K・イナダ先生とともに執筆させていただいた。何とも不思議なご縁である。

第十一話　毎日出版文化賞受賞スピーチ

二〇〇八年十一月に『梵漢和対照・現代語訳　法華経』上・下巻の出版で、毎日出版文化賞を受賞した。その時のスピーチの反響がよかったそうで、ここにその一部を再録させていただく。

◇　　◇

ただ今、紹介にあずかりました植木でございます。

選考委員の辻井喬《たかし》先生から、「今回の受賞には、東野治之《とうのはるゆき》著『遣唐使』（岩波書店）と福嶋《ふくしま》義宏《よしひろ》著『黄河断流』（昭和堂）の中国関係が二つ入っている」という話がありましたが、実は私の場合も『梵漢和対照・現代語訳　法華経』（岩波書店）であって、中国で漢訳された鳩摩《くま》羅什《らじゅう》訳も扱っておりますので、私も仲間に入れていただきたいと思います（笑い）。

それはさておきましても、独学の限界に突き当たっていた私を中村元先生に引き合わせてくれた『佛教語大辞典』で中村先生は、一九七五年にこの毎日出版文化賞を受賞されておりまして、私は何とも不思議な思いに駆られております。

中村先生との不思議な出会いで、東方学院で中村先生の講義やサンスクリット語の講義を毎週受けることになりました。それは、四十一歳のことでした。中村先生は、「思想・信条、国籍、性別、学歴など一切問わない」を東方学院のモットーとされ、誇りを持って「財のない財団法人」「寺子屋」と称され、講義ではいつも「人文科学においては特に、だれか偉い先生が『これは駄目だ』と烙印《らくいん》を押すと、二度とその人は浮かばれない。学問においてそんなことがあってはなりません」と力説されておりました。

そのような先生の考えのおかげで、私のような門外漢も温かく受け入れていただき、「植木さん、人生において遅いとか、早いとかということはございません。思いついた時、気がついた時、その時が常にスタートですよ」と励ましていただきました。四十歳過ぎてサンスクリット語を学び始めた私は、この言葉に支えられ、励まされて、挫折することなく今日まで勉強を続けることができました。

日本には、仏教に関して文化的な誤解がずいぶんとあります。日本では「北枕《きたまくら》」は縁起《えんぎ》が悪いと言われていますが、インドでは教養ある文化人たちはみんな北枕で寝ています。インドに行った時、「北枕は縁起が悪いのではないか」と聞いたら、「何を言っているんだ。これが一番いい寝方だ」と言われてしまいました。インドでは、北に理想の国が、南に死に関する国があると信じられているからです。それが、どうして逆になったのか？

お釈迦さまも、生活習慣で日ごろから北枕で寝ておられたのでしょう。ところが、『涅槃《ねはん》経《ぎょう》』という経典にお釈迦さまの亡くなられる場面が描かれていて、「頭を北に向けておられた」とあった。それを日本の仏教者たちが「これは人の死ぬ時の寝方だ」と勘違いしたのでしょう。

日本で蓮の花を結婚式に持参すると、「縁起でもない」と怒られます。でも、インドでは大半の人が蓮の花を持っていきます。最もめでたい花だからです。それが、日本では縁起の悪い花にされてしまいました。これは、ものすごい勘違いです。

これは生活習慣だからどうでもいいことですけども、生活習慣ですらこのような勘違いが起こっている。ひょっとしたら、抽象概念からなる仏教の根幹思想にも、ものすごい勘違いがないとは言えないのではないか？――それで、サンスクリット語を勉強しなければならないと考えたわけです。

私の『法華経』の現代語訳では、梵・漢・和の三つを対照させて並べました。それは、今まで翻訳ものを読んでいて、「この訳でいいのかなあ？」という思いが抜けきれないことがよくありました。それは、仏典だけでなく、欧米の小説でも、哲学書でもそうでした。でも、原典を見ることができないから、確認のしようがない。翻訳された結果を与えられたものとして受け入れるしかない。そこに苛立《いらだ》ちを感じておりました。

私の今回の翻訳に間違っているところがあるかもしれません。しかし、サンスクリットの原文と、漢訳の書き下しが併記されている。だから、私が間違っていたとしても……、いや間違いはないと思……、いやあるかもしれませんが（笑い）、その時は、原文から自分で確認していただけるようになっております。全千三百ページの約三分の一を占める注釈には、これまでの訳と比較して、なぜ私の訳になったのかを詳細に分析し、論じてありますので、それによって確認することもできます。

私は社会人になって、会社勤めをしながらサンスクリットの勉強や、この翻訳をしてきたのですが、会社勤めしながらどうしてそれができたのか不思議に思われる方たちから、その〝秘密〟をよく聞かれます。それは、〝企業秘密〟ではありますが、きょうは特別に受賞を記念して公開させていただきます。次のエピソードを聞かれると、ご理解いただけるのではないでしょうか。

娘が高校生の時に父親についての作文を書きました。そこには、「私は、父親というものは、仕事からどんなに遅く帰ってきても、深夜まで勉強するのが当たり前だと思っていました。ところが、友達に聞くと、みんな『うちのお父さんは、ごろごろ寝っ転がってテレビばっかり見ているよ』と答えたので、私はびっくりしました（笑い）。だって私が生まれる前から、父はそんな生活だったそうですから」といったことを書いていました。

これは、きっとものすごいカルチャー・ショックだったのではないでしょうか。また、学校でいじめられたのではないか、変人扱いされたのではないか、変な父親を持ったがゆえに。少し心配しておりましたけれども、へたに言葉で説明したって、乗り越えたことにはならない。何か自分の心の中でストンと腑《ふ》に落ちるようなことがあればいいなと思っておりました。

そこへ、ＮＨＫのテレビ番組でダーウィン特集をやりまして、脳科学者の茂木《もぎ》健一郎《けんいちろう》氏が解説しておりました。それを妻と、娘と三人で見ておりました。ダーウィンは、毎日、フジツボを観察するのが日課だったそうで、その息子が、「君んちのお父さんは、いつフジツボを観察するんだい？」と聞いて回った。そしたら、友人たちのみんなから、変な顔をされた。質問の意味すら理解されなかった——という話を聞きながら、私は「何だか似ているな」と思いつつ、娘の顔をチラリと見ました。すると、娘がニッコリと笑ったのです（笑い）。そこへ妻が、「うちのお父さんみたい」と言ったのです（笑い）。私は、娘のそのニッコリと笑った顔を見て、「あっ、これで乗り越えたな」と安心しました。

深夜までの勉強は、六畳四畳半のアパートに暮らしている時は、六畳に子どもたちが寝て、四畳半の向こう半分に妻が寝て、その手前のコタツのテーブルにパソコンを置いて、正坐して作業しました。パソコンのファンがウィーンとうなり、キーボードをカシャカシャとたたく音がして、時々警告音がピーと鳴る。そんなことを夜中の二時、三時ごろまでやっておりました。蛍光灯も煌々《こうこう》と光っている下で、妻は寝られなかったのではないかと思います。

今度の翻訳で、これまで曖昧《あいまい》にされてきたこと、不明であったことなどをいくつも明らかにすることができたと思います。私は、翻訳に当たり、納得しない限り訳さないということを原則にしておりました。この時も、分からない、分からないということがたくさんありましたが、「分かった」という瞬間が何度もありました。それは、夜中であることが多く、そのたびに、その感動を黙っていられない。朝まで待てない。「分かったぞ」と妻を起こして、話を聞いてもらったことが何度もありました。アルキメデスは入浴中に浮力と比重の発見をして、「ユーレカ」（分かったぞ）と叫びながら素っ裸で街を駆け抜けました。私は、幸い入浴中ではなかったので、裸で家の中を走り回ることはありませんでした。

今年（二〇〇八年）、オワンクラゲから緑色蛍光タンパク質GFPを抽出し、これに紫外線を当てるとこのタンパク質が緑色に光ることを発見された下村脩《しもむらおさむ》さんのノーベル化学賞受賞が決まりました。下村さんは、クラゲを八十五万匹家族に捕まえてきてもらったそうですが、私の場合は、そこまではいかなくても、八十五万頭ぐらいの羊を妻に数えさせたのではないかと思って反省しております（笑い）。

最後に、私事で恐縮ですが、本日は雲仙普賢岳の麓《ふもと》の島原から母が参加しております。母は、病床の父に代わり一人で三つの仕事をして、私たちに教育を受けさせてくれました。その母が、二日前の二十三日に九十二歳の誕生日を迎えました。この賞が最高の誕生日プレゼントとなりました。有り難うございました（拍手）。

なお、過去の受賞者一覧を見ただけでも中村元先生をはじめ、谷崎潤一郎、田中美知太郎《みちたろう》、和辻哲郎、丸山眞男《まさお》、井筒俊彦、ドナルド・キーンといった錚々《そうそう》たる名前に気後《きおく》れしそうなこの賞に、一介のサラリーマンで在野の研究者にすぎない私の訳書に目を留めて、選んでくださったことで、在野で研究に励む友人たちから「俺たちの誇りであり、大きな励みになる」という手紙を多数いただきました。このこと自体が、出版文化への大きな貢献になることであり、毎日新聞社と大日本印刷株式会社、そして選考委員の先生方にこそ、毎日出版文化賞を贈るべきだと思っているほどです。本当に有り難うございました。

第十二話 「白蓮華」批判

近年、インターネットの普及に伴いフェイク・ニュースなるものによる人権侵害のようなことが話題になっている。〝フェイク・レビュー〟とでも言えばいいのか、筆名によるネット上の〝書評もどき〟に、二〇一二年ころから筆者も頭を抱えている。書き込みの多くは誠実な感想を綴ったものだが、一部に実名を書かなくてもいいことにつけ込んで、根拠もなく悪印象を与える断定的な言葉を列挙して、印象操作をするのが目的としか思えないものもある。

その始まりは、お茶の水女子大学に提出した学位請求論文を出版した拙著『仏教のなかの男女観』（岩波書店、二〇〇四年）に対するインターネット書店「アマゾン」のカスタマー・レビューへの書き込みであった。「白蓮華《びゃくれんげ》」の筆名で次のように記している。

法華経における男女観といえば、刈谷先生による論考をはじめ多くの優れた研究が多数ある。しかし、それらを参考文献に挙げていないのにもかかわらず、刈谷先生と同じ結論に至るとは「盗作」と言われても致し方ないだろう。

ここの「刈谷」は、「苅谷」の誤りであり、付け焼刃で批判しているのが見え見えだ。全体の大きな流れの中の一部で、私は確かに苅谷定彦《かりやさだひこ》先生の論文を参考にしたところがある。そこには出典も明記しているし、参考文献にも挙げて、索引の「苅谷定彦」という項目には「九」「一四五」「三三八」の三カ所のページを挙げている。それなのに、「参考文献に挙げていない」『盗作』と言われても致し方ない」と、悪印象を与える言葉を書き連ねている。

友人の大学教授が、このレビューに対して抗議のコメントをそのレビューに書き込んだが、数日間、掲載されていたものの、コメントのほうが削除されてしまった。アマゾンのカスタマー・レビューの管理の姿勢に疑問を持った。

「白蓮華」なる人物は、その後も岩波書店と中央公論新社から出版した私の本のことごとくに対して、根拠のない中傷のレビューを書き込んでいる。『梵漢和対照・現代語訳　維摩経』（岩波書店、二〇一一年）に対しては次の通りである。

著者に写本読解能力はなく、基本的には大正大学より出たテキストがその底本だと思ってよい。さらに漢訳は単にデータベースのものを切り貼りしただけである。つまり本著ページ数にしておよそ半分以上は、まったく創造性に欠ける「複写作業」にすぎない。

これも、ひどいレッテル貼りである。拙訳で半分以上のページ数を占めるのは「複写作業」などではなく、注釈である。「複写作業」と言いたいところは、全体の半分の半分の半分で、八分の一でしかない。その注釈では、大正大学のテキストで、写本をローマナイズする際に「ママ」にしていた意味不明な単語を、拙訳では何カ所も意味が通るように校訂・解読してある。その注釈を少しでも読めば拙訳の〝独創性〟が理解できるはずだ。この書き込みをした人物は、私の本を読んでもいないのにデマを流しているか、読んでいるとしたら、悪意でもって事実を捻《ね》じ曲げている。

四十歳からサンスクリット語を学んだ程度の私に、そんなことができるはずがないという思い込みで、このような憶測をしているのであろう。本書の第七十九話「ラクシャー・バンダンのお守り」を読めば、私独自の校訂作業がなされていることは明らかであろう。

漢訳の書き下しにしても、第八十一話「漢訳書き下しの落とし穴」で詳述するように、鳩摩《くま》羅什《らじゅう》が「如前際後際空故中際亦空」や、「若菩薩行於非道。是為通達仏道」と漢訳した箇所のこれまでの書き下しの仕方を改めるべきだと指摘しておいた。

漢訳から国訳（書き下し）をされたのは東京大学と鶴見大学の名誉教授であった高崎直道《たかさきじきどう》先生である。「白蓮華」氏の言われる「複写作業」の〝被害者〟であるはずの高崎先生からお礼のハガキをいただいた。私の指摘を謙虚に認めてくださり、ベルギーのÉ・ラモット博士と高崎先生の間にあった見解の相違は、高崎先生の考えが正しかったことを私が論証したことを感謝してくださった。その高潔な人格は、「白蓮華」氏とは大違いである。

友人の大学教授は、「白蓮華は、インドで最も清らかな花とされ、汚泥《おでい》の中に咲いても汚泥に染まることなく自ら清らかな純白の花を咲かせ、周囲を清らかにするものとして珍重されるものだ。その花を筆名にするとは、おこがましいにもほどがある。『白蓮華』ではなく『汚泥』と改めるべきでしょう。どっちが白蓮華だ」と憤《いきどお》っていた。

複数の執筆者たちから、「アマゾンのカスタマー・レビューの中傷には困り果てている」という声を聞く。いつまで、この状態を放置しておくのだろうか。何とかしてもらいたいものだ。

私を中傷するために「白蓮華」氏が用いているキーワード――「伝統的学問の立場にある法華経研究者」「文献学を遂行する仏教学者」「アカデミックな立場」「中村元先生の学問的な後継者」「写本読解能力」「大正大学より出たテキスト」「文献学を担う学者」――を並べてみると、中村先生の最も嫌っておられた「偏狭なアカデミズム」の悪意が見え隠れしている。

こうした中傷やデマを流す人がいる一方で、『法華経』と『維摩経』の現代語訳を毎日出版文化賞とパピルス賞に選んでくださった辻井喬《たかし》先生（作家）、樋口《ひぐち》陽一《よういち》先生（日本学士院会員）をはじめとする諸先生方や、三枝《さいぐさ》充悳《みつよし》先生、ケネス・K・イナダ先生、その友人の藤田《ふじた》宏達《こうたつ》先生（北海道大学名誉教授）、加藤《かとう》九祚《きゅうぞう》先生（国立民族学博物館名誉教授）、前田耕作先生（東京藝術大学客員教授）、桂《かつら》紹隆《しょうりゅう》先生（龍谷大学教授）、橋爪大三郎先生をはじめとして、多くの先生方が、あの膨大な注釈の独創性に驚嘆しつつ、評価してくださったのは有り難かった。高崎直道先生は、『梵漢和対照・現代語訳　法華経』の出版記念会で名スピーチをされただけでなく、毎日出版文化賞の授賞式にも来てくださり、さらには私と妻をご自宅に招いて、宏子夫人ともども親しく懇談してくださった。

　東京大学印度哲学科出身でドイツのボン大学で博士号を取得され、神戸女子大学瀬戸短期大学学長を歴任された『法華経』研究者の岡田《おかだ》行弘《ゆきひろ》先生は、ご著書に拙著を引用してくださったり、手紙で「もし中村元先生が本格的に『法華経』に取り組まれていたなら、植木先生の一連の御著書のようになっていたと思います」というもったいないほどの言葉を綴ってくださった。

　また、古稀《こき》記念論文集（二〇一六年三月刊行）に寄稿依頼をしてくださった立正大学教授で法華経文化研究所所長であった三友《みとも》健容《けんよう》先生は、二〇一六年の東方学院新春会で初めてお会いした時、「あなたが植木さんですか！　あなたにずっと会いたかった。あの梵漢和対照の『法華経』は、便利で役立っています」とおっしゃった。これまで、いろいろと根拠のないデマを流されたり、陰口をたたかれたりしてきただけに、その言葉に涙がにじんだ。

第二章　原始仏教の思想

第十三話　〝人間ブッダ〟の探究

インドの仏教史は大きく分けて、①釈尊《しやくそん》（前四六三〜前三八三年）から始まった教団が、部派分裂することなく一つにまとまっていた紀元前三世紀ごろまでの原始仏教（初期仏教）、②前三世紀以後、部派分裂し権威主義的傾向を強めていった部派仏教（その中で最も優勢であった説一切有部《せついっさいうぶ》は小乗仏教と貶称《へんしよう》された）、③紀元前後にその小乗仏教を批判し釈尊の原点に還《かえ》ることを標榜《ひようぼう》して興った大乗仏教、④七世紀以降、呪術的世界観やヒンドゥー教と融合した密教——の四つにまとめられる。

中村元博士は、この中でも特に原始仏教の研究に取り組んだ。その研究方法として、原典の成立の古いものと、成立の新しいものや後世に付加されたものとを見分ける基準を明確にすることから始めた。「一般に韻文《いんぶん》は古く、散文の多くは後世の付加」などの基準に基づき、韻文を中心に検討して、最初期の仏教の特徴を明らかにした。

こうして、釈尊を人間離れしたものとする神格化を選《え》り分け、歴史上の人物としての〝人間ブッダ〟の実像に迫り、最初期の仏教の実態を浮き彫りにすることに努めた。それによって、人間をありのままに見て、そこに「偉大なる人間」の姿を見いだし、仏教は本来、迷信や権威主義とは無縁で、道理にかなったものであったことを明らかにした。

『サンユッタ・ニカーヤ』第一巻には、釈尊の教えを聞いて、弟子たちが目覚めたという場面に必ず出てくる次のような定型句がある。

素晴らしい。君、ゴータマさんよ。素晴らしい。君、ゴータマさんよ。あたかも、君、ゴータマさんよ、倒れたものを起こすように、あるいは覆われたものを開いてやるように、あるいは〔道に〕迷ったものに道を示すように、あるいは暗闇に油の燈《とも》し火を掲げて眼ある人が色やかたちを見るように、そのように君、ゴータマさんはいろいろな手立てによって法（真理）を明らかにされました。

原始仏典で弟子たちは、釈尊に「君」「ゴータマさんよ」と気軽に呼びかけていたのだ。原始仏典の『テーラ・ガーター』の第六八九偈《げ》には、「マヌッサ・ブータム　サンブッダム」（manussa-bhūtaṃ sambuddhaṃ）という言葉が出てくる。bhūta は「～である」「真の」という意味なので、「人間（manussa）である（bhūta）ところの完全に目覚めた人（sambuddha）」、あるいは「真の（bhūta）人間である完全に目覚めた人」の二つの意味に訳すことができる。弟子たちが、釈尊を「真の人間」「〔偉大な〕人間」として尊敬していたことが分かる。

歴史上の人物としての釈尊は、「君」「ゴータマさんよ」と呼ばれても意に介することはなかった。釈尊は、決して傲慢《ごうまん》ではなかったのだ。それは、自らが語っていた通り、「私は一人の人間である」「皆さん同様、一人の修行者である」「皆さんの善知識《ぜんちしき》（善き友）である」という自覚が釈尊自身にあったからだ。権威主義的な考えは、本来の仏教とは無縁のものであった。

釈尊を、人間離れした偉大で超人的な存在とする一方で、仏弟子はとうていそこには到達しえないと説かれ、ましてや女人は穢《けが》れていて成仏できないなどと説かれたのは、後代の人々による神格化の結果であり、中村先生は「それは歴史的真実を歪《ゆが》めている」と結論された。

人間離れしたものに神格化されたブッダと、〝人間ブッダ〟の両者を比較した時、一人の人間として「人間いかに生きるべきか？」を学ぶことができるのは〝人間ブッダ〟のほうからではないだろうか。

第十四話　釈尊の平等思想

「平等」と書いて、「へいとう」とは読まない。「びょうどう」と読む。前者は漢音《かんおん》、後者は仏教で用いられた呉音《ごおん》の読み方である。建立を「けんりつ」ではなく「こんりゅう」、飲食を「いんしょく」に対して「おんじき」と読むのも同じことである。「平等」は、サンスクリット語のサマ（sama）、あるいはサマター（samatā）を漢訳した仏教語であり、「平等」は仏教独自の思想であった。カーストによる身分差別の著しいインドで釈尊は、人の貴賤《きせん》は生まれでなく、行ないによって決まると説くなど徹底した平等思想を展開した。
原始仏典の中でも最古とされる『スッタニパータ』には、次のような言葉がある。

生まれによって賤《いや》しくなるのではなく、生まれによってバラモンとなるのではない。行ないによって賤しくなるのであり、行ないによってバラモンとなるのである。

（第一三六偈）

『サンユッタ・ニカーヤ』第一巻でも、釈尊は次のように語っている。

多くの呪文をつぶやいても、生まれによってバラモンとなるのではない。〔バラモンといわれる人であっても、心の〕中は、汚物で汚染され欺瞞《ぎまん》にとらわれている。クシャトリヤ（王族）であれ、バラモンであれ、ヴァイシャであれ、シュードラであれ、チャンダーラ（旃陀羅《せんだら》）や汚物処理人であれ、精進《しょうじん》に励み、自ら努力し、常に確固として行動する人は、最高の清らかさを得る。このような人たちがバラモンであると知りなさい。

生まれを尋ねてはいけない。行ないを尋ねよ。火は実に木片から生じる。賤しい家柄〔の出〕であっても、堅固で、慚愧《ざんき》の念で自らを戒めている賢者は、よき生まれ〔すなわち高貴〕の人となるのである。

カーストによる差別を超えるだけでなく、釈尊自身は、弟子たちに対して対等な立場で接していた。『マハー・ヴァッガ』という原始仏典には、五人の比丘《びく》を相手に初転法輪《しょてんぼうりん》（成道後《じょうどう》初の説法）をしているころの共同生活の様子が記されている。三人ずつが交代で托鉢《たくはつ》して回り、それで得た食べ物で六人が生活していた。釈尊自身も、交代で托鉢の当番を受け持っていたということになる。この点からも、釈尊と五比丘との間には何ら区別も差別もなかったと言うことができる。この事実からして、後世の脚色とは違って、釈尊はブッダ（覚者《かくしゃ》）と言っても人間離れした特別の存在ではなかったと言えよう。

ところが、釈尊が神格化されるのに伴って、釈尊を除く、三人と二人が交代で托鉢に出かけたという表現に変わってしまった（拙著『仏教学者　中村元――求道のことばと思想』、八四～八五頁を参照）。この書き換えは、バラモン教の師弟の在り方の影響も考えられよう。『ヴェーダ』を学ぶ学生は、師に対して絶対服従であり、弟子は師匠と自分のために托鉢乞食《こつじき》をして歩かなければならなかったからだ。後世に書き換えられたとはいえ、釈尊はバラモン教の師弟の在り方を踏襲することはなかった。

このような生活を続ける中で五人の比丘が順次に覚《さと》った。その場面が、その時、三千大千刹土《さんぜんだいせんせつど》に五人の尊敬されるべき人（阿羅漢《あらかん》）あり、世尊を第六とする。
（『増一阿含経《ぞういつあごんきょう》』巻一四）

と記されている。釈尊を第一とすることなく第六として、五人の比丘が釈尊と同格に位置付けられているだけでなく、釈尊が覚った境地も、五人が覚った境地も、全く同じ表現でなされている。釈尊と五人の比丘との間に全く差別は見られない。

「ブッダ」（buddha）は固有名詞ではなく、「目覚めた人」を意味する。「法」と〝真の自己〟に目覚めた人のことだ。普遍的真理としてのその「法」は万人に開かれているから、だれであれ「法」に目覚めればブッダである。これが、仏教の説く「法の下《もと》の平等」である。そこには、在家と出家、男女の間の差別もあるはずがない。

『ジャータカ』（本生譚《ほんしょうたん》）序には、帰郷した釈尊の説法を聞いて、スッドーダナ王（浄飯王《じょうぼんのう》）が第二、第三の境地を経て、「聖者の最高の境地に達した。王には森林に住んで精励する必要はなかったのだ」とある。釈尊在世の最初期の仏教では、在家のままで最高の境地（阿羅漢）に達しうると語られていた。在家や女性が仏弟子から排除されたのは、小乗仏教においてであった。

原始仏典では、在家・出家、あるいは男女の別なく仏弟子（声聞《しょうもん》）と称されていて、女性の智慧《ちえ》第一や説法《せっぽう》第一、さらには在家の説法第一、多聞《たもん》第一など代表的な仏弟子の名前が平等に列挙されていた。『スッタニパータ』には、「ずうずうしくて、傲慢《ごうまん》で、しかも偽りをたくらみ、自制心がなく、おしゃべりでありながら、いかにも誓戒を守っているかのごとく真面目《まじめ》そうに振る舞う」男性出家者のことを「道を汚す者」と称し、「智慧を具《そな》えた聖なる仏弟子の在家者」と比較して、後者を評価する釈尊の言葉も残っているのだ。

第十五話　〝非我〟と〝無我〟

原始仏教の研究を通して中村元先生は、仏教の本義が「自己の探求」であったことを明らかにされた。それは「無我《むが》」と矛盾する。「無我」は、パーリ語のアナッタン（anattan）、サンスクリット語のアナートマン（anātman）の訳である。āttan（我、自己）、あるいは ātman（同）に否定を意味する接頭辞 an が付いているので、「我《が》が無《な》い」と訳された。

ところが、原始仏典の古い部分には、「自己」という意味でアッタン（アートマン）が用いられていて、「自己を求めよ」「自己を護《まも》れ」「自己を愛せよ」と積極的にアートマン（自己）を肯定した発言がなされている。「自己の実現」「自己の完成」を説いていて、「無我」、すなわち「アートマンは存在しない」といった表現は見当たらない。

そして、原始仏典のそれぞれに次のような文章が出てくる。

見よ、神々並びに世人は、非我《ひが》なるものを我と思いなし、〈名称と形態〉（個体）に執着している。

（『スッタニパータ』）

修行僧らよ、ありとあらゆる物質的なかたち、すなわち過去・現在・未来の、内であろうと外であろうと、粗大であろうと微細であろうと、下劣であろうと美妙であろうと〔中略〕、すべての物質的なかたちは――「これはわがものではない。これはわれではない。これはわれの我（アートマン）ではない」と、このようにこれを如実に正しい叡知《えいち》によって観察すべきである。

（『サンユッタ・ニカーヤ』）

心を調え、一点によく集中し、もろもろの形成されたものを〔自己とは異なる〕他のものであり、自己ではない（非我）と観察しなさい。

（『テーリー・ガーター』）

いずれも、「何かを自己とみなす」ことを否定する表現になっている。

それは、「何かが自己なのではない」という意味であり、「無我」（我が無い）ではなく、「非我」（我に非《あら》ず）と訳すべきである。何かを自己と見なして、それに執着することや、自己に属さないものを自己に属するものと思いなして執着することを戒めた言葉であって、「自己」を否定したものではなかったのだ。確かに鳩摩羅什《くまらじゅう》訳『維摩経《ゆいまきょう》』においては、「非我」という訳が多く見られる（植木訳『梵漢和対照・現代語訳　維摩経』参照）。
原始仏典には、次のような言葉が多出する。

戦場において千の千倍（すなわち百万）の人に勝つ人と、唯《た》だ一つ〔の自己〕に克《か》つ人とでは、実にその〔後者の〕人が戦いの最上の勝利者である。実に自己に克つことは、他の人々に勝つことよりもすぐれている。自己を調えている人の中で常に自己を抑制している修行者――このような人の勝利したことを敗北したことになすようなことは、神も、ガンダルヴァ（天の伎楽神）も、悪魔も、梵天もなすことができない。（『ダンマ・パダ』）

自己こそ自分の主《あるじ》である。他人がどうして〔自分の〕主であるはずがあろうか？　自己をよく調えることによって、人は得難き主を得るのだ。（『ダンマ・パダ』）

こうしたことから、中村先生は、「喪失した自己の回復」「自己が自己となること」が、初期仏教徒の実践の理想であったと結論している。
原始仏典でも末期のころになると、パーリ語の仏典には見当たらないが、サンスクリット語で書かれた仏典には「アートマン（我）が存在しない」という表現が登場するようになった（中村元著『ブッダ伝――生涯と思想』、二〇六頁参照）。

第十六話　自己との対決の必要性

「無我」（我が無い）では、行為の主体を否定することになる。「非我」（我に非《あら》ず）であれば、何かに執着した自己ではなく、あるべき自己を探求することが求められ、自己に基づく倫理的な実践が問われる。自己とは実体としてあるのではなく、人間が人間として生きるところに〝真の自己〟がある。そこに、自らの在り方、行為のいかんが問われ、自らをいかに磨《みが》くかが大事となる。思想的に自己と対決することも求められる。

思想は、自己との関わりを抜きにしては語れない。中村元先生は、「思想や古典の内容を紹介することは、紹介する人自身の苦悩や、葛藤《かっとう》を経て理解されたものでなければ、その息吹《いぶき》も血の温《ぬく》もりも伝わってきません」と語っておられた。

女性出家者たちの手記詩集である拙訳『テーリー・ガーター――尼僧たちのいのちの讃歌』（角川選書）に、ジーヴァーという娘を亡くして号泣《ごうきゅう》するウッビリーという母親が登場する。その母親に釈尊は、「ジーヴァーという名前の八万四千人の娘がこの墓地で荼毘《だび》に付されたが、その内の誰《だれ》を嘆いているのか？」と語りかけ、「汝《なんじ》自身を知りなさい」と諭《さと》した。ウッビリーは、娘の死から八万四千人のジーヴァーの死に思いを拡《ひろ》げ、八万四千人の母親の悲嘆にも思いを巡らし、娘の死という事実を直視した。自己に対する眼を開き、妄執《もうしゅう》を離れ、完全な安らぎ（涅槃《ねはん》）を得た。原始仏教の時代の仏弟子は、自己との対決の末に涅槃を獲得していた。

中村先生は、戦争の記憶も生々しい一九四九年に、戦争に対する深刻な反省を踏まえて『宗教における思索と実践』を毎日新聞社から出版された。その中で、「日本人はあまりにも権威に屈従し隷属する傾向が顕著」「仏教は思想体系としては理解されていない」と断じ、仏教はわが国で「儀礼的呪術的な形態」でしか民衆と結びついていないとして、「思想的指導性は極めて乏しい」と論じた。三十六歳の若々しい力強さが文章にみなぎっていた。

こうした情況《じょうきょう》に対して、中村先生は「自己との対決」を通して仏教を捉え直すことが必要だと訴えておられた。

筆者の生まれる前の出版であり、この本の存在を知ることはなかったが、中村先生の没後十年目に当たる二〇〇九年にサンガという出版社から復刊された。今、読み直しても、初版から七十年になるが、残念ながら中村先生の嘆いておられたことは今なお何も変わっていないのではないか。中村先生は、日本の仏教受容の仕方について、所詮《しょせん》はシャーマニズムの域を出ることがなかったとも指摘されていた（決定版・中村元選集『日本人の思惟方法』、四五五〜四七〇頁）。

本来の仏教は、過去の因習や、習慣、迷信、先入観、ドグマを徹底的に排除し、今、生きている人間をありのままに見すえて、「人間いかに生きるべきか？」を説いたものであった。日本において、仏教を思想として現代に蘇《よみがえ》らせるためには、今なお「自己との対決」を通して仏教を問い直す作業が不可欠である。

仏教用語の一つひとつを、最初から有り難い教えとして鵜呑《うの》みにするのではなく、「だから何だろう?」「それを言って何がすごいのか?」「何でそんなことを言わなければならなかったのか?」……といったことを自らの生き方を通して検証することだ。そうやって一つひとつ納得していくことによって、仏教が現代において普遍的意味を取り戻すことになるのではないだろうか。釈尊自身もそのようなアプローチをされていた（拙著『仏教学者　中村元——求道のことばと思想』、一一一頁）。

第十七話　〝真の自己〟の探求

前回、釈尊がウッビリー尼に「汝自身を知りなさい」と諭《さと》したと書いた。仏教が目指したことは、〝真の自己〟の覚知による一切の迷妄、苦からの解放であった。

原始仏典によれば、入滅間近の釈尊は、釈尊亡き後、だれ／何を頼りにすればよいのかと不安を抱くアーナンダ（阿難《あなん》）に対して、

この世において自己という島に任せよ。自己という帰依処《きえしょ》は真の帰依処である。法という島に任せよ、法という帰依処は真の帰依処である。

（『大パリニッバーナ経』）

と語っていた。

これは、自己を離れて他者に依存することを戒めた言葉である。一人の人間としての自立した生き方は、他者に迎合したり、隷属したり、媚《こ》びたりするところにはありえない。それは、人に限ったことでなく、「ものごと」についても言える。私たちは作られた価値観、思い込まされたこと、迷信、権威などに従ってものごとを考えがちである。あるいは祟《たた》り、脅し、恫喝《どうかつ》、中傷、罰への不安感、さらには物欲、虚栄心、名誉欲などから行動することもある。そこに〝真の自己〟の自覚はない。それどころか、あらゆるものごとの本性や実相としての「法」を見ることもない。

仏教は、自己を離れて真理を探求することはなかった。『ディーガ・ニカーヤ』によれば、釈尊自身も「われは自己に対して帰依をなした」(katam me saraṇam attano)と語っていた。自己に目覚めることにより、普遍的で具体的な「法」が立ち現われ、一切のものとのつながりの中に自己を見ようとした。仏教は、〝自覚の宗教〟である。

中村元先生は「西洋の絶対者(=神)は人間から断絶しているが、仏教において絶対者(=仏)は人間の内に存し、人間そのものである」と言われた。決して個々の人間から一歩も離れることはない。仏教は、人間を原点に見すえた人間主義であり、人間を〝真の自己〟と「法」に目覚めた人(ブッダ)とするものであった。

人は、生まれてきた時は自覚がなく、物心がついて、気がついたら「私はいつの間にか生まれていた」という存在だろう。普遍的真理としての「法」と〝真の自己〟に目覚めることは、「私が」「今」「ここ」にいることの意味を知ることでもあろう。

ソクラテスも「汝自身を知れ」と言った。「徳」は学ぶことができるのかという、メノンとの対話（『メノン』）で、ソクラテスは「魂は不死なるものであり〔中略〕魂がいまだに学んでいないようなものは、何一つとして存在しない」。だから「徳について〔中略〕既に知っているものである以上、魂がそれを想い起こすことができるのは、何も不思議なことではない」として、「探究するとか、学ぶとかということは、実は全体として想起することにほかならない」と語っている。「汝自身を知れ」には、そういう背景もあったのだろう。

ソクラテスの言う「想い起こす」「想起する」は、仏教の「真の自己に目覚める」に当たるであろう。また、ソクラテスの言う「徳」は、「法」と漢訳された「ダルマ」（dharma）と通じるものである（拙著『仏教、本当の教え』、四七頁参照）。「徳」が、学ぶべきものではなく、想起するべきものだというのも、「ダルマ」（法）が目覚める（√budh）べきものだとされていたのと共通している。「法」は、自己と無縁なものではないからだ。

自己に目覚めることと、人間としての普遍的真理である「法」に目覚めることとは、パラレルなのだ。「真の帰依処」として、「自己」と「法」を並べて挙げていたのはそのためである。

第十八話　始終自身なり

「真の自己」の探求を重視していたことを物語るエピソードが原始仏典の『マハー・ヴァッガ』に記されている。それは、釈尊が、ベナレス郊外の鹿の苑（鹿野苑《ろくやおん》）で初転法輪を終えて、自らが覚りを開いたところであるウルヴェーラーへと戻る途中のことだった。釈尊は、街道からそれて林に入って樹木の根元に坐っておられた。その林に三十人の友人たちが夫人同伴でピクニックに来ていた。そのうちの一人だけは、独身だったので遊女を連れてきていた。ところが、その遊女がみんなの持ち物を持って逃げ去ってしまった。その女を探し求めて林をさまよっていて、釈尊の姿を目にして声をかけた。「一人の女性を見ませんでしたか」と。そこで釈尊は、女性を探す理由を尋ね、その答えを聞いて言った。

青年たちよ。あなたたちはどう考えますか？　あなたたちが女性を探し求めるのと、自己（attā）を探し求めるのと、あなたたちにとってどちらが勝れたものでしょうか？

青年たちは、「自己を探し求めることです」と答え、釈尊の説法を聞いて出家を申し出たという。ここでは、「真の自己」の探求ということが重視されている。

それは、既に触れた入滅前にアーナンダに語っていた「自帰依」「法帰依」の教えとも重なっている。初転法輪直後の教えと、入滅間際の教えが、同趣旨である。釈尊の教えは、最初から最後まで一貫して自己の探求であったことを意味している。しかも、「自帰依」「法帰依」を語るに当たり、釈尊は、「今でも」「わたしの死後にでも」「誰でも」という条件をつけていた。これも、〝真の自己〟の探求こそ、釈尊が一貫して説きたかったことであり、いつの世も常に一貫して仏教の目指すべきことだということを意味している。

ところが釈尊の滅後、「私の死後にでも」とあったにもかかわらず、時の経過とともに、教団は権威主義化し、差別思想が持ち込まれ、自己、人間という視点が見失われるようになってしまう。その差別思想の超克と人間と自己の復権は、大乗仏教、なかんずく『法華経』の登場を待たねばならなかった。『法華経』に説かれる「長者《ちようじや》窮子《ぐうじ》の譬《たと》え」にしても「衣裏珠《えりじゆ》の譬え」にしても、自らを貧しいものと思い込み、自己卑下して自らが無上の宝石を具《そな》えていることに無知な男に宝石の具有《ぐゆう》を自覚させる物語である。あらゆる人にとっての「失われた自己の回復」「真の自己への目覚め」がテーマとなっている。

その『法華経』第十五章寿量品《じゆりようぼん》（第十六）の中の五百十文字からなる韻文（詩）に日蓮は、「自己」という視点の重要性を読み取った。その韻文は、「自我」の二文字で始まる偈《げ》（詩句）であることから「自我偈《じがげ》」と呼ばれている。それは、「自我得仏来《じがとくぶつらい》　所経諸劫数《しよきようしよこつしゆ》　無量百千《むりようひやくせん》万《まん》億載阿僧祇《おくさいあそうぎ》」に始まって、四百七十文字を挟んで、「毎自作是念《まいじさぜねん》　以何令衆生《いがりようしゆじよう》　得入無《とくにゆうむ》

上道《じょうどう》　速成就仏身《そくじょうじゅぶっしん》」で終わっている。

この「自我偈」の最初と最後の文字に日蓮は注目した。そして、「自とは始《はじめ》なり。速成就仏身の身は終りなり。始終自身なり」と論じた。自我偈は、「自」という文字で始まり、「身」という文字で終わっている。だから、この偈では、始終、自身のことが説かれていると結論づけているのである。「最初から最後まで一貫して、この寿量品の自我偈には自分自身のことが説かれています。ほかのだれかのことではありません。あなた自身のことであり、皆さんのことであり、私のことですよ」と展開したのだ。

さらに日蓮は、「自□□身」という構造の四字熟語「自受用身《じじゅゆうしん》」と対応させて、「自」と「身」に挟まれた自我偈の五百八文字が「受用」に相当しているとして、自我偈には「自身」に具わる「法」を「受け用いる」ことが説かれていると強調し、その「自受用身」に「ほしいままにうけもちいるみ」とルビを振っている。「自由自在に法の楽しみを自ら受け用いることができる身」ということだ。

この五百十文字からなる自我偈では、釈尊自身が、「私が仏になって以来、もう天文学的な時間が経っています。それ以来、私はいろいろな仏土に出現して、かくかくしかじかのことをやってきました」という話が展開されている。釈尊自身が、自ら覚った法をいかに受け用いてきたかが書かれている。それを日蓮は、「ここに説かれていることは、釈尊のことだけではなく、実は皆さんのことであり、最初から最後まで自分自身のことですよ」と主張したわけである。主張は大変に素晴らしいもので、よくここまで展開したなあと感動すら覚える。ただ、何もここから「始終自身なり」と持ってこなくてもいいのではないかという思いは残る。悪い言葉で言えば、語呂合《ごろあ》わせなのだが、それを通して言っている内容は素晴らしい。

漢文の規則からすれば、最初の「自」という文字は、自分自身のことではない。英語のfromに対応している。「自我得仏来」は、「我れ仏を得て自《よ》り来《このかた》」と書き下される。英語で言えば、from my attaining Buddhahoodである。「私がブッダになってより」であって、フロム（from）なのだ。決して自分自身のことではない。日蓮は、そんなことは分かっていて、あえてこういう展開をしている。この言葉を日蓮のものとすることを疑問視する〝文献学者〟もあるようだが、だれが言ったにせよ、原始仏教において最初から最後まで一貫して重視されていた〝真の自己〟の探求について再度強調する視点は大いに評価すべきことであろう。

第十九話　汝自身を知れ

「自己」を抜きにして「法」はありえない、両者は切っても切れない関係であるということを、釈尊は次のように簡潔に表現していた。

ヴァッカリよ、実に法を見るものは私を見る。私を見るものは法を見る。ヴァッカリよ、実に法を見ながら私を見るのであって、私を見ながら法を見るのである。

（『サンユッタ・ニカーヤ』）

ブッダを見るということは、特別な存在としてのブッダではなく、ブッダをブッダたらしめている「法」を見ることであり、その「法」も観念的・抽象的なものとしてあるのではなく、ブッダの人格や、生き方として具体化されて存在しているというのである。しかも、その「法」はブッダのみの専有物ではなく、だれ人にも平等に開かれている。従って、その「法」に目覚め、「法」を自らに体現することが重要になる。だから、「自帰依」「法帰依」として、「人《にん》」としての「自己」と、「法」をよりどころとするべきことが強調されていたのである。「人」としての「自己」と「法」は切り離せない。「法」を求めると言っても、「自己」とかけ離れたところで求めていては、何も得るものはないであろう。『華厳経《けごんきょう》』に次の一節がある。

譬えば貧窮《びんぐ》の人、日夜に他の宝を数うるも、自ら半銭の分なきが如し。多聞《たもん》もまた是《か》くの如《ごと》し。

（菩薩明難品《ぼさつみょうなんぼん》第六）

「自己」とかけ離れたところでの「多聞」、すなわち〝物知り〟や〝博識〟であることは、古代ギリシアのソフィスト（職業的弁論家）の誇ることと同じであり、「自己」とは関係ない。だから、いくら数え上げても「自己」を豊かにするものではないというのだ。

　そのような〝博識〟は、ソクラテスにとって恰好《かっこう》の皮肉の材料となった。ソクラテスによってやり込められたソフィストたちは、博識を誇り、知識を売り物にし、議論のための議論に耽《ふけ》っていた。ソクラテスは、彼らに対して痛烈な皮肉を込めて、「自らは無知である」と語った。ソフィストたちの言う「知」からすれば「無知」ということである。

　日蓮は、『華厳経』のこの一節を踏まえて、『一生成仏抄《いっしょうじょうぶつしょう》』に次のように記している。現代語訳して引用する。

〔仏教は、それぞれの自己に法を開き覚知させるものである。それなのに〕いくら仏教を学ぶといっても、〔自己を離れたところでそれを学んで〕真の自己に目覚めることがなく、心の本性を観じることがないならば、全く生死という苦悩を離れることはない。もしも、自己を離れたところに覚りがあると思って、あらゆる修行、あらゆる善行をやるならば、それはちょうど貧しい人が、日夜に隣の家の財産を数えているのと同じことで、全く自分のものとはならない。だから、天台大師は、「もしも、真の自己に目覚めることがなければ、重罪が滅することもないし、真の自己に目覚めることもなく、あらゆる修行、あらゆる善行をやったとしても、いたずらに自身を苦しめることになるだけである」と述べて、仏法を行ずる者にとって恥ずべきことだとしている。

本来の仏教は、自己とかけ離れた別世界のことを語ったものではなく、ほかならぬ自己のことが語られているのである。別世界の話を聞くと、それぞれの勝手な空想や、受け止め方がなされ、「似て非なるもの」と「似ても似つかぬもの」にならざるを得ない。

それに対して、本来の仏教は人間存在について語ったものであり、自己を離れることはない。釈尊が説いた法は、未知なる別世界のことではない。ありのままの人間のことである。だから、自己に一つひとつ突き合わせるように確認できるものである。そこが決定的に違っている。自己について語られた法は、丸暗記したりするものとしてあるのではない。目覚めるものであり、ソクラテスの言うように〝想起〟するものなのだ。それにもかかわらず、丸暗記するものとして、自己とかけ離れたところで語り継いだり、受け止めたりする人がいるようだ。それに対して、釈尊もソクラテスも「汝自身を知れ！」と言った（植木訳『テーリー・ガーター――尼僧たちのいのちの讃歌』、第五一偈を参照）。

ソクラテスは、デルポイのアポロン神殿入口に刻まれた古代ギリシアの格言「身のほどを知れ」という功利主義的で世俗的な意味で用いられていた「汝自身を知れ」という言葉を、哲学的で倫理的に深い意味を持つものに改めた。釈尊は、自己（アートマン）の探求をウパニシャッドの「梵我一如《ぼんがいちにょ》」という形而上学的な意味から、倫理的で実践的な意味に改めた。

「自己を知る」といっても、「身のほどを知れ」では、階級的差別の中に自らを位置付けることになってしまう。形而上学的な意味であれば、そこに普遍的視点はあったとしても現実離れしたものになってしまう。ソクラテスや釈尊は、ありのままの自己を見つめて、あらゆる人間関係の中でいかに振る舞うかという視点に立っていた。釈尊は、さらに自己を見すえて、不殺生《ふせっしょう》、報恩、特に他のだれも説かなかった慈悲といった崇高な在り方を説いた。

第二十話　食法餓鬼

「仏教の理屈は難しい」「分かりにくい」とおっしゃる方が多い。確かに難しく分かりにくく語る人たちがいるのは事実であろう。自信喪失し、必死でもがくように仏教書を読み漁っていた学生時代に、三木清の『読書と人生』を読んでいて、次の箇所に出会って妙に感動したことを思い出す。

「むつかしい」ということと「わからない」ということとは同じでない。たとえば、高等数学はむつかしい。しかしわからないものではない。順序を踏んで研究すればわかるはずのものである。〔中略〕わからないものが書かれているために、哲学はむつかしいという評判をつくっていることがないでもないようである。哲学が「むつかしい」ということは致《いた》し方がないとしても、「わからない」ものが書かれるというのは困ったことだ。わからないのは、実はそれを書いた当人にもよくわかっていないからだといわれるであろう。

これを読んでホッとしたものがあった。中村先生も、「分からないことが学術的だと思っている人があるが、そうではありません。分かりやすいことが学術的なのです」「日本には、分からないことが有り難いことだという変な思想があります」と常々語っておられた。

釈尊は、だれ人にも分かる言葉で語りかけ、一人ひとりを自己に目覚めさせ、生き方に目覚めさせた。仏教は「最も分かりやすいもの」であるはずだと思う。なぜかと言えば、ほかでもない自分自身のことであるからだ。ソクラテスの言うように想い起こせばいいのだ。

ただ、それを妨害するものがある。それは、権威をもって語られた言葉に自縄自縛《じじようじばく》になったり、種々さまざまの執着心にとらわれることである。われわれの身の回りにはそのような束縛が無数にある。それは、「自己」と「法」を見えにくくする外部的要因だが、その人個人の生き方自体に起因するものもある。『維摩経《ゆいまきよう》』第五章§5に、「法」を求めているかのようで、その実、別のことを求めている人のことが羅列されている。その一つ、

尊者シャーリプトラよ、法は無為《むい》なるものであって、有為《うい》を離れたものである。有為を

行動範囲とする人たちは、法を求めているのではなく、有為に執することを求めているのである。

（植木訳『サンスクリット版全訳　維摩経　現代語訳』、一九八頁）

本来、生滅変化をしない常住絶対の「無為」であるはずの「法」を、諸々《もろもろ》の因縁によって作り出された生滅変化する「有為」の次元にとらわれた人は、有為なるものとして捉えようとする。それは、「法」を探求しているのではなくて、「有為」を探求していることになる。「法」を求めると言いながら、別のものにすり替えてしまう人がいるということだ。

このように、「法」は自己を離れたところで求めるべきではないのに、自己以外のものに目的をすり替える人がいる。例えば、もの書きのネタ探しのために「法」を求めようとする人もいる。人々の前で話さなければならない立場にあって、みんなに感心されることや、受けることを狙って「法」を漁ろうとする人もいる。そこにあるのは名聞《みょうもん》名利《みょうり》であって、自己にとっての「法」の必然性ではない。

そういう人のことを仏典では、〝食法《じきほう》餓鬼《がき》〟と分類している。自己の名誉欲、虚栄心を満たすためにガツガツと「法」を貪《むさぼ》るけれども、全く感動もなく、〝自己〟が心豊かになることもない。ましてや、その「法」によって人々や、最も恩を受けた父母をも救おうという心もなく、語ったとしても自らの名聞名利を満たすためであって、感動も与えられない。

天台大師はこのような人のことを、「仏教を学ぶと雖《いえど》も、還《かえ》って外見《げけん》（仏教以外の外道《げどう》の考え）

に同ず」と論じ、「重罪滅せず」「無量の苦行となる」と断じた。
このような人が書いたり、話したりしたものは、難しく分かりにくいことであろう。三木清は、次の言葉も記している。

ひとに呼びかけるといったところが偉大な哲学には含まれているようである。そういうものの欠乏が哲学をむつかしく思わせているのではないか。独語的な哲学はむつかしい。

〝真の自己〟に目覚め、「法」に目覚めた人は、他者の〝真の自己〟にも思いを致すことになり、その「法」を相手にも見ることができる。その「法」を相手に〝想起〟させたくて呼びかけるように語りかけるであろう。そこに共感が生まれる。自分の中に共感するものがなく、知識として知っていることをいくら語っても相手の心に響くものはない。
三木清自身、「それはまた私自身にいいきかせる言葉である」と結んでいるが、筆者自身、勉強する時は、この一節を自分に言い聞かせながらやってきたつもりである。

第二十一話　「成仏」とは人格の完成

「仏陀《ぶつだ》」と書くと、人間離れした特別の存在として受け取られ、「成仏《じょうぶつ》」というと、その特別な存在になることか、死後のことだと思われる。いつの間にか、こうしたイメージが定着してしまった。もとを糾《ただ》せば、仏陀はサンスクリット語 buddha の音写語で、「目覚める」という意味の動詞 √budh の過去受動分詞であって、「目覚めた〔人〕」を意味する。

原始仏典にはしばしばブッダの複数形（buddhā）が登場し、釈尊のみを示す固有名詞ではなく、普通名詞である。「法（理法）に目覚めた人」「〝真の自己〟に目覚めた人」のことだ。ブッダ（目覚めた）の状態に到っている釈尊自身が、「善き友人（善知識《ぜんちしき》）である私によって、〔人々は迷いの世界に〕生まれることから解脱《げだつ》するのだ」と、自分のことを「善き友人」と語っていた。その意味するところは、『スッタニパータ』の次の言葉から理解できよう。

ドータカよ。わたくしは世間におけるいかなる疑惑者をも解脱させ得ないであろう。ただそなたが最上の真理を知るならば、それによって、そなたはこの煩悩の激流を渡るであろう。（第一〇六四偈）

釈尊は、自らが覚った「法」を説いて衆生《しゅじょう》を「法」に近づけるだけであって、釈尊が衆生を解脱させるのではない。「法」を知って解脱するのは、衆生自身の努力次第だと語っていた。ここには神格化も、人間離れした意味も全く見られない。釈尊は絶対者でも、生きた神でもなく、一人の人間であった。釈尊在世のころの仏弟子たちは、釈尊のことを「人間であるところの完全に目覚めた人」、あるいは「真の人間である完全に目覚めた人」と呼んでいた。釈尊とそれ以外の人の間には、既に目覚めた人と、未《いま》だ目覚めていない人という違いしかない。

そうなると「成仏」という言葉の意味は、「仏に成る」よりも「〝真の自己〟と法に目覚める」のほうが正確である。「仏に成る」では、現在の自己（人間）とは別の特別な存在になることになり、現在の自己は劣ったものとして否定しなければならなくなる。それは、絵を描くのにキャンバスを捨てるようなものだ。人間存在は否定されるべきでなく、〝真の自己〟と法に目覚めればいいのだ。

ところが釈尊入滅後、教団の権威主義化に伴い「釈尊は天文学的な時間をかけて修行してブッダになった」「ブッダになれるのは釈尊のみ」などと神格化された。

ところが、最古層の原始仏典『スッタニパータ』には「目の当たり即時に実現され、時を要しない法」という言葉が頻出する。『マッジマ・ニカーヤ』には釈尊の次の言葉がある。

わたくしは法（ダンマ）を説くであろう。汝らは教えられたとおりに行うならば、久しからずして、〔中略〕無上の清浄行の究極を、この世においてみずから知り、証し、体現するにいたるであろう。

（中村元訳）

イシダーシーという女性は、出家して七日目に覚ったという（植木訳『テーリー・ガーター――尼僧たちのいのちの讃歌』、第四三三偈）。天文学的時間など必要なかったのだ。それらは「即身成仏《そくしんじょうぶつ》」「一生成仏《いっしょうじょうぶつ》」を意味している。

人間としてのあるべき理法と〝真の自己〟に目覚めることが成仏であり、それは「失われた自己の回復」であり、中村元先生は「人格の完成」と言われた。それは死後の話ではなく、〝今〟〝ここで〟〝このわが身〟を離れずに実現されるべきものであり、釈尊はいかに生きるかを説いていたのだ。

「皆成仏道《かいじょうぶつどう》」（皆、仏道を成《じょう》ず）として、あらゆる人の成仏を説く『法華経』も、人間離れした仏や教祖のような存在になって、どこか遠くの仏国土で教化《きょうけ》するといった在り方を否定している。『法華経』を受持《じゅじ》・読誦《どくじゅ》・解説《げせつ》・書写する良家の息子（善男子《ぜんなんし》）たちと良家の娘（善女《ぜんにょ》人《にん》）たちのことを、「衆生を憐《あわ》れむために、このジャンブー洲《しゅう》（閻浮提《えんぶだい》）の人間の中に再び生まれてきたものたち」だと釈尊は語る。さらには、「ブッダの国土への勝れた誕生も自発的に放棄して、衆生の幸福と、憐れみのために」、この法門を教示することを目的としてこの世に生まれてきた人たちだと説いた。その人たちのことを「如来の使者」「如来によってなされるべきことをなす人」「如来によって派遣された人」と呼び、「如来であると知るべきである」とまで言っている。

この「第十章法師品《ほっしぼん》（第十）」では、別世界に行ってブッダとなることよりも、人間の中に生まれて、この現実社会で「説法者（法師）としての菩薩」に徹して、「如来のなすべきこと」を実行することこそ大切だと主張しているのだ。人間として、人間の中にあって、言葉（対話）によって利他行《りたぎょう》を貫くのが仏教の本来の在り方だということであろう。その行為自体に人格の完成としての〝成仏〟があると言えよう（詳細は、植木訳『サンスクリット版縮訳　法華経　現代語訳』、一八八～一九〇頁を参照）。

この現実社会にあって、一人の人間としての振る舞いが問われるのだ。原始仏教の成仏の意味もそういうことだった。それは、「法」を体現して「真の自己」に目覚めることであり、それは中村元先生も言われるように「人格の完成」と捉えたほうがいいと思う。

中村先生は、『スッタニパータ』の中でも最古層に属するアッタカ編（第四章）とパーラーヤナ編（第五章）に注目して、仏教が目指したものは、「偉大な人」（mahā-purisa）となることであったという。それは、修養を完成した人のことである。すなわち、仏教は「人間の完成」「人格の完成」を目指したものであった。

第二十二話　タゴールの思想

一九一三年、アジアで初めてノーベル文学賞を受賞したのは、インドのラビンドラナート・

タゴールであった。詩人であり、作家、思想家、音楽家、舞踏家として活躍した多才な人である。その人がコルカタ（旧カルカッタ）郊外のシャーンティ・ニケータン（平和の郷《さと》）という地に創ったタゴール大学（正式名称はヴィシュヴァ・バーラティ国立大学）の学長バッタチャリア博士が、中村元先生を訪ねて東京の東方学院に訪ねてみえたことがあった。急遽《きゅうきょ》、中村先生の講義の時間が、バッタチャリア博士の「タゴールの思想」と題する講演に変更された。

その講演要旨は、①タゴールは「アジアは一つ」を理想としていた。②それは、武力や政治によってではなく文化によって実現されるべきである。③かつてアジアが文化的に一つであった時代があった。④それは仏教によって実現されていた。⑤タゴールは仏教の思想を重視していた――の五点であった。

刺激的な話に私は、「仏教が発祥したインドでは現在、仏教徒は限りなくゼロに近い。その仏教のどういう点にタゴールは注目していたのか？」と質問した。二〇一一年の国勢調査によると、全人口の八〇・五％がヒンドゥー教徒、一三・四％がイスラム教徒（ムスリム）、二・三％がキリスト教徒、一・九％がシク教徒、〇・四％がジャイナ教徒、仏教徒は〇・八％でしかない。

それに対して博士は、①仏教は徹頭徹尾、平等主義を貫いた。②徹底して迷信・ドグマを排除した。③神に対する人間の約束として成立する西洋的倫理と違い、仏教は人間対人間という現実において倫理を説いた――の三つを挙げられた。

私はこの三点に、④仏教は「法」（普遍的真理）と〝真の自己〟に目覚めることを重視した――を加えて、自分なりにその意味を考察した（詳細は、拙著『仏教、本当の教え』第一章を参照）。

①と④については既に論じた。身の回りの仏教を見ていると、迷信だらけと思われても仕方のないものが多く、②については意外と思われるかもしれない。原始仏教では、通力や、おまじない、占い、超能力、呪術的な医療、呪術的祭式などすべてを否定していた。

例えば、バラモン教で重視されていたホーマ（護摩《ごま》）と呼ばれる火の儀式については、「堕落した儀式」と批判した。「火によって穢《けが》れがなくなるのであれば一日中、火を燃やして仕事をしている鍛冶屋《かじや》が最も穢れが少なくて、解脱しているはずである。それなのに、カースト制度では最下層に位置づけられているのはなぜか」と矛盾を突きつけた。

釈尊は、最古の原始仏典とされる『スッタニパータ』において、バラモン階級をはじめとする人たちが行なっていた呪術などを用いることを、次のように明確に否定していた。

〔仏教徒は、呪術的な儀式のしきたりを記した〕アタルヴァ・ヴェーダの呪法と夢占いと相《そう》の占いと星占いとを用いてはならない。鳥獣の声〔を占うこと〕、〔呪術的な〕懐妊術や医術を信奉して、従ったりしてはならない。（第九二七偈）

重視すべきことは、「ありのままの真実に即した道理」であり、普遍的な真理としての「法」であった。

③は、万物を創造したとされる絶対神に対する約束事として決まる西洋の倫理では、神が目的で人間が手段化されかねない点を指摘している。

西洋における倫理は、天地を創造し、人間などの生き物を創り出した絶対神であるゴッドが前提となっている。その絶対神に対する約束、契約として、倫理が成り立つ。仏教はそういう倫理を説くことはない。仏教は、天地を創造し、人間や生き物を創り出した絶対神を立てない。仏典に出てくる神々は、間抜けなこともするし、落ち込むこともあるし、人間と似たようなものので、絶対神は出てこない。その仏教でどういう倫理が説かれたかというと、「私は人から危害を加えられるのは嫌である。ということは、ほかの人も嫌であるだろう。だから私はほかの人にこういうことをしないようにしよう」と、ただそれだけである。

原始仏典には、次のような言葉が見られる。

すべての生き物は暴力を恐れる。すべての生き物は死に脅える。わが身に引き比べて、殺してはならない。また他人をして殺させてはならない。

（『ダンマ・パダ』）

「彼らも私と同様であり、私も彼らと同様である」と思って、わが身に引き比べて、殺してはならない。また他人をして殺させてはならない。

（『スッタニパータ』）

自他が不二《ふに》であり、「わが身に引き比べて」、嫌なことを他者に対してしてはならないし、喜ばれることを他者にしてあげるべきだというのである。

ここには、神さまは出てこない。もしも、ここに神さまというものを介在させるならば、「神さまのために人を殺す」ということを正義であると考える人が出てこないとも限らない。ということは、神さまが目的で、人間が手段化されるのである。仏教では、神さまなしに、人間対人間という現実の関係において倫理が説かれた。そこにおいては、人間が手段化されるのではなく、人間が目的であった。

以上の三点（私の追加を入れると四点）を挙げて、バッタチャリア博士は、「仏教は二十一世紀に注目され、重要な思想になるでしょう」というタゴールの言葉で話を結ばれた。

第二十三話　如実知見の困難さ

釈尊が最初に説いた教えは、何だったのか？

経典によって十二因縁《じゆうにいんねん》、中道《ちゆうどう》、四聖諦《ししようたい》、八正道《はつしようどう》などと異なっている。そこに共通項は見いだし難い。その違いは弟子たちの受け止め方の違いによると思う。あえて最大公約数を見いだせば、ものごとを「ありのままに見る」という〝ものの見方〟を覚ったのではないか。「ありのままに見る」は、yathābhūtaṃ paśyati の訳であるが、これは「如実知見《にょじっちけん》」と漢訳された。

悩みや苦しみの生じ方を如実知見すれば十二因縁となり、その眼で善悪などの二元的対立を見れば両極端に偏らない中道となり、修行の在り方を見れば八正道となり、苦の生成と消滅の因果の在り方を見れば四聖諦となった。そこに一貫しているのは、「ありのままに見る」見方である。「ありのまま」とは、執着などにとらわれないということだ。先入観や、権威ある教え、部分観にとらわれることも執着心の表われだ。

成道後ほどなくして、釈尊はバラモン教の火の行者として評判だったカッサパ（迦葉《かしょう》）三兄弟を教化《きょうけ》した。その末弟ガヤー・カッサパは、釈尊の教えを聞いて「ありのままの真実に即した道理を根源的に省察しました」（『テーラ・ガーター』、第三四七偈）と感想を漏《も》らした。先祖代々、何の疑問も差し挟むことなく行なってきた火の儀式に対して、釈尊は道理に照らして、ありのままの真実に目を向けさせたのである。

私たちは、果たしてありのままにものごとを見ているだろうか。虹《にじ》の色は何色《なんしょく》かと聞かれたら、日本のだれもが七色と答える。しかし、アフリカのアル族は八色、アメリカでは六色、ドイツでは五色、台湾とアフリカのジンバブエでは三色、南アジアのバイガ族は二色と答える。このような違いを見ても、私たちはありのままにものごとを見ていない。先入観や、文化の眼で見ていることが分かる。実際の虹をありのままに見るのではなく、虹が出たのを先入観の眼で見て、「ああ、七色だ」と口にする。

中国の明《みん》の時代に、偉い漢方医が死刑囚の解剖《かいぼう》をさせてもらいたいと皇帝に願い出た。開腹してみると、五臓六腑《ごぞうろっぷ》の位置が、日ごろから見慣れていた図と違っていた。その医者は動揺するが、最終的に「この男は罪人だ。悪いことをしたから、心だけでなく五臓六腑の位置まで狂ってしまったのだ」と自らを納得させた。自分の眼で直接見た事実を認めようとせず、権威ある漢方の教えに固執してしまった。それほどに、ありのままに見ていないのだ。

原始仏典の『スッタニパータ』には、

　この世において智慧《ちえ》を具《そな》えた修行者は、目覚めた人〔であるブッダ〕の言葉を聞いて、その〔言葉〕を完全に理解し、ありのままに見るのである。（第二〇二偈）

とある。そのような弟子を「智慧を具えた修行者」と呼んでいる。このように、釈尊はありのままに見る智慧を重視していたことが理解できよう。

釈尊がなしたことは、バラモン教をはじめとする諸宗教で言われていた迷信や、ドグマ、因習、慣例、儀式などについて根源的に問い詰めていって、そうした先入観を一切排して、人間をありのままに見すえ、その上でいかに生きるかということを説いたと言えよう。そういう意味では、本来の仏教は人間（衆生）のための宗教であり、人間主義の立場に立っていた。中村元先生は、「実践哲学としてのこの立場は、思想的には無限に発展する可能性を秘めていました」と評価しておられた。

第二十四話　迷信・神通力の否定

インド人は、ものごとや現象自体よりも、その背後にある普遍性を重視する。よく言えば哲学的、宗教的、詩的民族である。しかし、悪くすると迷信的、呪術的傾向に陥りやすい。バラモン教は、宿業《しゆくごう》を説いてカースト制度を正当化し、火の儀式（護摩《ごま》）や沐浴《もくよく》による過去世からの悪業《あくごう》の浄化を説くなど迷信に満ちていた。仏教はそうした迷信や呪術を徹底的に批判し、ありのままにものごとを見ること（如実知見《にょじつちけん》）を通して普遍的真理（法）と〝真の自己〟に目覚めることを説いた。

ベナレス近郊の鹿野苑《ろくやおん》での初転法輪を終えた釈尊は、ブッダ・ガヤーに舞い戻り、火の行者として名高かったカッサパ（迦葉《かしょう》）三兄弟を教化《きょうけ》した。その弟子も釈尊の弟子となり、教団は一気に千人も増えた。その場面は、カッサパ三兄弟との神通力比べという話になっているが、それは後世の神格化であろう。末弟のガヤー・カッサパは、『テーラ・ガーター』において、

〔ブッダの〕よく説かれた言葉と、法（ダルマ）と利（アルタ）を伴った語句を聞いて、私は、ありのままの真実に即した道理を根源的に省察しました。

（第三四七偈）

と、述べている。ここには、神通力のかけらも感じられない。「ありのままの真実に即した道理」を説くのが仏教であった。カッサパ三兄弟は、古くから行なわれてきた火の儀式に対して何らの疑問も差し挟むことなく、取り組んできたのであろう。それに対して、釈尊は道理に照らして、ありのままの真実に目を向けさせたのである。

第二十二話「タゴールの思想」でも触れたように、釈尊は、最古層の原始仏典『スッタニパータ』において、呪術などを用いることを禁じた。

釈尊の前世物語を集めた『ジャータカ』第一巻には、「星の運がめでたくない」というアージーヴィカ教徒の言葉にとらわれて、せっかくの結婚を台無しにしてしまいそうになったカップルの話が描かれている。これに対して、賢者（過去世におけるブッダ）は、

星占いが何の役に立つのでしょうか。娘をめとることこそが実に〔めでたい〕星ではないのですか。

と語っている。星占いによって人生を左右されることの愚かさを指摘し、それを否定しているのである。

あるいは、「不吉」を意味するカーラカンニという名の友人に留守中の家を守らせた豪商アナータピンディカが、その友人のおかげで財産を奪われずにすんだ話も『ジャータカ』第一巻に出ている。アナータピンディカは、

〔人の〕名前は、単に言葉だけのことです。賢者たちは、それを〔判断の〕基準にすることはありません。〔名前を〕聞いて吉凶を判断することだけはあってはならないのです。私は、一緒に泥んこ遊びをした〔幼〕友達を名前だけのために捨てることはできないでありましょう。

と語っている。つまり、姓名判断的な行為も否定していたのである。

迷信の中には、超能力、さらには通力《つうりき》も含まれていると考えてよいであろう。原始仏教では、この超能力や、通力に頼ることも否定している。『テーラ・ガーター』で、「智慧第一」とも「真理の将軍」とも称されたシャーリプトラ（舎利弗《しゃりほつ》）が、わざわざ通力の名前を一つひとつ挙げて、次のように言っているのも注目すべきことである。

私は解脱《げだつ》して、煩悩《ぼんのう》のない者となった。〔しかし〕実に、過去世の生活〔を知る通力〕を得るために、ものごとを見透す天眼《てんげん》〔の通力〕を得るために、他人の心を読みとる〔通力〕を得るために、死と転生を知る〔通力〕を得るために、聴く働きを浄める〔通力〕を得るために私の誓願が存在するのではない。

（第九九六、九九七偈）

これは、シャーリプトラが、「五つの通力（五通《ごつう》）を得ることを目的として仏道を修行しているのではない」ということを自ら明言した言葉である。

原始仏典『ディーガ・ニカーヤ』に記録された釈尊の次の言葉には、驚く人が多いであろう。

ケーヴァッタよ。私が神通力を嫌い、恥ずかしく思い、ゾッとするほど嫌悪するのは、神通力に苦患《くげん》（ādīnava）を見るからである。

ホーマ（護摩《ごま》）の火の儀式についても、釈尊は「堕落した儀式」「畜生の魔術」（『ディーガ・ニカーヤ』）と評し、徹底的に迷信・呪術を排除していた。ところが、釈尊のそのような思いに反して、釈尊が亡くなると徐々に神通力が入り込んでくる。

当時の民衆の間では、依然として昔ながらの呪術的信仰が根強く、一般民衆を教化するのは容易ではなかった。そのような事情もあって、ダーラニー（呪文）や、神通力などの呪術的要素を取り込み、民間信仰を取り入れることによって民衆に迎合した。それを教化の導入部にしようとしたかもしれないが、最終的に本来の仏教から遠ざからせ、堕落の道を開くことになったと言えよう。

普遍的平等思想が説かれた『法華経』ですら、現世利益など『法華経』の思想と反することを強調した陀羅尼品《だらにぼん》、薬王品、観音品などの六品《ろっぽん》（六章）が、後世になって末尾に追加されている。

第二十五話　過去を引きずらない

輪廻《りんね》と業《ごう》は、仏教の思想だと思っている人が多いが、そうではない。紀元前六、七世紀のウパニシャッド（奥義書《おうぎしょ》）に登場した。それをバラモン教が、バラモン（司祭者）階級を絶対的優位とするカースト制度の意義づけのために利用した。バラモンと生まれるのも、シュードラ（隷民）や不可触民のチャンダーラ（旃陀羅《せんだら》）と生まれるのも過去世の業の善悪によると一方的に決めつけた。

インドの社会通念となっていた輪廻と業を、釈尊は倫理的な意味に読み替え、現在から未来へ向けて善い行ないと努力をなすように強調した。

原始仏教では、人の貴賤は「生まれ」ではなく現在の「行ない」によって決まると説き、「バラモンと言われる人であっても、心の中は汚物にまみれ欺瞞《ぎまん》にとらわれている」「チャンダーラや汚物処理人であれ、努力精進に励み、常に確固として行動する人は、最高の清らかさを得る。このような人たちこそバラモンである」とバラモン階級を無条件に上位とする差別思想を批判した。

原始仏典には、次のような言葉がある。

過去を追わざれ。未来を願わざれ。過ぎ去ったものは、既に捨てられた。未来は未《いま》だ到達せず。現在のことがらを各自の情況《じようきよう》においして観察し、動揺せず、それを見極めて、その境地を拡大させよ。ただ今日なすべきことをひたむきになせ。（『マッジマ・ニカーヤ』）

前世のことなど言われても誰も分かりはしない。そんな過去のことにくよくよして生きるのは愚かである。仏教は現在を重視した。現在の自分は、遥かな過去からの行ないの総決算としてである。けれども、その内容は知る由《よし》もないし、過去にあった事実は変えようがない。しかし、現在の生き方によって過去の〝意味〟は変えられる。

極端に言えば、過去をどのように見るかは、解釈にしかすぎないのだ。バラモン教はカースト制度を正当化するために過去を悪用したが、仏教も過去を利用したところがある。それは、

『ジャータカ』（本生譚《ほんしょうたん》）と呼ばれる過去世物語である。特に仏教が盛んになったガンダーラには釈尊が来たことはなく、釈尊との接点を欲しがった。それは、過去世にさかのぼって「過去の釈尊がここで餓《う》えた虎の親子を助けるためにわが身を投じたところだ」などといった物語を作った。

あるいは、『法華経』提婆達多品《だいばだったぼん》は、特に小乗仏教で極悪人とされた提婆達多の名誉回復を図るものだが、その手法は過去世にさかのぼって師弟関係を逆転させ、『法華経』を釈尊に説いて聞かせたのは提婆達多だとしてなされた。いずれも、過去世についての解釈であるが、悪用とは言えないであろう。

過去に対するこのような態度も認められるが、仏教は、基本的に現在から過去と未来を捉えることを説いた。忌《い》まわしい過去を引きずって現在を生きるのか、あの過去があったからこそ現在こうなれたとするかは、現在の生き方次第である。

大乗仏教徒が、「自らの悪業は、悪業に苦しむ人々を救済するために自ら願って身に受けた（願兼於業《がんけんおごう》）」と主張したのも過去の〝意味〟の主体的転換であった。『維摩経』に登場する天女が、不退転の菩薩の境地に達していて、女性の姿をしているのは、世間で蔑《さげす》まれている女性を救済するために、自ら願ってのことであるということが、主人公の在家の菩薩によって明かされる。女性として生まれたがゆえに女性の苦しみを理解できる。だからこそ、女性を救済できるのだと主張した。大乗仏教徒は、現在の身に受けている悪条件を主体的に受け止め、他者救済の原動力に転じたのである。
　日蓮の著作とされる『諸法実相抄』に、過去・未来・現在についての仏教の視点を踏まえて書かれた文章がある。日蓮が書いたかどうかは別にして、その格調の高さに感銘する。

　日蓮は、其《そ》の座には住し候《そうら》はねども、経文を見候《そうろう》にすこしもくもりなし。又《また》其の座にもやありけん。凡夫《ぼんぷ》なれば過去をしらず。現在は見へて法華経の行者なり。又未来は決《けつ》定《じょう》として当詣道場《とうけいどうじょう》なるべし。過去をも是《これ》を以《もっ》て推するに、虚空会《こくうえ》にもやありつらん。

『法華経』の中心テーマが展開される虚空（空中）での儀式（虚空会）に日蓮がいたのかどうかを自問する場面である。そこで日蓮は最初に、「日蓮は凡夫であるから過去のことは分かりません」と切り出す。この書が書かれたのは、伊豆流罪《るざい》を経験し、龍口《たつのくち》刑場での斬首を免れ、ついには佐渡に流罪されている最中のことである。その事実を見れば、「現在は目に見えて法華経の行者である」ことは間違いないと断ずる。そうであるならば、未来は必ず覚りの座（bodhi-maṇḍa、道場と漢訳）に赴《おもむ》いて覚りに到ることは間違いないであろう。現在と未来がそうであるならば、過去には虚空会にもいたのであろう――と、過去は最後に出てくる。それも、「ありつらん」と遠慮深げな言葉で締めくくっている。
「私は釈尊の生まれ変わりである」などと過去から現在の自分を意義づけしようとする人たち

とは格段の違いである。大事なのは、過去においてだれであったかということではない。現在、何をやっているのか、どのような生き方を貫いているのかである。

それは、原始仏典の『サンユッタ・ニカーヤ』で「生まれを尋ねてはいけない。行ないを尋ねよ」（中村元訳）と釈尊自身が語っていたことである。

第二十六話　怨みを捨ててこそ

中村元先生は世界的な仏教学者であり、海外の学者がよく訪ねてみえた。そのたびに話を聞く機会が設けられた。一九九四年にはスペインのグラナダ大学（一六三一年創立）の教授でカトリックの神父であるフリアン・L・アルヴァレス博士が、アントニオ・M・マルティン教授を伴って来訪された。

アルヴァレス博士は、その四十年前に上智大学の神学の教授として初来日された。せっかく日本に来たのだから日本文化を学びたいということで、東京大学の中村先生を訪ねた。そこで、仏教のことを知り、感動されたという。特に、『ウダーナ・ヴァルガ』の次の一節に心を打たれた。

実にこの世においては、およそ怨《うら》みに報いるに怨みを以《もっ》てせば、ついに怨みの息《や》むことがない。堪《た》え忍ぶことによって、怨みは息む。これは永遠の真理である。怨みは怨みによっては決して静まらないであろう。怨みの状態は、怨みの無いことによって静まるであろう。

（中村元訳『ブッダの真理のことば・感興のことば』、二〇三頁）

カトリックの考え方が、善か悪か、愛か憎しみか、イエスかノーか、神か悪魔か――といった二元論に陥りやすく、愛は憎しみに変わりやすいのに対して、仏教は二元対立的な思想ではなく、寛容の思想であることに感銘した。

それは、ヘミングウェイの『誰《た》がために鐘は鳴る』で有名なスペイン内乱（一九三六〜三九年）を少年時代に体験したからだった。その自らの貴重な体験を話された。その内乱では、多くの人が「お前は、カトリックではなくて共産主義者だろう。イエスか、ノーか？」と詰め寄られ、「イエス」と答えると射殺された。アルヴァレス氏の伯父や親族も、アルヴァレス氏の目の前で射殺された。少年の目に生々しいその場面が焼きついた。アルヴァレス博士は、手をピストルの形にして腕を伸ばし、「バーン」と声を出して、その場面を再現しながら熱く語った。私の目が潤《うる》んできた。周囲の人たちも涙を浮かべていた。

アルヴァレス氏は、少年時代に体験した生々しいその場面を鮮烈に記憶しておられた。それだけに、中村先生を通して知った仏教の寛容の思想は感動的なものだった。

東方学院の中村先生を海外から訪ねてこられた学者の話を聞く機会が何度もあったが、これまで、どちらかというと理知的で冷静な学者の先生が多かった。このアルヴァレス氏は、小柄で、細身の、白髪をたくわえた七十歳近い年齢だったが、それを全く感じさせることなく情熱的に話された。

続けて、アルヴァレス氏は、「私は、スペインの国をよくしたい。今、スペインは青少年の非行や犯罪が横行しています。彼らに希望を与え、彼らを指導する原理は今のスペインにはないと言っても過言ではありません。私は、仏教の思想が重要な役割を果たすと思っています。だから、スペインに仏教を学ぶ東洋学研究所を創ろうと思って、スペインに帰国してこの四十年間、奔走してきました。グラナダにその土地を得て、やっとそれが設立されることになりました」と結ばれた。グラナダは、イスラム建築のアルハンブラ宮殿で有名な美しい街である。流暢《りゅうちょう》な日本語だった。「アルヴァレスさん、四十年前は日本語が話せなかったのではないですか?」と驚く中村先生に、「仏教を学ぶためにこの四十年間、日本語を一所懸命に勉強しました。今度、創る研究所では日本語を必修にします。仏教の講義も当然入れます」とも強調された。

アルヴァレス氏に同行されたマルティィン氏は、中村先生の名著『東洋人の思惟方法』をスペイン語に翻訳して、その研究所の設立に合わせて出版すると報告された。英語、中国語、韓国語に続く訳である。

アルヴァレス氏をそこまで駆り立てたその原始仏典『ウダーナ・ヴァルガ』の言葉は、スリランカが第二次大戦後の日本に対する賠償金請求を放棄する時に挙げた言葉としても知られる。世界に怨みの連鎖が広がる中、意味深い言葉である。

アルヴァレス氏は、一九九七年にも東方学院を訪ねてみえた。中村先生は、「アルヴァレスさんは、東西文化の架け橋を築こうとされています」と紹介された。それを受けて、アルヴァレス博士は、「それは、私の考えではなく、中村先生のアイデアです。中村先生と会って初めて、東西文化の架け橋を築くことの大切さを覚《さと》りました。地球は一つになりつつあるのに、人間はバラバラです」と話された。

第二十七話　映画『ボンベイ』の描くヒューマニズム

恋愛は、一人の人間としての男女の純粋な心の表われであるがゆえに、宗教や、国籍、家柄、身分などの社会的・人為的な差異と制約を超えるものである。それゆえに、社会制度との葛藤《かっとう》が恋愛小説にはつきものであった。こうした社会的制約の矛盾を突きつける恰好の材料として、恋愛というテーマは取り上げられてきたと言えよう。

マニラトナム監督の映画『ボンベイ』（一九九五年）は、インド西部、アラビア海沿岸の小島に位置する港湾都市、ボンベイを舞台に、インド特有の宗教的対立抗争の虚しさ、馬鹿らしさを異なる宗教の男女の愛を通して訴える映画である。物語は、ムスリム（イスラム教徒）の乙女シャイラー・バーヌと、ヒンドゥー教徒の若者セーカルの愛情の芽生えから始まる。それは単なる恋愛ものに見られるセンチメンタルなものではなく、親子、家族への愛情を突き抜けて、人類愛にまで止揚《しよう》されたものであり、かつまた平和と寛容の精神へと高められたものである。

父親の権威が絶大であるインドにおいては、父という立場は、宗教、家柄、国籍、身分といったもののシンボルであり、体現者である。この映画でも、そのシンボルとしての役割を両家の父親たちは持たされている。

息子セーカルに「ムスリムの娘と結婚したい」と打ち明けられ、ヒンドゥー教徒の父親ナラヤナンは、愕然《がくぜん》として、「世間に顔向けできない」と息子に勘当《かんどう》を言い渡す。また、結婚を申し込まれたムスリムの乙女シャイラー・バーヌの父親バシールは、刀を取り出し「われわれの血は混じり合うことはない」と激怒する。若者は、即座にその刀の刃を素手でつかみ取り、その刀で乙女の腕に傷をつけて、その傷口を傷ついた自分の掌《てのひら》でしっかりとつかむ。二人の血は混ざり合う。これを機に、両家の父親たちの罵《のの》り合い、いがみ合いが始まる。

勘当されたセーカルは、ボンベイの地で新聞記者を目指して働く。シャイラー・バーヌは、それを追って家を出る。両家の許しも得られぬ中で、駆け落ち同然の結婚生活が始まる。

この映画を理解するためには、インド北部ウッタル・プラデーシュ州のアヨーディヤーという都市が、両宗教にとってどういう意味を持っているかを理解しておく必要がある。アヨーディヤーは、古代インドの王国の一つコーサラ国の都（後にシュラーヴァスティー〈舎衛城《しやえいじよう》〉に移される）であり、古代の叙事詩『ラーマーヤナ』の英雄ラーマの生誕地とされている。ラーマは、後にヒンドゥー教においてヴィシュヌ神の化身とされ、今日も熱烈に崇拝されている。熱狂的なヒンドゥー教徒の主張によると、十六世紀にムガール朝の征服王バーブルがこの地にあったラーマ寺院を破壊して、そこにイスラムの寺院を建てたのだという。それ以来、宗教的対立の〝火種〟が、この地に内包され続けてきたと言えよう。

こうした事情が、一部の政治家たちに政治的に利用されてきた。自らの政党への支持基盤が揺らぎ始めると宗教対立を再燃させる。それによって国民の目をそらせるのだ。支持獲得には物価問題なんかよりもラーマ神を持ち出したほうが手っ取り早いというわけだ。こうしたことを念頭に置いて観ると、この映画の訴えたいことが理解しやすくなるだろう。

一九八九年秋、最も熱狂的なＶＨＰ（世界ヒンドゥー協会）は、世界中のヒンドゥー教徒に、ラーマ寺院建立のためにレンガを持ってアヨーディヤーに集結せよと呼びかけたことがあった。シャイラー・バーヌの父バシールが、レンガ職人として描かれているのは、こうした背景を考慮してのことであろう。

セーカルの父ナラヤナンは、土地の有力者で、ヒンドゥー教の祭りの立て役者でもある。そのナラヤナンが、不本意とはいえ縁戚関係となったバシールのレンガ置き場にわざわざ訪れ、トラックいっぱいのレンガを注文する。「すべてにラーマを刻印し、アヨーディヤーに送れ」というのである。当然、二人は激しく罵《ののし》り合う。

映画には、こうした象徴的な仕掛けが随所に施されているので、よくよく注意しないと見落としてしまいそうだ。

宗教の違いを超え、互いの愛を貫くために故郷を捨てたセーカルとシャイラー・バーヌの二人は、ボンベイの地で新しい生活をスタートした。やがて、二人の間に双子の男の子カマルとカビールが生まれる。こうして、幸せな六年間が続く。

ところが、その幸せを切り裂く事件が起こった。一九九二年十二月の〝アヨーディヤー事件〟だ。これは、実際にあった事件で、アヨーディヤーに建つイスラム教徒のモスクを数十万のヒンドゥー教至上主義の暴徒が破壊したのだ。この事件で両教徒の衝突がインド全土に広がり、死者千人を超える暴動へと拡大した。

暴動の火は、ボンベイの地にも飛び火した。主人公の最愛の二人の子どもたちも、狂気の暴徒につかまる。石油を頭からかけられ、「お前はムスリムか、ヒンドゥーか？」と問い詰められ、火あぶりにされそうになる。間一髪のところで、助けられるが、その後は、夢にうなされるほど恐怖におののく。

両親がムスリムとヒンドゥーであり、「両方だ」というのがその答えなのかもしれないが、暴徒にとっては二者択一の答えしか頭にはない。双子の子どもが、「僕はどちらなのだろう」

と思い悩む場面が盛り込まれているが、これなどインドの宗教的二者択一に対する痛烈な皮肉と思えてならない。主人公の子どもを双子として登場させたことが、その問題点をより明確にクローズアップするのに役立っている。

暴動のニュースを見て、沈静化したボンベイにセーカルの父親ナラヤナンが訪ねてくる。シャイラー・バーヌの父親バシールも、妻を伴ってそこへやって来た。鉢合わせとなり、同じ屋根の下でしばし一緒に暮らすことになる。相も変わらず二人は、罵り合い、皮肉を言い合っているが、かわいい孫たちから、「喧嘩《けんか》しているの？」とからかわれ、照れる。

ところが、九三年一月になり、二人の港湾労働者が殺された。これをきっかけに沈静化していた暴動が再燃する。ナラヤナンが、孫を肩車して夜道を帰る途次、集団が近づいてくる。孫は、慌てて祖父の額に描かれたヒンドゥー教徒の印を手でぬぐい取る。集団が取り囲む。刀を突きつけ、「名前は？」「ムスリムか、ヒンドゥーか？」と語気鋭く迫る。インドにおいては、名前を聞いただけでヒンドゥーか、ムスリムか区別がつくのだ。

そこへバシールが通りかかり、ムスリムの言葉で暴徒を説得して事なきを得る。ナラヤナンが、「今、何と言った？」と尋ねると、バシールは、「『これは私の兄だ』と言った」と答える。このやりとりで、二人の間につっかえていたものが、ストンと落ちる。イスラム教とヒンドゥー教という異なる宗教を象徴している二人の間に和解が成立したのだ。異なる宗教同士、お互いに理解し合い、尊敬し合い、愛し合うことができる。これが、マニラトナム監督がこの映画を制作した意図の一つであろう。

暴動はエスカレートし、家々に火が放たれる。家々には、ヒンドゥー教を示す卍の印がついている。セーカルたちの家にも暴徒による放火の手が伸びた。セーカルらは、必死になって火を消すが勢いは収まらない。火事に気づかずに礼拝に専念していたバシールに危険を知らせるナラヤナン。逃げ出そうとするバシールがコーランを落とした。「大事なものを」と、ナラヤナンがそれを拾い上げる。異なる宗教の融和の姿が象徴的に表現される。

二人の祖父たちは、若夫婦と孫を先に避難させる。ところが、孫たちを無事に避難させた直後、彼らはプロパンガスのボンベの爆発の炎に飲み込まれてしまう。和解し合った直後のことだった。それとも知らず、セーカルとシャイラー・バーヌは、逃げ惑う人の波の中で二人の子どもを見失う。二人の子どもは必死で両親を探し回る。群衆の中でカマルが押し倒され、カビールは群衆の波に押されるまま、兄弟は離ればなれになる。倒れたカマルは、群衆の足で踏まれ続けるが、だれも助けようともしない。その時、心優しい〝ヒジュラ〟に助けられる。ヒジュラとは、ウルドゥー語で、両性具有者を意味する。インドでは、カースト制度からも外れた特異な社会に生きる人々のことで、社会的に低く見られている人たちだ。

助けられたカマルは、ムスリムとヒンドゥーのいがみ合いについて、「どうして？」を連発してヒジュラに問いかける。子どもの目は、人為的に作られた納得のいかないことを見抜き、素朴な疑問を容赦なく浴びせるものだ。素朴であるがゆえに本質を突いている。

「なぜ、ヒンドゥーとムスリムは争うの？」

「どうしてかねえ」

「誰のせい？」

「誰のせいでもないよ。偉い人が、自分の都合で喧嘩《けんか》させてるのさ」

「僕たち、どこがどう違うの？」

「そんな難しいことは無学な私には分からない」

カマルとヒジュラの会話のやりとりは、扇動されるのも大衆だが、直感的に本質を見抜いているのも大衆であると言わんばかりの場面である。あえてヒジュラをここに登場させたのは、そのことを言わんがためであろう。

セーカルとシャイラー・バーヌは、街中を捜し回ったが、子どもたちは見つからなかった。憔悴《しょうすい》しきって焼け残ったわが家に戻った二人は、祖父たちの身に付けていた衣類の破片を見つけた。自分たちを守るために、祖父たちが犠牲になったことを知る。

子どもたちを探し求める二人を、友人はけが人の収容所や、死体安置所にも案内する。シャイラー・バーヌは、死体安置所の前で「何でこんなところに」と怒り出すが、友人は、「ここにいなければ安心できるだろう」と諭し、セーカルが建物の中に入る。体の焼けただれた子ども、刀で切り刻まれた体が、ごろごろと横たえられているところを見て回る。その悲惨さ、むごたらしさに嘔吐《おうと》と憤りを隠せないセーカル。それだけで、何のための宗教なのか、何のための対立なのか？――を無言の内に根源的に問いかける。

インド映画は、ラブシーンになると、一見、意味不明なダンスシーンになることで有名だ。この映画も例に漏《も》れないが、そのようなシーンになっても、字幕から目が離せない。歌詞を見ていると、「ブッダが生まれた国にブッダは不在」といった言葉など、鋭い問いかけの言葉が頻繁に出てくるからだ。ブッダは、

すべての者は暴力におびえる。すべての〔生きもの〕にとって生命は愛《いと》しい。己《おの》が身にひきくらべて、殺してはならぬ。殺させてはならぬ。

（中村元訳『ブッダの真理のことば・感興のことば』、二八頁）


実にこの世においては、怨みに報いるに怨みを以てしたならば、ついに怨みの息《や》むことがない。怨みをすててこそ息む。これは永遠の真理である。

（同、一〇頁）


などと語り、無益な殺生を誡《いまし》め、争い事、怨みの心を誡めるように教えた。今やインドは、ヒンドゥー教徒八〇・五％、ムスリム一三・四％に対して、仏教徒は〇・八％にすぎない（二〇一一年の国勢調査）。いわば、「ブッダが説いた慈悲と寛容の精神はどこへ行ったのか？」という問いかけである。

また、「人々が争いに明け暮れてきた歴史。武力なしで独立を成し遂げた国なのに」という歌詞は、ムスリムとヒンドゥー教徒の両者に非暴力主義を呼びかけたマハートマ・ガンディーのことを思い起こさせる。インドが独立したのは、一九四七年、その翌年に狂信的なヒンドゥー教徒の銃弾によってガンディーは亡くなった。それから五十年が経った。ガンディーの精神を見失ってはならないという警鐘のように私には思えた。

ダンスシーンや歌を除外して、ストーリーを追っただけでも、大変な問題提起をしていることが分かる。これは、何もインドだけの問題ではない。これから世界が狭くなればなるほど、異なる宗教や異質の文化と接触する機会が増えるだろう。その時、必ず直面する問題である。宗教という名の下に、他の宗教の人と殺し合うという愚は、決して他人事ではないのだ。

セーカルは、殴り合い、火を付け合い、殺し合う暴徒に向かって、「こんなことをして、だれが得するのか。だれも得する者はいない。ただ、一部の政治家が得するだけだ」と叫ぶ。しかも、妻が泣き叫びながら引き留めるのを振り切って、自ら石油を頭からかぶり、松明《たいまつ》を持つ男に、「殺し合いをするなら、まず私を殺せ。お前たちの宗教の経典には、人を殺せと書いてあるのか?」と詰め寄る。

この言葉に励まされたかのように、襲撃される子どもや、老人、夫、妻、兄弟などをかばって、一男性が、また一女性が立ち上がる。「そんなに殺したいなら、まず私を殺しなさい」と、刀や松明の前に身を乗り出す。ここでも、かしこでも。しばらく、にらみ合いが続く……。そして、暴徒の手から刀や松明が地面に落ちた。暴徒が立ち去り始める。後に残った人々の隙間《すきま》から、双子のカビールとカマルは両親の姿を見つけ、駆け寄り親子は抱き合った。

人々は、だれ言うとなく手を取り合い、〝平和の絆《きずな》〟が結ばれる。そして映画の幕が下りる。だれが考えても分かることだが、人を殺すことに奔走する宗教とは、自己矛盾である。排他的に民族的精神の高揚を願う民族宗教の在り方は、反省を求められよう。世界精神、人類的精神に目覚めることこそが今、問われている。マニラトナム監督は、インドの歴史的事件から目をそらすことなく、その事実を通して普遍的ヒューマニズムの視点を提示している。

こうした内容であるから、当然予想されるごとく、大変な検閲の壁が立ちはだかり、監督の自宅には爆弾まで投げ込まれるという事件も起きた。暴動事件の生々しい記憶が鮮明に残る中で制作されただけに、完成前から注目されていた。一九九五年、インドで公開されるや、大変な数の観客が押し寄せた。チケット一枚手に入れるのに、何日も待たねばならなかったほどだ。封切り前から多くの議論を呼び、ボンベイ市や多くの州では、しばし上映禁止にもなったという。

マニラトナム監督は、インタビューに答えて、「対立するどちらの側にも少数の過激論者がいて、人々を扇動しているが、多くのインド人は、平和に仲よくやっていきたいと思っている。もはや、宗教の問題ではなく、政治的問題なのだ。私の映画はそういった扇動者に対抗して作ったものである」(『Frontline』誌より）と語っている。〝宜《むべ》なるかな〟だ。

先日、インドが核実験を強行したというニュースに驚いているところへ、これに対抗して、パキスタンも核実験に踏み切った。核拡散の歯止めがなくなるのかと憂慮せざるをえない。ヒンドゥー教徒が大半を占める国インドと、イスラム教の国パキスタン（人口の九七％がムスリム）の対立が表面化した。ガンディーは、インドとパキスタンに分離独立することに反対だった。両宗教の対立を最も憂えていた。

ガンディー没後五十年の本年（一九九八年）、またもや五十年前の対立が繰り返されようとしている。こうした情況の中だからこそ、この映画の訴えることを真剣に、現実の問題として受け止めることができるであろう。

（注：ボンベイという地名は、ヒンドゥー教の女神ムンバ・バイにちなみ、一九九五年にマラーティー語のムンバイに変更された）

第二十八話　病者を看護せよ

釈尊の生涯において最も長く滞在したところは、シュラーヴァスティー（舎衛城《しゃえいじょう》）の祇園《ぎおん》精舎《しょうじゃ》であった。そこに滞在中に、病気になってだれからも見捨てられ、大小便に埋もれて臥《ふ》していた弟子を釈尊自ら看護したという話が伝えられている。玄奘三蔵《げんじょうさんぞう》は、それを『大唐西域記《だいとうさいいき》』巻六に次のように記した。

給孤独園《ぎっこどくおん》の東北にストゥーパがある。如来が病気のビクシュの体を洗われた処《ところ》である。昔、如来が在世された時、病気のビクシュが苦しみながらただ一人住んでいた。世尊が目にされて、「汝はどうして苦しんでいるのか。汝はどうして一人で居るのか」と問われると、「私は生まれつき怠けもので、他人を看病するに耐えられませんでした。それで今、病気にかかっても看病してくれる人がありません」と答えた。如来はこの時、哀れに思われて、「善男子《ぜんなんし》よ。私が今、汝を看《み》よう」と告げられ、手で摩《さす》ると病苦はすっかり癒《い》えた。戸外に手助けして連れ出し、敷布団《しきぶとん》を取り替え、如来が親《みずか》ら体を洗ってやり、新しい衣に着替えさせた。仏はビクシュに、「自ら勤め励みなさい」と話された。この教えを聞き恩に感じ、心も身も喜びにあふれた。（水谷真成訳）

中村元著『原始仏教の社会思想』によると、この玄奘が記述したことは、原始仏典の『マハー・ヴァッガ』第八巻に出てくるという。その場所は特定されていないが、ある修行僧が胃腸の病気を患い、仲間から顧みられることなく大小便の中に埋もれて臥していた。釈尊は、水を持ってこさせて、この病僧を入浴させて身体を洗ってやった。そして、言った。

修行僧らよ。われに仕えようと思う者は、病者を看護せよ。

あるいは、釈尊がシュラーヴァスティー市で「身体が腐臭にまみれたティッサ長老」を看病し、身の回りの世話をしてやったが、間もなく息を引き取ったという記述が『ダンマパダ・アッタカター』第一巻にある。さらに『増一阿含経《ぞういつあごんきょう》』巻四〇には、王舎城《おうしゃじょう》のカーランダ竹林《ちくりん》でも同様のことがあり、釈尊が、

設《たと》いわれおよび過去の諸仏に供養することあらんとも、われに施すことの福徳と、病〔人〕を瞻《み》る（＝看病する）ことは、異なることなし。

（大正新脩大蔵経〔以下、大正蔵と略〕、巻二、七六六頁中）

とも述べたと言われる。

原始仏教の精舎《しょうじゃ》には、病舎（ギラーナ・サーラー）が存在していた。看病する人の条件として、①少汚（汚物に対する嫌悪感が少ない）で、大小の便器や唾壺《だこ》などを扱うことができる。②病人のために病に適した薬や、病に適した食べ物を探し求めることができる。③時々に病人に

応じた説法をすることができる。④希望心（利得を望む心）がない。⑤自ら体を動かすことを惜しまない——などが挙げられている。

あるいは、大正蔵、巻二二、四五七頁中以下に、

道理にしたがって看病してくれる人がいれば、活《い》きかえる人もいる。このゆえに、まさによく看病すべきである。つとめて道理にしたがって、〔病人を〕安穏ならしめることは、すなわち命を施すことなのである。このゆえに、看病したならば、おおいなる功徳を得る。そうして諸仏（もろもろの賢者）も称賛されるのである。（中村元訳）

インドのこのような社会福祉事業は西洋よりも伝統が古い。施薬《せやく》、療病、悲田《ひでん》などの施設は、紀元前三世紀のアショーカ（阿育）王に始まるが、中国の法顕《ほっけん》が五世紀初頭にマガダ国を訪れた時、そのまま継承されていた。その様子が、次のように記されてる。

その国の長者《ちょうじゃ》・居士《こじ》は、おのおの城中に福徳医薬舎を立てている。およそ国中の貧窮《ひんきゅう》者《しゃ》、孤独の人、不具者、一切の病人は、みなこの〔福徳医薬〕舎に到り、種々の供給を受けることができる。〔ここでは〕医師が病気を診《み》て、善い飲食や湯薬を与え、病人たちを安楽にしてやり、よくなった者は自ら去ることになっている。

（長沢和俊訳注『法顕伝・宋雲行紀』）

仏教では無畏施《むいせ》が説かれ、病める者、苦悩する者に畏《おそ》れなきこと（安心）を施すことが強調された。それは、だれ人も平等であり、あらゆる人に等しくなされるべきことである。釈尊は「法」を覚った。その「法」は万人にも開かれており、あらゆる人が尊い存在である。そのことに気づかずに病み、困窮し、苦悩している人に、釈尊は奉仕の振る舞いを貫いた。だからこそ、「われに仕えようと思う者は、病者を看護せよ」「われに施すことの福徳と、病〔人〕を瞻《み》ることは、異なることなし」と言った。

身の回りに苦しみ悩んでいる人がいても、ブッダや、教団のほうにばかり目を向けて、人間、特に病める人、貧しい人、困窮している人の存在に目もくれない人がいるとしたら、ブッダの教えと逆行するものである。人々は、ブッダを仰ぎ見がちだが、その仏は、病める者、貧しい者に向かっているのだ。

『法華経』の「第十章法師品（第十）」には「如来のなすべきことをなす」人のことが宣揚され、「如来の使者」と呼ばれている。如来にかまってもらう立場ではなく、如来と同じ立場に立って、如来のなすべきことをなす振る舞いにこそ、「覚り」があるということであろう。

『維摩経』では、商人組合長の息子であるスダッタ（須達多《すだつた》）が差し出した高価な真珠の首飾りを受け取ると、主人公である在家の菩薩のヴィマラキールティ（維摩詰《ゆいまきつ》）は、それを二つに分け、一方を「あらゆる世間の人々から嫌悪されている町で最も貧しい人」に、もう一方を如来に与えた。そして、「如来に対して、供養を受けるに値する人だという思いを抱くように、それと同じように、町で最も貧しい人に対して、差別なく、平等に供養を受けるに値する人だという思いを抱いて、大いなる憐れみの心によって、果報を期待することなく喜捨するならば、これが、法を施す催しの完成なのである」と締めくくった（植木訳『サンスクリット版全訳　維摩経　現代語訳』第三章§75）。

これは、莫大な布施《ふせ》を教団に行なう資産家の出現で、教団は裕福になったものの、民衆のことを気にかけなくなったという背景があってのことであろう。病める人もそうだが、貧しい人のことを忘れてはならないというメッセージと読めよう。

第二十九話　フランクルと仏教

仏教の影響による善き伝統の一つとして、中村元先生は、しばしば日本古来の「怨親《おんしん》平等」の考えに言及されていた。この思想に基づいて武将たちは、合戦の後の法要で敵（怨）も味方（親）も分け隔てなく平等に死者の霊を弔《とむら》った。

例えば、蒙古《もうこ》襲来で元《げん》軍が日本に攻めてきた時、博多湾の海岸に死体が山のようになったが、その時に営まれた追善供養では日本と元《げん》の人たちの両方の遺体が葬られた。筆者の故郷は長崎県の島原だが、島原の乱（一六三七年）で蜂起した島原半島南部の農民たちはほとんど全滅してしまった。その数は三万人以上と言われている。この時も、盛大な法会《ほうえ》が催され、敵味方の区別なくキリシタンと幕府軍の両方の戦没者が弔われている。

これは、第二十六話「怨みを捨ててこそ」で挙げた原始仏典の『ウダーナ・ヴァルガ』の一節と通ずるものである。

中村先生は、この「怨親平等」という善き伝統について、「この崇高な和をいとしむ日本人の伝統的精神が、明治維新の頃から失われたのではないか」（『仏典のことば——現代に呼びかける智慧』）と指摘した。

明治維新の際の戦《いくさ》で亡くなった人のうち、官軍の死体はすべて収容されて招魂社《しょうこんしゃ》（靖国神社の前身）に祀《まつ》られたが、明治政府に敵対し賊軍と呼ばれた人たちの死体は野ざらしにされ、祀られることはなかった。まさに〝排除の論理〟であり、「怨」と「親」の対立の構造が持ち込まれることになってしまったのだ。明治の指導者たちの偏狭なナショナリズムがここにうかがわれる。

この原始仏教の「怨みを捨てる」ということを強調した人が西洋にもいた。アウシュヴィッツ収容所に送られた体験を持つ精神科医のヴィクトール・E・フランクルだ。その著書『意味への意志』（春秋社）を読んでいて、次の一節にぶつかった。

いま必要なのは、悪の連鎖を断ち切ることでしょう。あることにそれと同じもので報いること、悪に報いるに悪をもってすることではなく、いまある一回限りの機会を生かして悪を克服することです。悪の克服はまさに、悪を続けないこと、悪を繰り返さないことによって、つまり「目には目を、歯には歯を」という態度に執着しないことによってなされるのです。

（山田邦男訳）

この言葉を見て、内容といい、言い回しといい、先の釈尊の言葉とあまりにも酷似していることに驚いた。すぐに翻訳者の山田邦男氏（大阪府立大学教授＝当時）に電話して、フランクルが仏典を読んでいた形跡があるかどうかを確認した。フランクル氏の下で学んでおられた山田氏は、両者の類似性に感銘を受けながらも、「ありません」と答えられた。深い人類愛に目覚めた人は、洋の東西を問わず同じ結論に到達するものだと感動した。

近年になって、「怨親平等」の精神が具現化された例がわが国にある。広島の平和記念公園の原爆死没者慰霊碑に刻まれた「安らかに眠って下さい　過ちは繰返しませぬから」という言葉がそれだ。この文言には主語がない。主語がないことにこそ意義がある。戦争の悲惨さを目の当たりにした時、人は「だれがやった」とか、「だれにやられた」とかということよりも、戦争自体の愚かさ、悲惨さを知るはずだ。そして、おのずから心に「過ちは繰返しませぬ」という平和への決意が込み上げてくるのではないだろうか。

沖縄の摩文仁《まぶに》の戦場跡に、一九九五年に完成した「平和の礎《いしじ》」にも、全く同じ精神がうかがわれる。ここには国籍を超え、戦闘員、非戦闘員の区別なく沖縄戦で戦死した二十四万千五百二十五人（二〇一八年六月一日現在）の氏名が刻銘されている。ここにも「だれがやったのか」ではなく、戦争を憎み、平和を希求する沖縄の人たちの思いが込められている。除幕式に訪れた、沖縄戦に参加したアメリカ人たちは、そこに刻まれた一万四千九人（二〇一八年六月一日現在では一万四千九人）の戦友たちの名前を見つけて涙した。

わが国伝統の「怨親平等」の精神は、不戦を誓い、平和を希求するわが国の憲法にもかなったものだと思うが、こうした施設はいずれも自治体のもので、国にこうした施設がないことが不思議である。

『意味への意志』を読み終えたころ、翻訳家の池田香代子さんが翻訳された『夜と霧』（新版）が出版されたという新聞広告を妻が見つけて教えてくれた。私は、出版を祝う言葉と、フランクルの思想の重要性や、「ブッダにしても、フランクルにしても、洋の東西を問わず深い人類愛に目覚めた人は、同じところに到達する」ということなどをメールに書いて、池田さんに送信した。すると、「それで、当日持参するものが決まりました」とメールが返ってきた。

そして、お茶の水女子大学に提出した博士論文を岩波書店から出版した際の出版記念会にその本を持参してくださった。いただいた『夜と霧』を読んで、またもや仏教思想との類似性を見いだした。フランクルは、極限状況においても生きる意味を見失わないことを一貫して説き続けているが、その中で「苦しむこと」や、「死ぬということ」にさえも意味を見いだすことができると言っていた。その言葉は、フランクルが収容所での一人の仲間について語ったところに出てくる。

彼は収容所に入ってまもないころ、天と契約を結んだ。つまり、自分が苦しみ、死ぬなら、代わりに愛する人間には苦しみに満ちた死をまぬがれさせてほしい、と願ったのだ。この男にとって、苦しむことも死ぬことも意味のないものではなく、犠牲としてのこよなく深い意味に満たされていた。（一三九頁）

それは大乗仏教の菩薩の在り方の一つとして説かれた「代受苦《だいじゅく》」（他者の苦しみを自ら願って代わりに受けること）と共通している。

第三十話　盲信の否定

サンスクリット語で「信」を意味する言葉は、①シュラッダー、②アディムクティ、③プラサーダ、④バクティ——の四つだが、仏典に出てくるのは、①②③のみである。

①は、シュラット（真理）とダー（置く）の複合語で、「真実なるものに心を置く」の意味で、「聞信《もんしん》」と漢訳された。②は、接頭辞アディ（上方に）とムクティ（解放）からなり、「対象に向けて心を解き放つ」を意味し、「信解《しんげ》」と漢訳され『法華経』に多出する。古くは「之《ゆく》」の下に「心」と書いて、「心が何かに向かってゆく」を意味する「志」に近い。

③は、接頭辞プラ（完全に）とサーダ（休止）からなり、真理に基づき「心が完全に静まり、澄みきって、歓喜していること」を意味する。これは、特に仏教的で、「澄浄《ちょうじょう》」「歓喜心《かんきしん》」などと漢訳された。

①と②が、「信」という心の働きの在り方を言ったものであるのに対して、③はその「信」によって得られる内的な心の状態のことである。この三つの根本にあるのは、「法」に信順することであり、真理を見ることが仏教では問われている。

仏教の説く「信」は、盲信ではない。熱狂的、狂信的な「信」でもない。熱狂的で狂信的な忘我の信仰は、④のバクティであり、ヒンドゥー教において強調された。バクティが仏典で使用されることは絶無で、ヒンドゥー教と融合した密教の経典にのみ登場する。

日本では、分からないことが有り難いことだという傾向が強い。真理を探究し、疑問を納得して開けるプラサーダに到ることは少なく、へたをするとバクティの熱狂的な忘我の状態のほうが多いのではないか。仏教は自覚の宗教であり、納得することを重視していたことを知らなければならない。

四～五世紀ごろの大学者ヴァスバンドゥ（世親《せしん》）は、「信」が成立する根拠として、①文証《もんしょう》（文献的裏付けがあるのか）、②理証《りしょう》（道理にかなっているのか）、③現証《げんしょう》（現実にかなっているのか）――の三証《さんしょう》を挙げた。「不合理なるゆえに我信ず」といったことは、仏教においてはあってはならないのだ。

「ゴッド（神）は存在するのか」「阿弥陀《あみだ》如来は存在するのか」――といったことは問うてはならないと言われるようだが、「ありのままに見る」ことを強調していた歴史上の人物としての釈尊は、原始仏典によると、梵天《ぼんてん》の有無を遠慮会《えんりょえ》釈《しゃく》なく問うている。梵天は、古代インドのバラモン教において万物を創造した最高位の神とされていた。

原始仏典の『ディーガ・ニカーヤ』には、自分自身で確かめたものでなければ何ものも信じてはならないという釈尊の合理的思惟が記されていて、注目される。

それは、梵天に至る道について議論して、結論を得られなかった二人のバラモンの青年が質問してきたことに対して釈尊が答えたものである。釈尊が「ヴェーダに通じたバラモンで梵天を見た人がいますか？」と問いかけ、「いいえ」という返事を得ると、そのバラモンの師匠も、そのまた師匠も、そのまた師匠も……というように過去に次々とさかのぼっていって、実際に梵天を見た人がいないことに気づかせ、「現在のバラモンも、昔の聖仙たちも梵天を見たことがないのに、梵天に至る道を説いている」と、バラモンの教えが無意義であることを語った。

「見た人がいない」ということは、現代的に言い直せば「架空の人物」だということだ。

そして、自分で確かめたこともないのに、先人が言ったことを何ら疑問を抱くこともなく鵜《う》呑《の》みにして伝承しているバラモンの学問は、前後にいる人を見ない〈盲人の一列縦隊〉と同じで、「バラモンたちの語る言葉は、笑うべく、言葉のみであり、空虚で、虚妄《こもう》なものになる」（『ディーガ・ニカーヤ』）として、見たこともない美女を恋い焦がれ、見たこともない宮殿に梯《はし》子《ご》を造って登ろうとするのと同じことだと論じている。

中村元先生は、以上のことから、「聖典といっても、けっきょくは人間のつくったものである。聖典を忠実に遵奉《じゅんぼう》する宗教者というものは、じつは盲人のようなものにすぎない」と結論して、スマナ長老の「〈他人からの伝承〉にもとづかない真理の教えを、わたしはみずから体得し、明確にした」（『テーラ・ガーター』、第三三一偈）という言葉を踏まえて、「ことがらは、自分で確かめたのでなければならない」（『原始仏教の思想Ⅰ』、二四二頁）と結んでいる。このように、釈尊が徹底した合理的思惟を貫いていたということは、注目されるべきことである。

ところが、釈尊滅後百年経ったころから教団は保守・権威主義化が著しくなり、いわゆる小乗仏教となり、それを批判して大乗仏教、さらには呪術的世界観やヒンドゥー教と融合して密教へと、仏教は変質していく。迷信じみたものや、神通力のようなものが取り込まれていった。「ありのままに見ること」が強調されていたにもかかわらず、迷信的・呪術的なものになっていった。中村元先生が主張されていたように原始仏教の原点に立ち還るべきであろう。

第三十一話　無疑曰信か、不疑曰信か

東京・大田区の池上本門寺で行なわれている『法華経』講習会の主催者から依頼があり、『法華経』講義を担当した。一方通行ではなく、質問を重視しているので、いろいろな質問が寄せられ、自分では思いつかないような視点を提示されて勉強になる。

その中で、「われわれは、『無疑曰信《むぎわっしん》』（疑い無《な》きを信と曰《い》う）とあるから、疑ってはいけないんですよね」と発言した人がいた。その発言に釈尊なら、何と言われるだろうかと考えた。釈尊が、果たして「疑ってはいけない」「疑問を抱いてはいけない」と言われるだろうか。

原始仏典を読み直してみると、『大パリニッバーナ経』にアーナンダ（阿難）をはじめとする修行僧たちに釈尊が語った言葉が記されている。

修行僧たちよ。ブッダに関し、あるいは法に関し、あるいは集いに関し、あるいは道に関し、あるいは実践に関し、一人の修行僧に、疑い、疑惑が起るかもしれない。修行僧たちよ。〔その時には〕問いなさい。

（中村元訳『ブッダ最後の旅』、一五六頁）

その言葉を聞いても、弟子たちは師に対する尊敬から黙っていた。すると、釈尊はさらに続けて言った。

修行僧たちよ。お前たちは師を尊敬するが故にたずねないということがあるかもしれない。修行僧たちよ。仲間が仲間に〔たずねるように〕たずねなさい。（同、一五七頁）

釈尊は、「疑ってはいけない」などと語っていなかった。「疑問を抱いた時は、質問しなさい」と語っていたのである。疑ってはいけないという意味であるならば、「無疑曰信」ではなく「不疑曰信《ふぎわっしん》」（疑わざるを信と曰う）と言うべきである。

「大疑は大悟に通ず」である。疑問が生じるから、それを納得することで理解が深まる。大いに疑問は抱くべきである。釈尊も大いなる疑問を抱いて出家した。第三十話「盲信の否定」でも触れたように、有り難い聖典に書いてあるからといって鵜呑《うの》みにせず自分の目で確かめたことを信ずるようにと語った。迷信をことごとく否定し、「ありのままの真実に即した道理」を説いた。

哲学者のデカルトは、真理に達するために方法的懐疑として疑うことを重視した。科学者のアインシュタインも、「大切なのは、疑問を持ち続けることだ。神聖な好奇心を失ってはならない」「自分自身の目で見、自分自身の心で感じる人は、とても少ない」「過去から学び、今日のために生き、未来に対して希望を持つ。大切なことは、何も疑問を持たない状態に陥らないことである」と語っていた。二〇一八年にノーベル医学・生理学賞を受賞した本庶佑《ほんじょたすく》氏は、「人が言っていることや、教科書に書いてあることのすべてを信じてはいけない」と語っていた。

『法華経』においても、疑問は重大な役割を持たされている。『法華経』を説くに当たっても、また如来の出現の究極の目的を明かす際にも、如来の成道《じょうどう》が遥《はる》かな久遠《くおん》であったことを明かす時にも、「動執生疑《どうしゅうしょうぎ》」と言って、先入観や思い込みに執着して、それ以上に理解しようとしない聴衆の心を揺り動かし、あえて疑問を生じさせて、その上で重要なことを説き明かすことがなされている。

そもそも、「無疑曰信」の出典は何かと言えば、天台大師智顗《ちぎ》の『法華文句《ほっけもんぐ》』である。そこに、

疑ひ無きを信と曰《い》ひ、明了《みょうりょう》なるを解《げ》と曰ふ。是《こ》れを一念信解《いちねんしんげ》の心と為《な》すなり。

とある。これは、『法華経』分別功徳品《ふんべつくどくぼん》（植木訳『梵漢和対照・現代語訳　法華経』下巻、二六二頁）の一節、

能《よ》く一念の信解を生《しょう》ぜば、所得の功徳《くどく》、限量《げんりょう》有ること無《な》けん。

に出てくる「信解」について解説したものである。「信」と「解」に区切って、それぞれに「無疑」と「明了」を当てている。合わせると、「信解」とは、「疑いが無く、明了であること」だ。このような表現は、漢文でよく用いられるレトリックだ。「鬼神のように出没する」ということを、「出没」と「鬼神」をそれぞれ二つに分けて、それぞれの一文字ずつを組み合わせて「神出鬼没」と表現する。「東奔西走」「日進月歩」「千客万来」などもその類《たぐい》だ。前半の「無疑曰信」だけ取り出したから、誤解が生じやすくなった。「明了曰解《みょうりょうわくげ》」とセットであることに意味がある。

一念信解すべき内容は、「如来の寿命の久遠なること」である。それは、大地の下から無数の菩薩を出現させ、その菩薩についての疑問とともに、聴衆の理解を超えた釈尊の姿を見せつけて、「これは一体、どういうことか?」という疑問を抱かせて説かれた。聴衆の理解を超えていた「如来の寿命の久遠なること」について、「疑いが無くなり、明了となること」が「信解」だというのである。疑問が晴れた結果を言ったものであり、決して「疑ってはいけない」という意味ではない。疑問のための疑問は別として、真理探究の求道心《ぐどうしん》からの疑問は必要なのだ。仏教が普遍的思想として蘇《よみがえ》るのは、各自の抱く疑問点や、悩みを一つひとつクリアすることを通してなされるであろう。

仏教史において、権威主義になって釈尊の教えが改竄《かいざん》されることがあったことは既に述べた。その時の宗教的権威者にとって、「疑ってはいけない」ということは都合のよいものであろう。

疑ってはいけないということで、無批判的に受け入れていては、釈尊が否定していた在り方に逆戻りしてしまう。自分で納得したことが、他の人にも通ずる普遍性を持つ。疑問に目をつぶり、横に差し置いて〝信ずる〟のは「盲信」であり、それでは仏教の理解を深めることにならない。自分だけなら何とかやっていけたとしても、他者に対して説得力は持ちえないし、普遍性も見失われてしまう。仏教を、釈尊が最も否定していた〝迷信〟にしてしまうことになりかねない。一人ひとりの生き方の中で仏教の意味が検証され、文証・理証・現証の「三証」に照らして、「無疑」になることによって、仏教の普遍的意義が勝ちとられ、現代における意味が蘇るであろう。そこに、中村元先生が言われていた「自己との対決の必要性」の意味がある。

「無疑曰信」を「疑ってはいけない」というのは、教団の指導的立場にある人が質問されて答えられないことを恐れて、言い出した解釈なのだろうかと勘繰《かんぐ》りたくもなる。『法華経』を見ても、第十三章安楽行品《あんらくぎょうぼん》（第十四）の中には、

賢者は、常に嫌な顔をしないで種々の意味を持つ感動的な話を語るべきである。質問された時も、質問した人が覚りを得ることができるように、適切な意味のすべてを説き示すべきである〔中略〕賢者は、多くの譬喩《ひゆ》によって、日夜に最高の法を説いて、聴衆を歓喜させ、満足させるべきである。（植木訳『サンスクリット版縮訳　法華経　現代語訳』、二三六頁）

とあることを知るべきである。

第三十二話　釈尊の〝遺言〟

人生最晩年の言葉には千鈞《せんきん》の重みがある。王舎城《おうしやじよう》の霊鷲山《りようじゆせん》からクシナーラーまで、故郷を目指した三五〇キロにわたる徒歩の旅の記録『大パリニッバーナ経』（中村元訳『ブッダ最後の旅』）には、死を前にした釈尊の率直な言葉が綴《つづ》られている。

「（わが弟子）アーナンダよ。私は老い朽ち、老衰し、わが齢《よわい》は八十となった。古ぼけた車が革紐《ひも》の助けでやっと動くように、私の身体も革紐の助けによってもっている」「私は疲れた。坐《すわ》りたい」「私は喉《のど》が渇いた。水が飲みたい」――後世の神格化されたブッダとはほど遠い、極めて人間的な姿だ。

途中のヴェーサーリーでは、「アーナンダよ、ヴェーサーリーは楽しい」と呟《つぶや》き、これまで諸々《もろもろ》の霊樹の下で瞑想《めいそう》し、休息したことも楽しいと述懐した。

異本には、これに続けて「この世界は美しいもので、人間のいのちは甘美なものだ」とある。生老病死《しようろうびようし》の四苦《しく》、一切皆苦《いつさいかいく》を説いた釈尊だが、晩年の偽らざる豊かな思いがあふれている。

終焉《しゆうえん》の地では、「私は二十九歳で善を求めて出家した」と回想した。最大関心事は「いかに善く生きるか」であったことが読み取れる。

釈尊亡き後に不安を感じるアーナンダに対して、「今でも」「わたしの死後にでも」「誰でも」と前置きし、「自らをたよりとし、他人をたよりとせず」「法をよりどころとし、他のものをよりどころとしない」ようにと戒め、そこに最高の境地があると説いた。

釈尊自ら、「わたしは自己に帰依《きえ》することをなし遂げた」とも語った。法に基づく「自己の完成」「人格の完成」が、在世であれ滅後であれ変わることのない、仏教の目指す根幹だといえよう。

『大パリニッバーナ経』によると、死の迫ったのを知って釈尊は、アーナンダに告げた。

　アーナンダよ。あるいは後におまえたちはこのように思うかもしれない、「教えを説かれた師はましまさぬ。もはやわれらの師はおられないのだ」と。しかしそのように見なしてはならない。おまえたちのためにわたくしが説いた理法（dhamma）とわたくしの制した戒律（vinaya）とが、わたくしの死後におまえたちの師となるのである。（中村元訳）

この言葉を踏まえて、中村先生は、「仏教とは、特殊な神秘的な霊感を受けた人を尊崇することではなくて、理法（dhamma）にたよることである。その理法は人間にとっての正しい理法でなければならない」（『原始仏教の思想Ⅰ』、五八五頁）と結論された。その正しい理法

（saddhamma）が「正法《しょうほう》」「妙法」と漢訳された。この考えが、後に「依法不依人《えほうふえにん》」（法《ほう》に依《よ》って人《にん》に依らざれ）と表現された。

自らの遺体について、「お前たちは、修行完成者の遺骨の供養にかかずらうな」と命じ、正しい目的のための努力と実行を怠らず専念するように語り、出家者が葬儀に関わることを禁じた。こうして釈尊の遺体は、クシナーラーの人々の手によって荼毘《だび》に付された。

けれども釈尊滅後、「正しい理法」とも、自己ともかけ離れたストゥーパ（仏塔）や、仏舎《ぶっしゃ》利《り》（遺骨）、聖地といった〝もの〟に対する信仰に取って代わられるのである。

第三十三話　名著『原始仏典を読む』

本来の仏教について知りたい人に薦めたいのに長年、絶版状態だった中村元著『原始仏典を読む』が二〇一四年九月に岩波現代文庫として再版され、改めて名著であるとの思いを新たにした。

大学時代、極度の自己嫌悪に陥っていた時、中村元先生の訳された原始仏典『大パリニッバーナ経』の一節「自らを島として他人をたよりとせず、法を島として他のものをよりどころとせずにあれ」に出会って、ホッとするものを感じ、自己嫌悪を乗り越えることができた。以来、物理学を学ぶ傍ら仏教書を読み始めた。しかし「だから何なのだ？」という読後感がしばしば残った。

一九八五年に本書が岩波セミナーブックスとして出版され、貪《むさぼ》り読んだ。身の回りで見聞する仏教と違い、人の在り方として納得いくことが中村先生によって講じられていた。

釈尊自身が平易な言葉で教えを説いていて、中村先生も分かりやすく語りかけていた。神格化され、人間離れしたブッダ像を選《え》り分け、歴史的人物としての〝人間ブッダ〟の実像に迫り、最初期の仏教の実態を浮き彫りにし、仏教が本来、迷信や呪術、葬式仏教、差別思想、権威主義とは無縁で、道理にかなったものであったことを明らかにしていた。

私は四十歳を過ぎていたが、最晩年の十年近く、中村先生の講義と指導を毎週三時間受けるという幸運に恵まれた。二〇一二年の中村先生の生誕百年を期して評伝『仏教学者　中村元──求道のことばと思想』（角川選書、二〇一四年七月）をまとめることになり、改めて本書を何度も読み返した。

原始仏典の古層では「自己を求めよ」「自己を護れ」「自己を愛せよ」と積極的に自己を肯定し、「自己の実現」「自己の完成」を説いていて、「無我」（我が無い）という表現は見当たらない。仏教は本来、倫理的実践主体としての「真の自己に目覚める」ことを強調していて、決して自己から目をそらさない。盲目的信仰とは対極にある。

日本は仏教国と言われるが、仏教を「有り難いもの」に祀《まつ》り上げて、「いかに生きるか」という「自己との対決」は欠如していた。「ブッダ」は「目覚めた人」を意味していて、一人ひとりが人間としての真理（法）と〝真の自己〟に目覚めることを目指していたのに、「ブッダ」はおすがりし、頼る対象にされてしまった。

文庫化されたこの本を手にすると、原始仏教の普遍性と本来の意義を現代に蘇らせようと、「自己との対決」の必要性を訴える中村先生の声が聞こえてくる。

また、もう一つ原始仏教の入門書として名著だと思っていたにもかかわらず、忘れ去られつつあるものがあった。それは、一九九五年にＮＨＫの教育番組「こころの時代」で放送された「ブッダの人と思想」のテキスト上・下巻だ。放送後、ＮＨＫブックスとして同名の『ブッダの人と思想』という本が出版されたが、章立ては同じでも中身がほとんどと言っていいほど変わっていた。なぜ、そうなったのか理解できなかった。中村先生が、せっかくテキストとしてまとめられたのに、このままでは、その存在を知る人がいなくなり、忘れ去られることを心配していた。ちょうど、『仏教学者　中村元』の編集を担当していた小島直人氏に事情を話すと即座に対応して、二〇一五年に『ブッダ伝――生涯と思想』（角川ソフィア文庫）として蘇った。

小島氏に「解説」を頼まれて、ほぼ書き上げていたが、掲載できなかったことが残念でならない。

第三章　潑剌とした女性たち

第三十四話　ジェンダー・フリー⁉

仏教の男女平等思想について論じた私の本（*Gender Equality in Buddhism*）が二〇〇一年にニューヨークで出版されると、カナダのトロント大学をはじめ、北米の大学でテキストにするところが現われた。また、カリフォルニアのロヨラ・メリーマウント大学のロビン・ワン（Robin Wang）博士から「中国の文化と思想における女性像」という共同研究と出版の誘いがあった。企画書に「ジェンダー・フリーの観音菩薩《かんのんぼさつ》にも言及してほしい」とあった。観音が男女両性の姿を取ることで、欧米研究者の間ではジェンダー・フリーと考えられていたようだ。

中国南北朝時代の訳経僧・鳩摩羅什《くまらじゅう》訳の『法華経』（四〇六年）で観音は三十三の化身《けしん》を持つとされ、そのうちの七つは女性である。けれども、サンスクリット原典では男性のみの十六身で、竺法護《じくほうご》訳の『正法華経《しょうほけきょう》』（二八六年）でも男性のみの十七身であり、ガンダーラで発掘された観音像のほとんどには口髭《くちひげ》があり女性ではない。中国で女性化した。

さらに、鳩摩羅什訳に存在しないサンスクリット原典（ケルン・南条本《なんじょう》）の第三一偈（詩句）には、観音が導師となる阿弥陀仏の浄土に女性は一人も誕生しないとある。このようにサンスクリット原典から見ると、観音がジェンダー・フリーの象徴であるという考えは、もろくも崩れ去ってしまう。

ただ、中国では観音が男女の姿を示すとする鳩摩羅什訳が読まれた。では、観音は中国女性の地位向上に寄与したのかといえば、そうとも言いにくい。

『法華経』成立の後期に西北インドに流行していた民間信仰が採り入れられた。観音品もその一つである。これは、『観音経』という名の単独の経典であったが、『法華経』に摂取されて観音品となった。「品《ほん》」とは、「章」というほどの意味である。

観音菩薩は、イランの神の影響を受けて考え出されたと言われる。ガンダーラとインド北部のマトゥラーで製作された観音菩薩の彫像は二世紀か、三世紀のもので、そのころからこの菩薩が崇拝されていた。観音信仰は、中央アジアと敦煌《とんこう》を経由して、ガンダーラから中国や東アジアの国々へもたらされた。

この観音品は、観音菩薩の名前を呼べば、船の難破や、火災、風災、水災、あるいは殺されたり、手かせ足かせをはめられたり、強盗に遭ったりするというあらゆる災難から守られると説いている。男の子や、女の子が欲しい人の願いもかなうといった現世利益のオンパレードだ。

祖先崇拝を強調する儒教社会では、家系を継ぐ男子がなく、家系を絶つことは先祖供養を絶つことを意味し、不孝の最たるものだった。結婚して三年経っても男の子を産まない女性は離縁された。だからこそ、男児出産を願って観音信仰が普及した。

『法華経』には、すべての女性の成仏を一身に背負って自ら即身成仏《そくしんじょうぶつ》し、いわゆる小乗仏教の女性観に固執して女性の成仏を否定する舎利弗《しゃりほつ》を沈黙させた龍女《りゅうにょ》が登場していた。漢訳で、観音が男性だけでなく、女性の姿にもなって出現するとあるのは、すべての女性が観音の化身であるということを意味しているのではない。それに対して、龍女が身をもって即身成仏の姿を示してみせたことは、すべての女性がブッダと成りうることを例示してみせたものであって、両者は極めて対照的である。

さらに、『維摩経《ゆいまきょう》』には性差を超越しつつも、女性に生まれたがゆえに女性の苦しみを理解できるとして救済に立ち上がる女性像が描かれている。こうした自立した女性像は、中国、日本で注目されることはなかった。中国で観音はジェンダー・フリーどころか、女性を男尊女卑の儒教倫理の枠内に甘んじさせただけで、女性を自立させるものではなかった。

以上の観音菩薩についての見解を書いてワン博士に送ると、観音をジェンダー・フリーと見なすことについての否定的な見解に驚かれながらも、筆者の考えに同意し、研究者仲間に回覧して、「すべてをあなたに任せます」と言ってくださった。

ロビン・ワン博士らとの共同研究は、二〇〇三年に *Images of Women in Chinese Thought and Culture*（中国の思想と文化における女性像）という本にまとめられてハケット社から出版された。妻・眞紀子にも『仏説四十二章経』『法華経』提婆達多品、同観音品、『維摩経』観衆生品、『血盆経』などの女性像に関する経の抄訳（英文）の作成を手伝ってもらい、観音菩薩についての以上のことをまとめた文章を掲載した。敦煌文書をはじめとして多くの中国文献の英訳を手掛けてきたヴィクター・メイヤー（Victor Mair）博士の内容チェックでも赤字が入ることはなかったと聞いて、ホッとした。

第三十五話　釈尊のジェンダー平等思想

近年、世界的にジェンダー（gender）という視点から男女の平等が議論されている。ジェンダーという言葉自体は、男性名詞、女性名詞、中性名詞などの「性」を意味する文法用語にすぎなかった。

特にインド・ヨーロッパ語族では、名詞は男性・女性・中性のいずれかの文法的性（gender）に分けられる。その特徴として、①文法的性は、実際の性別（sex）とは必ずしも一致しない。例えば、サンスクリット語で実際には女性である dāra（妻）と mātṛgrāma（婦人）は、いずれも男性名詞である。これは、ドイツ語で Frau（妻）が女性名詞、Fräulein（令嬢）と Mädchen（少女）が中性名詞であるのに似ている。また、②同じものを示す言葉でも文法的性が異なることがある。先の mātṛgrāma（婦人）が男性名詞であるのに、strī（婦人）は女性名詞である。dāra（妻）が男性名詞なのに、bhāryā（妻）や patnī（妻）は女性名詞で、kalatra（妻）は中性名詞である。

③言語が異なれば、性が異なることもある。「誓願」を意味するサンスクリット語の

praṇidhi は男性名詞だが、パーリ語の paṇidhi は女性名詞である。それは、「月」を意味するドイツ語の Mond が男性名詞で、英語の moon が女性名詞であることに似ている。④時代の推移に伴って文法的性が変わったものもある。インド哲学で重要な artha（利）は、『リグ・ヴェーダ』の時代には中性名詞だったが、その後、男性名詞となった。

このように文法的性（gender）は、実際の生物学的性（sex）とは必ずしも一致せず、言語によっても異なり、文化的背景があって決められたものである。こうした特徴にちなんで、「歴史的・社会的・文化的に形成された性差」を表現するのにジェンダーという語が最適であったのであろう。

男女平等を論ずるに当たって、ジェンダーという語が用いられるようになったのはまだ新しく、一九七〇年代のことである。男女の性差を言うのに、「自然的・生物学的に規定された性差」（sex）という概念のみでは表現しきれないものが自覚されたからであろう。ジェンダーは、「歴史的・社会的・文化的に形成された性差」という意味で用いられている。

前者が先天的で変更し難いものであるのに比べ、後者は後天的で社会的に形成されたものだから、社会的に見直し、是正することも可能となる。こうして、生物学的差異という不可変のことと、社会的・文化的に形成された見直し可能なこととを明確にした。これによって、何を問題にし、何を改革すべきかを明確にする視点を提示したと言えよう。それは、男女が共同参画するジェンダー平等の社会を模索する視点としても注目されよう。

仏教において、「自然的・生物学的に規定された性差」と「歴史的・社会的・文化的に形成された性差」といった視点の使い分けがあったのかどうか原始仏典を調べてみると、驚くべきことに釈尊の言葉に類似の視点が見られるのである。それは、原始仏典の中でも最古の経典とされる『スッタニパータ』に記録された次の言葉である。

髪についても、頭、耳、眼、口、鼻、唇、眉《まゆ》、首、肩、腹、背、〔中略〕手、足、指、爪、脛《すね》、腿《もも》、容貌、声についても、他の生類《しょうるい》の間にあるような、生まれにもとづく特徴〔の区別〕は〔人間同士においては〕決して存在しない。身体を有する〔異なる生き〕ものの間ではそれぞれ区別があるが、人間〔同士〕の間ではこれ（区別）は存在しない。名称（言葉）によって、人間の間で差別が〔存在すると〕説かれるのみである。（第六〇八〜六一一偈）

ここには、「他の生類の間にあるような、生まれにもとづく特徴〔の区別〕」としての生物学的な種による差異と、「名称（言葉）によって存在する人間の間での差別」という二つの観点が提示されている。ここでは、生物学的な差異として男女の違いを挙げることなく、直ちに人間としての平等が論じられているという点がジェンダー論の場合とは異なっている。けれども、「名称、すなわち言葉によって存在する人間の間の差別」ということは、言葉によるのだから、これは歴史的・社会的・文化的に形成された差別と言ってもいいだろう。

ここで、釈尊は、生物の種・類による違いは認められても、人間の在り方として人間同士には本来、差別はないと断言している。釈尊は、男女の性差を超えて、人間という視点を持っていたのである。こうした釈尊の平等観は、男女の性差を超えたものであり、今日言うところの「ジェンダー平等」の実例と見なせるであろう。

ところが、一九九〇年代になって「『一切は男にあらず、女にあらず』という大乗仏教の『空』の考えは、性差に目をつぶるものである」という批判があった。それは、「男にあらず、女にあらず」という主張の前後関係をきちんと踏まえていないことによる結論である。その言葉が用いられる場面の前には、必ずと言っていいほど、「男か女かという二者択一」の考えの持ち主から、男性優位の発言がなされていることを見逃してはならない。「男にあらず、女にあらず」は、相手（小乗仏教徒）の二者択一的見解を否定する言葉として出てくるのである。それは、『首楞厳三昧経《しゅりょうごんさんまいきょう》』しかり、『維摩経《ゆいまきょう》』しかりである。

小乗仏教が男と女の差異にとらわれているがゆえに、「男女の差異というものは本質論ではない。それに執着すべきではない。本質論は別のところにある」と訴えたものである。

女性に対する男性優位の二者択一論に対して、女性優位の二者択一論を主張することは、同じものの裏表の関係であって、不毛の論議を繰り返すだけで何ら解決にはならない。〝男だから〟とか、〝女だから〟とかという二元対立的立場に立つのではなく、〝人間だから〟という視点に立った時、それぞれの違いを認めつつも、その違いを活かすという視点に変わるのではないか。その意味では、仏教の目指す女性の地位向上は、フェミニズムや、フェミニストという言い方よりも、ヒューマニズムや、ヒューマニストという立場に立っていると言ったほうが正確である。

原始仏典の『サンユッタ・ニカーヤ』第一巻には、男女の差異など問題にすることなく、人間としての慚《は》じを知ること、念《おも》いを正していること、法（真理の教え）に基づき、正しくものごとを見て、考えることができる人であれば、「女性であれ、男性であれ、その人は実にこの乗り物によってまさにニルヴァーナのそばにいる」とあった。

また、『維摩経』では、小乗仏教の代弁者の役回りを与えられたシャーリプトラ（舎利弗）が、男性優位の二者択一論に立って智慧の勝れた天女に、「あなたはどうして女身を転じて男の身とならないのですか？」と尋ねる場面が出てきた。天女は即座に神通力をもってシャーリプトラを天女の姿に変え、天女自身はシャーリプトラの姿に変わった。そして、天女の姿をしているシャーリプトラに「あなたは、どうして女であることを転じないのですか？」と尋ねた。

天女の姿に変えられ、慌てふためいているシャーリプトラは、「どのように元に戻すのか、どうして女の姿が生じたのか、私は分からない」と答えた。そこで、天女が言った。

もしも、大徳〔シャーリプトラ（舎利弗）〕が女であることを元に戻すことができるのならば、その時は、すべての女性たちもまた女であることを元に戻すでありましょう。大徳

〔シャーリプトラ〕が、女でないのに、女のような〔姿を〕顕現しているように、そのようにすべての女たちにもまた女の姿が具《そな》わっているのであり、しかも女でないのに、女の姿が観察されるのであります。これを結論して、世尊は「あらゆるものごと（一切法）は、女でもなく、男でもないのだ」と言われました。

（植木訳『サンスクリット版全訳　維摩経　現代語訳』、二三六～二三七頁）

と。ここに、「男にあらず、女にあらず」という「空《くう》」の論理が登場する。男性優位にとらわれたシャーリプトラを手玉に取る天女の言葉が痛快である。

しかし、これで話は終わっていない。次に、ヴィマラキールティ（維摩詰《ゆいまきつ》）がシャーリプトラに、

この天女は、九十二・コーティもの〔多くの〕ブッダたちに親近《しんごん》し、神通の智慧により自在に振る舞い、誓願を満たし、〔無生法《むしょうぼう》〕忍《にん》を得て、不退転〔の位〕に入っていて、衆生を成熟させるために誓願の力によって欲するままに、そのように〔天女として〕あり続けているのである。

（同、二四〇頁）

と語っているのだ。男だとか、女だとかということは本質的な問題ではない。既に天女は、

不退転の菩薩の境地に達している。女性の姿をしているのは、世間で蔑《さげす》まれている女性を救済するために、自ら願ってのことであるということが、明かされるのである。

このように、「男にあらず、女にあらず」という言葉は、必ず相手が男か女かという二者択一的に男性優位を主張したことに答える場面で言われている。しかも、話はそれで終わっていない。男か女かという表面的な違いにとらわれ、二者択一に執着する相手の態度を否定しておいて、その次に必ず全く別の高次の普遍的次元からの見解が主張されているのだ。

男か女かという次元の主張に対して、男か女かという次元ではなく、その二元的対立を超越したところから女性たちが答えていることを見落としてはならない。それは「人間として」という次元からの答えであった。男女の違いから対立するのではなく、男女の生物学的違い（sex）を違いとして認めて、さらに人間としての在り方という普遍的な立脚点を提示しているのだ。それがまさに「ジェンダー平等」（gender equality）と言うべきものであった。

この項は異常に長くなってしまったが、仏教のジェンダー平等思想がお茶の水女子大学に提出した博士論文のテーマだったので、つい力が入ってしまった。その論文が、二〇〇四年に『仏教のなかの男女観――原始仏教から法華経に至るジェンダー平等の思想』（岩波書店）として出版されていたが、二〇一八年に『差別の超克――原始仏教と法華経の人間観』（講談社学術文庫）として文庫化された。詳細はそれを参照していただきたい。

この項を書きながら、十数年前、その論文が出版されたころ、小学校の教師をやっている知人が訪ねてきて、妻と三人で話し込んだ時のことを思い出した。ジェンダー論で学校が紛糾していたという。名簿を男女混成にするとか、体育の時の更衣室を男女に分けないといった話まで出ていたそうで、ジェンダーの珍解釈に驚いた。遅くなったので、夕食を一緒にした。食べ終えて、話し続けていると、長男がみんなの皿や茶碗を片付け始めた。すると、その知人が「植木さんのうちでは、ジェンダー平等で息子さんも後片付けをするように教えておられるんですか?」と言われたのには驚いた。

「男だから、女だからということ自体が男女にとらわれていることになります。わが家は、そんなことは教えません。息子は、『両親が大事な話をしているから、僕が片付けよう』と思ってやっているだけだと思います。人としてやるべきことをやろうと思っただけでしょう」と答えた。

第三十六話　覚りを表明する女性たち

セイロン（スリランカ）にパーリ語で伝えられた原始仏典の一つに女性出家者たちの手記詩集がある。私は、それを現代語訳して『テーリー・ガーター——尼僧たちのいのちの讃歌』（角川選書）として二〇一七年に出版することができた。それは、中国、日本には伝わっていなかったもので、釈尊在世当時の女性たちの姿をリアルに読み取ることができる貴重な文献である。

釈尊が教えを説き始めた当初には、女性出家者の教団は存在していなかった。それが成立したのは、男性教団に遅れること十五～二十年と私は推定している（拙著『差別の超克――原始仏教と法華経の人間観』、七二頁）。

当初、尼僧教団が存在していなかったということは、釈尊が女性を全く相手にしていなかったということを意味するのではない。釈尊は、在家の女性たちに対しても等しく教えを説いていた。『テーリー・ガーター』には、在家のアノーパマーという女性が釈尊の教えを聞いて第三の位、すなわち阿羅漢《あらかん》の一つ手前の不還果《ふげんか》に到《いた》ったということが記されている。このことからすれば、女性については在家のままで救済することにしていたのであろう。こうした事情があったため、女性の出家者の登場は、釈尊の意図としてではなく、女性の自発的な意志によってもたらされることになった。

釈尊の育ての親（義母）でもあり、また叔母（姨母《いも》）でもあったマハー・パジャーパティー・ゴータミー（摩訶波闍波提瞿曇弥《まかはじゃはだいくどんみ》）が二十数人の女性とともに出家を申し出たのは、既に仏教が隆盛を極めているころのことであった。出家の生活は過酷なものであり、釈尊は、女性の出家を躊躇《ちゅうちょ》して許可することはなかった。それをとりなしたのが、アーナンダ（阿難《あなん》）である。

それは、アーナンダの質問で「女性も阿羅漢に到れます」という釈尊の答えを引き出したことで実現した。阿羅漢は、「尊敬に値する人」を意味するアルハンの音写語で、仏の十種の呼び名（十号）の一つ、仏の別称であった。

釈尊の言葉通り、女性たちは、阿羅漢に到っていた。アノーパマーという在家の女性は、釈尊の教えを初めて聞いて第三の不還《ふげん》の位に即座に到り、出家後に最後の第四の位である阿羅漢に達したことを記している。

ヴァーセッティー尼が、釈尊に言った。


スンダリー尼がやって来るのをご覧ください。解脱《げだつ》していて、〔迷いの〕生存に結びつける素因を滅していて、渇愛《かつあい》を離れ、束縛を断ち、なすべきことをなし終え、煩悩《ぼんのう》のない女《ひと》を〔ご覧ください〕。（第三三四偈）

この表現から、スンダリー尼は阿羅漢に達していることが読み取れる。

『テーリー・ガーター』には、老衰とともに美貌の衰えを嘆く女性、夫や子どもに先立たれた孤独な女性、子どもを亡くした悲しみで狂乱状態になっていた女性、何回結婚しても破局を迎えてしまうかわいそうな女性たちが、自らの半生を赤裸々《せきらら》に綴《つづ》っている。

そして、釈尊と出会ってその教えを実践し、「私は、ブッダの教えをなし遂げました」「闇の塊は粉砕されました」「解脱しました」「安らいでいます」「心において自在となりました」——と喜びの言葉を書き残している。これは、それぞれに覚《さと》りを得たことを表明した言葉である。

一九〇九年に『テーリー・ガーター』、および男性出家者の手記詩集『テーラ・ガーター』を英訳したリス・デヴィッズ夫人は、その両書を比較し、『テーラ・ガーター』において自ら解脱したと述べる男性出家者たちが一三％であるのに対して、『テーリー・ガーター』では二三％もの女性修行者たちが自ら解脱したと語っていることを強調し、女性たちの喜びに満ちた姿を明らかにしている。

それにもかかわらず、釈尊が亡くなって百年経過したころから教団の保守・権威主義化が顕著になり、男性・出家者中心主義で在家や女性が蔑視されるようになる。いわゆる小乗仏教と貶称《へんしょう》されるようになると、在家は阿羅漢にも到れないとされ、「女性は穢《けが》れているので成仏できない」（女人不成仏《にょにんふじょうぶつ》）とまで言われるようになるのである。

筆者は、それが釈尊本来の思想と相反するものであることを明らかにすることに努めてきた。

第三十七話　女性の自立と財産権

前回に続き、原始仏教において女性たちに敬意が払われていた事実を紹介しよう。

シンガーラという在家の男性が、人間関係の在り方について釈尊に質問したことがあった。釈尊は六種類の人間関係を挙げ、その中で夫の妻に対する在り方として、「夫は妻に五つのことで奉仕しなければならない」と語った。男尊女卑の著しいインドにおいて画期的な発言である。日本の奥さま方も、宙に舞い上がるほど喜んでいい言葉ではないか。

その五つとは、①妻の自立を認めよ。②尊敬せよ。③宝飾品を買い与えよ。④軽蔑するな。⑤道に外れたことをするな——である。

紀元前二世紀から紀元後二世紀ごろ成立したとされる『マヌ法典』には、「子どもの時は父親の、若い時は夫の、夫の死後は息子たちの支配下にあるべきである」「女は自立するに値しない。家事でさえも」と規定されている。偶然にも、中国の「三従」説と全く同じことが言われていた。このことを考慮すると、釈尊の言葉は極めて斬新である。

インドにおいて宝飾品は、装飾のためというよりも財産という意味が強い。インドは陸続きなので、いつ異民族が攻めてきて、王朝が滅ぼされるか分からない。日本でも藩札《はんさつ》が明治維新になって紙くず同然になったことがある。いかなる王朝であれ、財産として通用するのは金、銀、ダイアモンドなどの宝飾品であった。

夫が妻に奉仕すべきこととして①と③を挙げていたということは、「世界で初めて女性の自立と財産権を認めたのは釈尊であった」と言ってもいいのではないか。

古代インドの帝王学である『カウティリヤ実利論』（紀元前四世紀ごろ）によれば、妻に財産の所有権はなかった。実家から与えられた宝石や衣類、現金は最高で二千パナまでの私有権が認められていたが、病気や飢饉などの緊急時には夫がそれを自由に使ってもよいとされていた。

このことを考えても、釈尊の言葉は画期的であった。

ところが、これが中国で漢訳されると、奉仕すべき側が逆転されて、「婦《つま》が夫に事《つか》うるに五事あり」とされた。家父長制的男尊女卑の著しい儒教倫理の国で「夫が妻に奉仕する」ことなど、とんでもないことであったのであろう。

この漢訳だけを見て、「仏教は女性差別の宗教だ」と決めつけるのは早とちりである。仏教の女性差別ではなく、漢訳段階での中国の女性観の問題である。

第三十八話　女性の智慧第一

奈良・興福寺の十大弟子立像（現存六軀《く》）は国宝として知られる。それは、智慧《ちえ》第一の舎利弗《しゃりほつ》、説法《せっぽう》第一の富楼那《ふるな》をはじめとする十人の出家の男性のみからなる。在家や女性は一人もいない。

ところが、教団が保守・権威主義化（いわゆる小乗仏教化）する直前にアショーカ王の指示でスリランカにパーリ語で伝えられた原始仏典『アングッタラ・ニカーヤ』には、出家と在家の女性、在家の男性のいずれの場合にも代表的仏弟子の名前が挙げてある。

「わが仏弟子で出家の男性」の代表として十大弟子のほかに三十一人の計四十一人、さらに「わが仏弟子で出家の女性」の代表として智慧第一のケーマー尼や、説法第一のダンマディンナー尼など十三人、「わが仏弟子で在家の男性」の代表として説法第一のチッタという資産家など十一人、「わが仏弟子で在家の女性」の代表として禅定《ぜんじょう》第一のナンダの母ウッタラーなど十人の名前を挙げている。他の仏典では、在家の女性で慈心《じしん》第一のシャマヴァティー、多聞《たもん》第一のウッタラーを挙げているものもある。

それなのに、釈尊の滅後、権威主義化して小乗仏教と貶称《へんしょう》された教団では在家と女性を仏弟子から排除し、代表的な仏弟子からも削除した。カシュミール、ガンダーラで優勢であった小乗仏教では、自分たちに都合の悪いことを削除するという改竄《かいざん》が行なわれていたが、その具体例をここに見ることができる。

残念なことに、中国、日本にはガンダーラ経由で仏教が伝播した。従って、明治時代中期にヨーロッパ経由でパーリ語の聖典が伝わるまで、智慧第一の女性がいたことなど知る由《よし》もなかった。智慧第一のケーマー尼は、合理的思考を徹底して、男性修行者たちにひけを取ることはなかったし、説法第一のダンマディンナー尼も、智慧が勝《すぐ》れ、男性に向かってしばしば法を説き、男性たちを感動させていた。

紀元前三世紀ごろ、シリアの大使としてインド東部のマガダ国に滞在していたギリシア人のメガステネースが記録した『インド誌』の「インドには、驚くべきことがある。そこには女性の哲学者たち（philosophoi）がいて、男性の哲学者たちに伍《ご》して、難解なことを堂々と論議している！」（中村元訳）という驚きの言葉とも符合している。

小乗仏教の女性差別に対して、釈尊滅後五百年（紀元一世紀）ごろに興った大乗仏教では、天女が智慧第一の舎利弗を智慧によってコテンパンにやり込めるという『維摩経』や、畜身で八歳の少女が女性を軽んずる舎利弗の面前で成仏してみせ、多くの衆生に法を説いて歓喜させる場面を見せつけ、沈黙させるという『法華経』が編纂されていった。多角的に女性の名誉回復が図られた。

ガンダーラ経由の際に改竄が行なわれていたとなると、大乗仏教による女性の名誉回復とともに、より原型に近い形で保存されてきた原始仏教にさかのぼって仏教思想を捉え直すことも重要なことであろう。

第三十九話　龍女の成仏

二〇〇八年に『源氏物語』千年紀が話題になったのも記憶に新しい。『紫式部日記』の寛弘五（一〇〇八）年十一月一日の条に、「若紫」や「源氏」などの記述があり、『源氏物語』の存在が文献として確認できる最古の年が一〇〇八年であった。

その一〇〇八年に菅原孝標女《すがわらたかすえのむすめ》が生まれた。その『更級日記《さらしなにっき》』に少女のころ『源氏物語』に熱中し、夢に「いと清げなる僧」が現われ、「法華経五の巻を、とく習へ」と告げたとある。

五の巻には八歳の少女、龍女《りゅうにょ》の成仏が説かれている。女性の成仏を遂げた龍女が注目されていた。

ところが、一九九〇年代に仏教、特に『法華経』は女性差別の経典だとする主張が現われた。龍女が男に変じて成仏する（変成男子《へんじょうなんし》）とあるからだ。女身のままでないのは、性の一元化を図るものだという批判だった。

この批判は、歴史的背景を無視して一断面のみを見た結論である。二～三世紀ごろの仏教学者・ナーガールジュナ（龍樹）の著とされる『大智度論《だいちどろん》』巻五六に、次の一節がある。

「女性には五障があり仏などの五つになれない」と経にある。女性たちは、仏になれないと聞き、心を退かせ覚りを求める心を発《おこ》さない。女性に仏道（仏の覚り）を説こうとする人もいない。そこで仏が言った。「女性も仏となれるのだ。ただ、女身を転じて男身となることによってである」と。

女性は、①帝釈天、②梵天、③大王、④転輪聖王、⑤ブッダ——の五つになれないとする「五障」説から女性を解放するために、「変成男子」が主張されたことを裏付ける言葉である。釈尊滅後に権威主義化した、いわゆる小乗仏教は、原始仏教の平等思想を覆《くつがえ》し、「五障」説を唱えて女人不成仏を強調した。それに対抗し、仏に仮託して「変成男子」という妥協策を打ち出した事情がうかがえる。女身のままでとしなかったのは、女性差別の著しいバラモン教の社会でそのような主張をすることは危険だったからだ。

そこで『法華経』は、これを逆手に取り、龍女が男になって成仏するさまを見せつけて、「女は穢《けが》れていて、女であるという理由だけで成仏できない」と主張する小乗仏教の代弁者である舎利弗《しゃりほつ》と智積《ちしゃく》菩薩をやり込めてしまうストーリーに仕立てた。

女性の成仏を信じようとしない二人の分からず屋に、「じゃあ、あなた方が信じている方法で成仏してみせましょう」とばかりに龍女は男になって成仏し、人々に説法する姿を二人に見せつける。「変成男子」は、女性の成仏の不可欠の条件ではなく、小乗仏教の女性観にとらわれた二人を説得する手段にすぎなかった。その証拠に、この章は「智積も舎利弗も沈黙してしまった」で終わっている。

ここで、龍女は「八歳」で「畜身」の「女性」というトリプルのマイナス条件を持つ。バラモン教徒の規範を定めた『ナーラダ法典』で八歳以下は、胎児扱いであった。そのような龍女の成仏を通して、一切の女性の成仏を代表させている。

これに対して『華厳経』仏小相光明功徳品《ぶつしょうそうこうみょうくどくぼん》第三十は、盧舎那仏《るしゃなぶつ》の光明に照らされたことと、「空」の思想などの教示によって「変成男子」して、不退転に到ることができたというストーリーである。その「変成男子」の場面は、

六欲天中の一切の天女は皆、女身を捨てて悉《ことごと》く男子と為《な》りて菩提の心を退転せざることを得。（大正蔵、巻九、六〇六頁上）

「女身を捨てて」という表現からは、女身を嫌うという女性観がほの見える。それは、『無量寿《むりようじゆきよう》経』も同じである。『法華経』における「変成男子」は、舎利弗を説得する〝手段〟であったが、『華厳経』では〝目的〟になっている。

また『維摩経』に登場する天女は、女性を低く見る小乗の代弁者という役回りを与えられた智慧第一の舎利弗を、智慧ある対話でやり込めてしまった。その対話の妙に比べて、この『華厳経』の天女は、存在感が全くない。『法華経』においても、小乗の女性観に固執する舎利弗を龍女が身をもって説得するという積極的な姿勢が感じられた。それに対して『華厳経』は、毘盧舎那仏《びるしやなぶつ》の光明に照らされて地獄から救出されるとか、業報《ごうほう》（過去世の業の報い）に実体はない（空《くう》）という説法に依存した表現でしかない。天女の行為は何も描写されておらず、主体性、積極性、存在感といったものが希薄である。

また、せっかく「空」の論理を説いておきながら、「女身を捨て」させるという結末では、「空」を自ら否定しているようなものだ。「空」の思想からの女性の地位向上という観点からすれば、『維摩経』に登場する天女は、「根本的には男女平等の見方の確立を志向していることはまちがいない」（『華厳経入門』、二〇一頁）、「『維摩経』の天女は、前出の『華厳経』第三十章に現れる天女よりもさらに数段進んだ人間観を映し出している」（同）という木村清孝博士の指摘は納得がいく。

年月を経て、「変成男子」を必要としないとする経典も登場する。『海龍王経』では、摩訶迦葉《まかかしょう》が「無上正等覚《むじょうしょうとうかく》は甚《はなは》だ得難《えがた》く、女の身で仏道を成ずることはできない」と言ったのに対して、

女身を以《もっ》て仏道を成ずることを得可《うべ》からずんば、男子の身も得る可からず。所以《ゆえん》は何《いか》ん。其《そ》の道心は男無く、女無し。

（大正蔵、巻一五、一四九頁下）

と答えた。

「変成男子」の詳細については、拙著『差別の超克——原始仏教と法華経の人間観』第六章を参照されたい。

第四十話　ザクロと鬼子母神

一九九一年の八月、私は念願であったインドのブッダ・ガヤーの地にいた。四十歳になったばかりで、仏教との出会いから中村元先生との出会いに至るまでの来《こ》し方を思い浮かべながら、

目をつむったままホテルの中庭のデッキ・チェアに坐っていた。そこへ、一人の女性がやって来た。私が目をつむって身動き一つしないのを見て、「植木さんが禅定《ぜんじよう》に入ってる！」と言った。

目を開けて周りを見ると、デッキ・チェアの後ろにザクロの木がたわわに実をつけていた。西域では貴重な食べ物で、鬼子母神《きしもじん》の像には、ほとんどと言っていいほど一緒に彫られている。ザクロは、中にびっしりと実が詰まっていて多産の象徴とされ、同じく多産の象徴とされる鬼子母神と関連づけられている。

鬼子母神は、ハーリティー（hārītī）を漢訳したものだが、訶梨帝《かりてい》と音写され、愛子母《あいしも》とも漢訳されている。ここにも、「子」「母」という文字が入っているように、鬼子母神は子を持つ母親のこと、すなわち母性を象徴する神だと言えよう。

北インドやガンダーラを中心にその彫刻が発掘されている。それは、東南アジアにも影響を及ぼし、インドネシアにも、子どもを抱いた鬼子母神の周りで子どもたちが遊び戯れ、その横のザクロの木に子どもが登っているというレリーフがある。

パキスタンのパンジャーブ地方の遺跡から鬼子母神親子の彫刻が多数出土している。鬼子母神は椅子に腰掛けていて、一人の子どもは胸に抱かれ、ほかはその膝の上に乗ったり、足元や、周囲で子どもが五、六人、遊び戯れている。なかには、夫のパーチンチカが隣に坐っていることもある。その像の鬼子母神は「吉祥果《きつしようか》」（めでたい果実）と言われる果物を手にしている。

これがザクロである。ザクロの代わりに、ギリシア神話に基づく羊の角に果物と花が満たされた豊穣《ほうじょう》の角《つの》（コルヌコピア）を持つものもあり、東京藝術大学客員教授の前田耕作先生は、ギリシアの女神キュベレとの関連性を指摘されている。

ザクロは、パキスタンとアフガニスタン辺りの乾燥地帯でよく採れる果物である。鬼子母神信仰はこの辺りで起こったのではないかと言われている。中村先生は、鬼子母神が『法華経』陀羅尼品《だらにぼん》に登場することから、少なくとも『法華経』の後半部分は西北インドで成立したと述べておられる。

子どものころ、庭になったザクロの実の粒々を口いっぱいに含んで頰《ほお》ばり、果汁を絞り取るように吸うと口いっぱいに酸っぱさが広がり、唾液《だえき》が口の中にあふれた。それを飲み込んだ後、残った種子を機関銃のように、プププププッと連射したものだ。これを砂漠地帯で食べると、喉の渇きを適度に潤してくれるだろう。

『高僧法顕伝《こうそうほっけんでん》』には、「安石榴《あんせきりゅう》」（大正蔵、巻五一、八五七頁下）という名で登場する。ザクロは漢字で「石榴」（あるいは柘榴）と書く。頭に「安」の字があるのは、ザクロが安息国《あんそくこく》（アルサケス朝のパルティア）から来たことを示している。

玄奘の『大唐西域記《だいとうさいいきき》』の屈支国《くっしこく》の項にも、

屈支国は東西千余里、南北六百余里ある。国の大都城は周囲十七、八里ある。キビ、麦

に適し、粳稲《うるちいね》を産し、葡萄《ぶどう》・石榴を出し〔後略〕。　（水谷真成訳）

と、「石榴」の文字が見える。これは、インドの貴族の血を引く父と、亀茲《きじ》国の王族の母との間に生まれ、七歳にして母とともに出家した鳩摩羅什《くまらじゆう》の生まれ故郷・クチャ（亀茲国、あるいは屈支国と書く）について描写したものだ。きっと鳩摩羅什も、少年時代にザクロを好んで食べたことだろう。

西域からザクロが中国に伝わったのは、前漢の武帝の命を受けた張騫《ちようけん》が西域から帰国した際に、パルティアから安石榴（塗林）を持ち帰ったとする記述が十一世紀末に著わされた薬物の書『証類本草《しようるいほんぞう》』に見られ、三世紀頃の伝来だと考えられる。日本には、平安時代中期に深江輔仁《ふかえのすけひと》が著わした現存する日本最古の薬物辞典『本草和名《ほんぞうわみよう》』の「安石榴」の条に〝和名左久呂《ざくろ》〟と記されているので、十世紀までには渡来していたと思われる。

中国、日本では古来、ザクロは薬物として重視され、現在も、カリウムが豊富で血圧降下作用、動脈硬化予防に役立つとか、ポリフェノール（抗酸化物質）が豊富で、活性酸素を中和する力が大きいとして注目されている。

第四章　釈尊滅後の教団

第四十一話　民主的な会議の空洞化

中村元先生が、ヴァッジ国の首都ヴェーサーリー（サンスクリット語でヴァイシャーリー）を一九八七年に訪れた時、遺跡の入口に「インド最初の共和国」と記した看板があったという。かつては肌の色の異なる多くの民族が住む商業都市として栄え、自由主義的な気運に満ち、カースト制度もなかった。仏典によると、「自分こそ王である」と各人が思っていて民主的共和政が敷かれていた。国事は合議によって決定され、その指導者は選挙によって選ばれていた。

そのヴェーサーリーのヴァッジ族を征服しようとする人がいた。阿闍世《あじゃせ》王である。釈尊が死を覚悟した旅に出る直前のことだが、釈尊はヴァッジ族の七つの勝《すぐ》れた習慣を一つひとつ示して征服を断念させた。それは、①しばしば会議を開いて多くの人たちが集まって決定する。②協同して集合し、行動し、なすべきことをなす。③未だ定められていないことを定めず、既に定められたことを破らず、旧来の法に従って行動する。④古老を敬い、尊び、崇《あが》め、もてなし、意見を聞く。⑤良家の婦女、童女を暴力で連れ出し拘留《こうりゅう》することをなさない——など高齢者や女性を大事にし、自由主義的で協和の精神に貫かれた七項目であった。

カースト制度を前提とするバラモン教の政治論は、世襲と階級制の王政と結びついたもので、ものごとは国王の専断で決められた。そのため、「万人による政治」である共和政を「王のいない国」と非難した。それに対して、釈尊はヴァッジ族の民主的共和政を評価していた。仏教教団は、その七項目を教団繁栄のための準則とした。なかでも特に①を重視し、教団の運営は民主的な会議によって執行され、多数決でものごとを決定し、高潔な人格者が投票を集計し、不在者の意志表示も認められていた。

ただ、釈尊亡き後は修行者たちが堕落し、それも一変する。『テーラ・ガーター』(中村元訳『仏弟子の告白』)の第九二〇～九四八偈にはパーラーパリヤ長老の嘆きの言葉が綴られている(以下、中村元訳を引用)。

世間の主・最上の人(ブッダ)が世にましましたときには、もろもろの修行僧のふるまいは今とは異なっていた。今では(昔とは)異なっているのが認められる。(第九二一偈)

あらゆる煩悩の汚れを滅ぼし尽し、偉大な瞑想者で、大いなる利益をもたらす者であるかれら長老は、いまや亡くなってしまった。今やそのような人々は僅《わず》かである。(第九二八偈)

その結果、修行僧たちは、「腹がふくれるほどに食べ」「目が覚めると雑談をし」遊女のように装い飾り、王族のように権威的に振る舞い、「奸詐《かんさ》なる者、欺瞞《ぎまん》する者、偽証する者、放埓《ほうらつ》なる者どもであって、多くの術策を弄《ろう》して、財を受用する」――という堕落ぶりを露呈する。

かれらは会議を開催するが、それは（わざわざ）業務をつくり出すためであり、真理を実現するためではない。かれらは他人に法を説くが、それは（自分たちの）利得のためであり、（実践の）目的を達成するためではない。（第九四二偈）

このような嘆きの言葉を綴っているということは、無意義な会議には批判的で、人格と徳性の高い議員による会議がもともと重視されていたのであろう。

修行僧の堕落とともにさらに会議は形骸化する。同書の第九四九～九八〇偈に「未来における僧尼の行跡」について語ったプッサ長老の言葉がある。

未来において修行僧たちは、怒り、また怨み、自分の悪を覆い隠し、強情で、偽り、嫉妬《しっと》し、異なった言説を語る者が多くなる。そして、自分は真理を知っていると思い、「法」を軽んじて重んぜず、お互いに尊敬し合うこともなくなる。そのような修行僧たちが増えた結果、

会議に際しては、たとい徳がなくとも、巧みに言いまくる饒舌《じょうぜつ》無学の輩《やから》が有力となるであろう。（第九五五偈）

会議に際しては、たとい徳が具《そな》わり、恥を知り、欲念のない人々が、道理に従って陳述しても、力が弱いだろう。（第九五六偈）

また、軽薄で青色の衣服を纏《まと》うた者どもが現れるであろう。詐《いつわ》りの心あり、無情冷酷で、しかも弁舌巧みに交際のうまい者が、貴人のごとくに闊歩《かっぽ》するだろう。（第九五九偈）

これは、正論が軽んじられ、「巧みに言いまくる饒舌無学の輩」「弁舌巧みに交際のうまい者」の意見がまかり通るようになるということを予言したものだが、予言という形式で釈尊入滅当時の情況を語っているのである。

釈尊の滅後、立派な長老たちもこの世を去り、修行僧が堕落し、民主的な会議が内実を失い、空洞化していったことがよく分かる。会議という制度自体が善ではなく、それを実《じつ》のあるものにする努力をしなければこのような結果になるということであろう。

それにしても、出家僧たちは道を求めて出家したのではないのか？　という疑問が生じる。中村先生は、教団の収入が増大して出家者の生活が楽になると、真理の探究や求道心からではなく「われは生活のために出家した」（『仏弟子の告白』、第三一一偈）と語る出家者の存在を指摘しておられる（『原始仏教の成立』、四六一頁）。中村先生は、以上のような記録を概観して、初期の仏教教団は、参加者の真剣な実践修行と熱烈な伝道精神のゆえに、急速度に興隆発展したのであるが、教団が増大するとともに、また漸《ようや》く堕落の現象を萌《きざ》すにいたった。教団の堕落ということは、教団が発展しきって、社会的な勢力を獲得しおえた頃になって、顕著に現われ始めるものである。
（同、四四八頁）

という教訓を読み取られた。

第四十二話　釈尊の神格化

最初期の仏教では、釈尊自ら「私は一人の人間」「皆さんの善き友（善知識《ぜんちしき》）である」と語り、弟子たちも「真の人間である目覚めた人」と呼んでいた。『テーラ・ガーター』（第一八五偈）によると、釈尊も風邪を引いたし、『大パリニッバーナ経』によれば食中毒で亡くなった。生身の人間であったのだ。その釈尊が入滅すると、神格化が始まった。滅後百年を過ぎると「神々の神」「神々を超えた神」とされ、ついには「私は人間ではない。ブッダである」という言葉まで登場した。

釈尊在世のころの弟子たちは、釈尊に「君」「ゴータマさんよ」と気軽に呼びかけていた。

ところが、いわゆる小乗仏教を代表する説一切有部《せついっさいうぶ》の論書『大毘婆沙論《だいびばしゃろん》』では、「如来を長老や、ゴータマなどと呼んではならない。そんなことをすれば、長い間、諸々の激しい苦しみを受けるであろう」とされた。これは恫喝《どうかつ》ではないか。ブッダはそこまで畏《おそ》れ多いものとされるに至った（詳細は、拙著『差別の超克――原始仏教と法華経の人間観』、一五四頁を参照）。

もちろん、これは歴史的人物としての釈尊の言葉ではない。釈尊にかこつけて小乗仏教によって創作・付加されたものだ。

原始仏典の『サンユッタ・ニカーヤ』においてジャトゥカンニンという学生が、釈尊に話しかけた。彼は、釈尊のことを「〔煩悩を伏する〕勇士」「欲望を求めない人」「激流を渡った人」「眼のある人」「先生」「尊師」「智慧豊かな人」と称している。ここには、釈尊を「偉大な人間」と見ているだけで、後世の神通力を発揮するような特別な存在としては描かれていない。

最古の原始仏典では「目《ま》の当たり即時に実現される時を要しない法」と繰り返されていたが、小乗仏教において、過去の六仏を除き、未来の仏である弥勒《みろく》菩薩が如来となって出現するまでは、ブッダは釈尊一人であり、その釈尊も天文学的な時間をかけた修行（歴劫修行《りやつこうしゆぎよう》）をした結果、ブッダになったとされた。こうして、遥かな過去における釈尊の修行時代にまで想像を巡らせ、燃燈仏《ねんとうぶつ》（ディーパンカラ如来）という仏の下で遥かな過去に未来成仏の予言（授記《じゆき》）を受けたとされた。予言は受けたが、まだブッダになっていない。その釈尊を何と呼ぶか。そこで、「覚《さと》り（bodhi）を得ることが確定している人（sattva）」という意味で、ボーディサットヴァ（bodhi-sattva）、音写して菩提薩埵《ぼだいさった》（略して菩薩《ぼさつ》）という語を発明した。釈尊滅後二百年ごろのことである。

このように小乗仏教は、修行と成仏の困難さを強調して、釈尊を人間離れした存在に祀《まつ》り上げた。小乗仏教の説一切有部では、菩薩もブッダも釈尊のみであった。滅後に編纂《へんさん》された仏伝では、最古層の仏典では説かれていなかった奇跡や神通力が特に強調されるにも至る。

初転法輪《しょてんぽうりん》を経て、ブッダ・ガヤーで火の行者であったカッサパ（迦葉）三兄弟を教化したのは、「ありのままの真実に即した道理」に気づかせることによってなされていたが、後世には火に関する神通力で教化したことにされた。舎衛城郊外でバラモン教徒を教化するのに肩から炎、足元から水流を現わして教化したという表現がとられるようになる。

原始仏典では成道後も頻繁に悪魔が釈尊に近づいて誘惑するが、そのたびごとに釈尊は退けている。ところが、後世になるほど悪魔を撃退して覚りを得たブッダが悪魔の誘惑を受けるはずがないとされた。

初転法輪も古い仏典では、悪魔が説法をやめさせようとしたが、釈尊は積極的に説こうとしたとある。それなのに、後世になると釈尊が説くのをやめようとしたが、ブラフマー神の要請（梵天勧請《ぼんてんかんじょう》）を受けて説くことにしたと改められた。世界の創造神とされ、当時最有力の神格の梵天の依頼で説いたとすることによって、釈尊の説法に権威づけを行なったのである。しかし、自らの覚りを説くことでその覚りは社会化され、覚りの完成になる。そちらのほうが、思想的に深い。梵天勧請の形にしたことで、思想性が浅くなってしまった。

初めは、三十二相について記述はなかったが、「転輪聖王の具える三十二相をブッダも具える」とされ、さらに「ブッダの具える三十二相のほうが転輪聖王の具える三十二相よりも勝れている」という表現に変わった。また韻文の偈（詩句）では「ブッダが金色の衣を身に付けて輝いた」となっているのに、対応する散文では「ブッダの皮膚が輝いていた」とされ、ついには「ブッダの皮膚は黄金色である」とされるに至るのである。人の偉大さは、容貌や外見で決まるのではない。釈尊自身が言っていたように、人の振る舞い、行ないによって決まるのである。三十二相を持ち込んだことで思想的に浅薄なものになってしまった。

このように、ブッダの神格化は多面的に行なわれていった。滅後の神格化が本来の仏教を混乱させ、玉石混淆《こんこう》で分かりにくいものにしてしまっている。人間を原点に見すえて仏教を捉え直すことによって、人間の貴さや、平等、いかに生きるかといった重要なテーマに大いなるヒントが得られることであろう。〝人間ブッダ〟の実像を探究された中村元先生の研究が今こそ重大な意味を持ってくる。

第四十三話　教団の権威主義化

前回書いた〝人間ブッダ〟釈尊の神格化は、教団の権威主義化と併行してなされていった。

仏滅後百年経ったころ（紀元前三世紀）に行なわれた仏典結集《けつじゅう》の会議で、戒律緩和の是非をめぐって主張が対立し、伝統的で保守的な上座部《じょうざぶ》と、現実的で進歩的な大衆部《だいしゅぶ》に分裂した。その後も、小乗二十部と言われるまで分裂を繰り返し、部派仏教（その中で最有力であった説一《せついっ》切有部《さいうぶ》が小乗仏教と貶称《へんしょう》された）の時代に入った。

小乗は、サンスクリット語の「ヒーナヤーナ」を訳したものだが、これは「劣った乗り物」「粗末な乗り物」「打ち捨てられた乗り物」という意味である。「小乗」と呼ばれた人たちが、自分たちのことをこのような言い方で呼ぶはずはなく、「マハーヤーナ」（偉大な乗り物）と自分たちのことを呼んだ大乗仏教の徒によって付けられた貶称であった。スリランカや、東南アジアの仏教の場合は、小乗仏教と呼ぶのは適当ではなく、上座部仏教、あるいは長老仏教と呼ばれている。

それぞれの部派は、分裂・独立して後、自派の教説の正統性を権威づけるために聖典を集大成し直した。それには、自説に都合の悪い箇所を削除し、都合のよい有利な言葉を付加増広《ぞうこう》するということも行なわれたようだ（中村元著『原始仏教から大乗仏教へ』、八五頁）。

伝統的・保守的部派教団では、確固とした社会的基盤と莫大《ばくだい》な財産にものを言わせて、教義の緻密《ちみつ》な体系化がなされる一方で、権威主義的傾向を強めていった。それは、出家中心主義、隠遁《いんとん》的な僧院仏教という特徴として表面化してくる。出家して比丘《びく》となり、戒律を守り、厳しい修行をする。在家と出家の違いを厳しくして、出家を前提とした教理体系や修行形態を築き上げ、僧院の奥深くにこもって、禁欲生活に専念し、煩瑣《はんさ》な教理の研究と、修行に明け暮れた。その修行も、他人の救済（para-artha、利他《りた》）よりも自己の修行の完成（sva-artha、自利《じり》）を目指したものであった。ついには独善的、高踏的な態度になり、民衆と遊離してしまった。

部派仏教の中でも、特にカシュミールやガンダーラを中心に西北インドで最有力だったのが説一切有部であった。小乗仏教は、『大智度論《だいちどろん》』によれば、毘婆沙師《びばしゃし》、すなわち『大毘婆沙論《だいびばしゃろん》』を信奉する説一切有部のことだとされる。説一切有部は、西北インドのカシュミールやガンダーラを中心に繁栄した。物資の豊かなカシュミールに拠点を置いていたことが、法《ダルマ》の研究であるアビダルマ教学の精緻《せいち》な体系を確立することを可能にしたと言えよう。

説一切有部に代表される部派仏教教団は、釈尊を人間からほど遠いものに神格化するとともに、成仏《じょうぶつ》の困難さを強調した。さらに、出家者の修行の困難さも強調した。ということは、翻《ひるがえ》って在家には及びもつかないものだと言いたかったわけである。

また、出家者は、歴劫修行《りゃっこうしゅぎょう》と言って、遥かな時間にわたって何度も生まれ変わり、大変な修行を重ねて初めてブッダに近づくことができる。しかし、近づくだけでブッダにはなれない、阿羅漢《あらかん》止まりとされた。ところが、在家は阿羅漢にすらなれない。女性は、女性であること自体で成仏もできないと決めつけられた。

しかも、仏弟子（声聞《しょうもん》）から在家と女性が排除され、男性出家者に限定された。釈尊を神格化することで、在家や女性を成仏の対象外とし、男性出家者のみがブッダに準ずる阿羅漢に至ることができるとして、在家や女性の及びもつかないものとした。それは、釈尊の威厳を借りて男性出家者自らを権威づけるもので、「虎の威を借る狐《きつね》」の故事そのままではないかと思えてくる。これは、原始仏教で説かれていた平等思想と全く逆のことである。

第四十四話　莫大な布施と蓄財

二〇一五年に、社会学者の橋爪大三郎氏（東京工業大学名誉教授）と『法華経』について三回で計十五時間以上に及ぶ過酷な対談をし、『ほんとうの法華経』（ちくま新書）を出版した。『法華経』の第一章を論じている時、「自分の妻子を布施《ふせ》するのはやりすぎじゃないか？」と追及された。それは、『法華経』編纂《へんさん》当時（紀元一世紀末～三世紀初頭）の仏教界の現状を描写した箇所で、『法華経』が妻子の布施を推奨しているのではないと説明した。

そして、「紀元前二世紀に既に橋爪先生と同じように疑問を抱いた人がいます」と言うと、「だれですか？」と興味を示された。それは、アフガニスタンやインド北部を支配していたギリシア人のミリンダ（弥蘭陀《みらんだ》、ギリシア名＝メナンドロス）王である。この王が同様の疑問をぶつけ、対談相手の仏教僧ナーガセーナ（那先《なせん》）が、妻子の布施は「全知者の智慧《ちえ》の獲得のため」などと理解に苦しむ返答をした（『ミリンダ王の問い』）。妻子までも布施することを美談として布施を煽《あお》っていたのだ（詳細は、『ほんとうの法華経』、八四～八九頁を参照）。
伝統的・保守的な部派仏教（小乗仏教）は、社会の上層階級の支援のみを当てにして、精舎《しょうじゃ》やストゥーパ（仏塔）の建立、教団やストゥーパへの莫大《ばくだい》な富の布施は功徳が大きいと言って奨励した。王侯・貴族・大地主から広大な土地を寄進された。それは寺院の荘園《しょうえん》となり、王の官吏たちも立ち入ることができなかった。

その理由を中村元先生が挙げておられる。チャンドラグプタ二世という帝王が教団に土地を寄進した文書に、「この土地を犯す者があるならば、牛やバラモン殺しと同じ罪になる」とある。一般民衆が仏教寺院の土地を大切にしたのは、仏教に対する信仰からではなかったのだ。バラモン教を奉ずる人たちにとって最も重罪とされていた「牛殺し」「バラモン殺し」と同じ罪になることを恐れたからだった（中村元著『インド史Ⅲ』、五五二頁）。

伝統的・保守的な仏教教団は、ローマ帝国などと海外貿易を手掛ける豪商から莫大な金銭の寄進を受けていた。寄進されても、出家者が金銭等に手を触れることは禁じられていた。そこで、〝浄法《じょうほう》〟という人を食った名前の抜け道を巧妙に考案した。金銭等に直接手を触れなければいいと、在家の財産管理人を雇ったのだ。寄進された土地や現金は、教団が運用した。その土地を農民に貸して小作料を取った。説一切有部《せついっさいうぶ》では、「利子を取って金貸しをやっているあいつらは出家者じゃない」という批判を受けて、出家者が利子を取って貸付することを禁止していたが、徐々になし崩しにされていって、商人の組合に貸し付けて利子を取った。こうして西暦紀元前後には、教団自体が大地主・大資本家と化していた（同、一九〇頁）。

その正当化のために、生存しているはずのない釈尊が語ったかのようにして、「僧伽《そうぎゃ》（教団）のためには利潤を求むべし」という条項を律《りつ》（出家者の守るべき規則）に盛り込んだ。釈尊の名前をかたり、権威を借りて、都合よく規則（戒律）を改変したのだ。釈尊を祀《まつ》り上げ、名前をかたって、釈尊が説いていたことの内実を骨抜きにした。

出家者たちが大寺院の中に住んで瞑想に明け暮れ、煩瑣《はんさ》な教理の研究に没頭して、悩める民衆のことを考えなくなってしまった背景にはこうした事情もあったのである。紀元前後に登場する大乗仏教から、「小乗」と呼ばれるに至る理由はこうした点にあった。

神格化したブッダの権威を借りて、ストゥーパ信仰、聖地崇拝を宣揚し、莫大な布施を奨励し、その一方で金融業まがいの活動を展開し、莫大な財産を貯め込んだ。利己的・独善的な態度に陥り、一般民衆のことなど眼中になかったのも当然のことであった。

教団の繁栄は、資産家たちの財力によるところが大であった。それもローマ帝国の没落（四七六年）とともに、資産家たちも没落し、教団も衰退することになる。

第四十五話　大乗の〝差別思想〟

カシュミール、ガンダーラ辺りで最も優勢を誇っていた説一切有部を代表とする伝統的・保守的部派仏教の実態を見てきた。それは原始仏教で釈尊が説いていたこととは全くと言っていいほど真逆のことであった。紀元前後ごろ、その教団をヒーナヤーナ（打ち捨てられた乗り物／貧弱な乗り物）と批判し、自らをマハーヤーナ（偉大な乗り物）と称するグループが現われた。それぞれ、小乗と大乗と漢訳された。

小乗仏教は、莫大《ばくだい》な財産にものを言わせて、大乗仏教も無視できないほど精緻《せいち》に体系化した教理を築き上げていた。それは行きすぎると、庶民の生活とかけ離れた煩瑣《はんさ》哲学となり、自利《じり》のみを求め在家や女性を低く見なすという問題点もあった。釈尊の本来の精神を見失って保守化し、権威主義と形式主義に陥ってしまった面もあった。大乗仏教はそうした点を「小乗」と批判し、いわば「原始仏教に還《かえ》れ！」という復興（ルネッサンス）運動を展開した。その運動で最も重要なことは、①利他行の実践と、②平等思想の復権――であった。

大乗仏教は、仏の説かれた教え（声）を仏弟子（サンスクリット語でśrāvaka、声聞《しょうもん》）として学ぶ（聞く）のみの小乗仏教の自利の修行に飽き足りず、釈尊と同じく菩薩の自覚に立って人々に対して利他行を貫いてブッダ（目覚めた人）となることを理想とした。

また小乗が、在家は阿羅漢《あらかん》に到《いた》れない（在家非阿羅漢論）とか、女性は穢《けが》れていて成仏《じょうぶつ》できない（女人不成仏《にょにんふじょうぶつ》）――と差別していたのに対して、大乗は独自の菩薩《ぼさつ》思想を打ち出して平等思想を主張した。小乗仏教が使い始めた「覚《さと》り（bodhi）が確定している人（sattva）」という意味の菩薩（bodhi-sattva）という言葉を、大乗仏教は「覚り（bodhi）を求める人（sattva）」という意味に塗り替えた。あるいは、発菩提心《ほつぼだいしん》（bodhi-citta-utpāda）、略して発心《ほっしん》と言って「無上の菩提（覚り）を求める心（bodhi-citta）を発《おこ》す人」はだれでも菩薩（bodhi-sattva）であると説いた。そこにおいては、当然のように男女が区別されることはなかったのだから、その革新性が注目されよう。それは、小乗仏教で釈尊のみに限定されていた菩薩をすべての人に開放したことを意味する。自ら衆生救済を請願して仏道を志し、利他行を貫く人であれば、在家・出家、男・女を問わず、すべて菩薩とした。これは、原始仏教の平等思想に照らしても釈尊の本意にかなったことであった。

その大乗仏教運動の先駆けが『般若経《はんにゃきょう》』『維摩経《ゆいまきょう》』であった。それは空《くう》の思想の徹底した展開であったが、小乗の男性出家者である声聞・独覚《どっかく》の二種（二乗《にじょう》）に対する批判を伴っていた。二乗は「炒《い》れる種子《たね》」、あるいは「敗種《はいしゅ》」、すなわち成仏のための種子が腐敗していて成仏の芽が出てこないとして二乗不作仏《ふさぶつ》（二乗は仏に作《な》れない）と断じた。

『維摩経』も、智慧第一の舎利弗《しゃりほつ》をはじめとする十大弟子たちが、在家の菩薩である維摩詰《ゆいまきつ》から反論の余地なくやり込められる場面が描かれていて、声聞・独覚の二乗を弾呵《だんか》、否定している。「在家非阿羅漢論」「女人不成仏」を説いて在家や女性を成仏の対象から除外したのが小乗の差別思想だとするならば、「二乗不作仏」を説いて声聞・独覚を排除する主張は、大乗の差別思想だと言えよう。

第五章　大乗仏教による原点回帰

第四十六話　在家の復権

釈尊の存命中は、在家であれ、出家であれ、男女の区別なくすべてが声聞《しょうもん》（パーリ語でsāvaka, sāvikā）、すなわち〝仏弟子〟とされていた。最古の原始仏典『スッタニパータ』の第一三四偈《げ》で釈尊《しゃくそん》は、「目覚めた人（ブッダ）を謗《そし》り、あるいはその〔ブッダの〕**遍歴行者や在家の仏弟子**を謗る人、その人を賤《いや》しい人であると知りなさい」と語っている。出家の遍歴行者と在家者が、等しく「〔ブッダの〕教え（声）を聞く人」、すなわち〝仏弟子〟と称されている。それは、「声聞」と漢訳されたが、本来は在家と出家をともに含んでいた。

第八九偈では、「ずうずうしくて、傲慢《ごうまん》で、しかも偽りをたくらみ、自制心がなく、おしゃべりでありながら、いかにも誓戒を守っているかのごとく、真面目そうに振る舞う出家修行者」のことを「道を汚す者」と述べた上で、第九〇偈において釈尊は「**智慧を具えた聖なる仏弟子である在家者**は、彼ら（道を汚す出家者）のことを洞察していて、『彼らは、すべてそのようなものだ』と知っているので、そのような〔姿〕を見ても、その人は信仰を見失うことはないのだ」と論じている。

「道を汚す」出家者に対して、「智慧を具えた聖なる仏弟子である在家者」の比較がなされている。この表現に在家を軽んずる姿勢は全く感じられない。

ところが釈尊滅後、小乗仏教の時代になると、出家者たちが在家と女性を〝仏弟子〟（声聞）から排除してしまったことは、第四十三話「教団の権威主義化」で述べた通りである。

小乗仏教と貶称《へんしょう》された説一切有部《せついっさいうぶ》では、釈尊は神格化され、「覚り（bodhi）を得ることが確定している人（sattva）」という意味で菩提薩埵《ぼだいさった》（bodhi-sattva）、略して菩薩《ぼさつ》という語を使用し始めたが、それは釈尊のみのことであり、天文学的な時間をかけて修行した結果、ブッダになったとされた。

それとともに、仏の十号（十種類の名前）の一つであった阿羅漢《あらかん》を格下げし、声聞、すなわち小乗仏教の出家者は、何度も何度も生まれ変わって修行して、段階的に位を上り詰めていって初めて、彼らにとって最高の阿羅漢の位に到る。けれども決してブッダにはなれないとされた。ブッダの別称であった阿羅漢が、ここで格下げされてしまった。

そこにおいて、在家はどんなに徳があり、どんなに学識があっても阿羅漢にすらなれない。女性は穢《けが》れていて、女性であること自体で成仏もできない（女人不成仏《にょにんふじょうぶつ》）という主張がなされていくのである。

こうした傾向の中で、在家の聖者と、難行の実修者たる出家者との優劣について議論が展開された。この議論は、「在家非阿羅漢」論とも言うべきもので、大乗仏教興起の少し前（紀元前二世紀後半）に著わされた『ミリンダ王の問い』などにおいて議論されている。西北インドを支配していたギリシア人の王ミリンダ（弥蘭陀《みらんだ》）が、在家と出家の格差はないと主張する。

これに対してインド人の僧ナーガセーナ（那先《なせん》）は、在家も阿羅漢に達することができるとしながらも、到達した後には二つの前途しかないと答える。その日のうちに出家するか、その日のうちに死を遂げるかのいずれかであるというのだ。「何でそうなの？」という疑問を禁じえないが、原理的には可能としながらも、実質的には「在家の阿羅漢」を否定していると言えよう。さらには、在家のままで真理を覚り阿羅漢果の一つ前の不還果《ふげんか》に達した者が数知れず存在するのであるから、出家者の頭陀行《ずだぎょう》は不必要ではないかと迫った。これに対してナーガセーナは、在家のままで真実・第一義の涅槃《ねはん》を実証する者は、すべて前生において十三の頭陀の功徳を実修していたからだと答える。この答えも、いかにも幼稚な論法だが、教団維持のためか、ナーガセーナは一貫して「出家者こそ、道の人（沙門《しゃもん》）という地位の主であり、長である」と言い張る。ここに、在家に対する出家の優位を図ろうとした当時の様子をうかがうことができる。（詳細は拙著『差別の超克――原始仏教と法華経の人間観』第四章を参照）。

　それに対して、紀元前後に興起した大乗仏教は、仏の説かれた教えを声聞として学ぶのみの小乗仏教の自利《じり》の修行に飽き足りず、ブッダと同じく菩薩行を修してブッダの覚りを得ること、人々に対して利他行を貫くことを理想とした。「覚りを得ることが確定している人」という意味で小乗仏教が使っていた菩薩という言葉を、大乗仏教は「覚り（bodhi）を求める人（sattva）」と読み替え、覚りを求める者はだれでも菩薩であり、菩薩乗によってだれでもブッダの智慧《ちえ》を得ることができると主張した。

その大乗仏教運動の先駆けが『般若経《はんにゃきょう》』編纂者《へんさんしゃ》たちによってなされた。それは「空《くう》」の思想の徹底した展開であり、小乗仏教の男性出家者である声聞、独覚《どっかく》の二種（二乗《にじょう》）に対する批判を伴っていた。二乗は「炒《い》れる種子《たね》」であり成仏のための種子が損じられているとして、「二乗不作仏《ふさぶつ》」（二乗は仏に作《な》れない）と弾呵《だんか》し、否定した。ここでは、小乗仏教の二乗に対して、大乗仏教の菩薩の在り方が理想とされた。『般若経』に続いて一世紀から二世紀にかけて成立する『維摩経《ゆいまきょう》』は、在家の菩薩ヴィマラキールティ（維摩詰《ゆいまきつ》）が主人公で、智慧第一とされたシャーリプトラ（舎利弗）をはじめとする出家の十大弟子たちを、ぐうの音も出ないほどにやり込めてしまう場面は圧巻である。

ここに、〝仏弟子〟から在家や女性を排除するという小乗仏教による仏教用語のすり替えの一例を見たが、こうした改竄《かいざん》は小乗仏教によってしばしば行なわれたようだ。その例を「十大弟子」にも見ることができる。この『維摩経』でもそうだが、中国、日本では男性出家者の「十大弟子」しか知られていない。

ところが、後期の原始仏典『アングッタラ・ニカーヤ』には、男性出家者だけでなく、智慧第一、神通第一、説法第一といった女性出家者の名前が挙げられていた。在家の男性では、説法第一としてチッタという資産家の名前を見ることができるし、在家の女性では、禅定《ぜんじょう》第一としてナンダの母ウッタラーという名前も挙がっている。慈心《じしん》第一のシャマヴァティー、多聞《たもん》第一のウッタラーの名前を挙げる原始仏典もある。それなのに小乗仏教では、女性と在家の代表的仏弟子たちの名前は削除された。
仏典にチッタという資産家が説法第一と記されているということは、教団がそれを公認していたことであり、説法は在家者がしてもかまわなかったということを意味する。この点について中村元先生は、「仏教の性格を知るためにも重要」(『原始仏教の生活倫理』、六一八頁)なことだと言われた。資産家チッタは、『維摩経』の主人公ヴィマラキールティのモデルになった人だと言われている。在家の復権としては最も適切なモデルである。『維摩経』と並んで在家主義を示す『勝鬘経《しょうまんきょう》』も編纂された。それは、シュリーマーラー(勝鬘《しょうまん》)夫人という在家の女性が説法(獅子吼《ししく》)して、それを釈尊が認可するという形式を取っている。

こうした在家の復権においては、当然のように出家の意義も問われてくる。小乗仏教の出家者たちは、ひとり自《みず》から身を高く持し、その態度は独善的・高踏的で、人里離れて巨大な僧院に居住し、静かに瞑想し、坐禅を修し、煩瑣《はんさ》な教理研究に従事し、自分自身だけの解脱を目指していた。

そのような情況の中で『郁伽長者所問経《いくがちょうじゃしょもんきょう》』という経典が編纂された。それは、ウグラ(郁伽)という在家の資産家が、在家の菩薩と、出家の菩薩はどうあるべきかを問い、釈尊がそれに答えるという形式を取っている。それぞれについて詳細な説明がなされた上で、出家の菩薩のほうが勝れていると結論される。ところが、その説明を聞いて最終的に、ウグラは、在家にとどまって出家の道を学ぶ者という在り方を選択した。それに対して釈尊は次のように讃嘆した。

このウグラ居士《こじ》は家庭にあって、いまこの賢劫《げんごう》のあいだに、まことに多くの衆生を教化して成熟させるであろう。出家の菩薩は百・千劫のあいだにもそのようにはなしえない。それはなぜかといえば、アーナンダよ、こうしてこの居士がもつほどの徳性は、千人の出家の菩薩でもそれをもたないからである。

（長尾雅人《ながおがじん》・桜部建訳『宝積部経典』、大乗仏典・インド編9、三一〇頁）

また『維摩経』では、出家することを両親が許してくれないという者に対して、ヴィマラキールティは、必ずしも出家という形式にとらわれる必要はないと述べる。

この上ない正しく完全な覚り（無上等正覚《むじょうとうしょうがく》）に向けて心を発《おこ》し、修行によって完成するがよい。あなたたちにとって、それこそが出家することであり、それが具足戒《ぐそくかい》を受けること（受戒《じゅかい》）であろう。

（植木訳『サンスクリット版全訳　維摩経　現代語訳』、一二三頁）

これは、それまでの出家の在り方を根本から覆すものである。受戒の儀式や、頭を丸め、袈《け》裟《さ》を着るという形式よりも、「この上ない正しく完全な覚りに向けて心を発《おこ》」すことこそが本質的に重要なことだというのだ。

大乗仏教とは、在家の復権を目指して新しく民衆の間から興った宗教運動という側面を持つ。家庭を捨てず、家に在って、世俗の職業に従事しつつ、そこに仏教の精神を活かしていこうという運動であった。その代表的な経典が『維摩経』であった。

理想の境涯は、われわれの迷いの生活を離れては存在しえない。現実の人間生活を通じて実現されるものである。中村先生は、「この立場を徹底させると、ついに出家の生活を否定して、在家の、世俗のなかに仏教の理想を実現しようとする動きになります」（中村元著『「維摩経」「勝鬘経」』、一五頁）と、在家主義の必然性を論じておられる。

以上のことを念頭に置いて原始仏典を読み直してみると、『マッジマ・ニカーヤ』の第一巻と第二巻にはそれぞれ次の言葉がある。

あたかもガンジス河が海にむかって流れているように、在家者でも出家者でもニルヴァーナに向かっている。

（中村元訳）

わたくしは、在家者でも出家者でも邪《あやま》った行ないを称讃しません。なぜかというと在家者でも出家者でも邪った行ないをするなら、その邪った行ないによって、正しい道理・善い特性を具現しないからです。わたくしは、在家者でも出家者でも正しい行ない（sammāpatipatti）を称讃します。なぜかというと、在家者でも出家者でも正しい行ないを

するならば、その正しい行ないによって、正しい道理・善の特性を具現するからです。（同）

中村先生は、「この見解によるならば、人間は正しい行ないを実行すればよいのであって、出家者であろうと在家者であろうと、どちらでもよいというのである」（『原始仏教の生活倫理』、六八六頁）と述べておられる。人間としていかに生きるのかということこそが重要であって、出家か在家かということは、原始仏教のころから究極的には本質的な問題ではなかったということである。

第四十七話　維摩詰の平和行動

中村元先生は、『維摩経』について次のように結論づけておられる。

理想の境地をめざす動き、空《くう》の実践ということは慈悲行となってあらわれますが、それは現実の人間生活を通じて実現されるものです。この立場を徹底させると、ついに出家の生活を否定して、在家の、世俗の生活のなかに仏教の理想を実現しようとする動きになり

ます。それが『維摩経』のなかに説かれているのです。（『「維摩経」「勝鬘経」』、一五頁）

「空《くう》」という否定的側面が強調されて、現実との関わりが弱いと考えられてきたように思われるが、決してそうではない。『維摩経』では、「空」という否定を経て積極的、かつ肯定的に現実へと帰ってくるのである。「空」は西洋哲学で言う「無」や「虚無」ではない。ニヒリズムとは似て非なるものである。

「空」はシューニャ（śūnya）を漢訳したものだが、『維摩経』では、①何もないということではなく、有限と無限の対立を超えているということ、②不変の実体は存在しないということ、③執着心を離れて、心のとらわれがないこと――といった意味で用いられている。

「空」の思想に立つがゆえに、ものごとにとらわれない。ものごとにとらわれないがゆえに心が自由である。心が自由であるがゆえに行動も自由、だから菩薩の自由自在の実践、行動が可能となる。

「空」に通達して我執《がしゅう》にとらわれない、「菩薩の智慧」に基づいているがゆえに、あえて「六道輪廻《ろくどうりんね》」の迷いの世界に生まれてきて、それに束縛されることなく、衆生に利益をもたらすための活動に専心することができる。

『維摩経』の主人公であるヴィマラキールティ（維摩詰《ゆいまきつ》）は、「賭博《とばく》を行なう家」や「娼婦《しょうふ》の館《やかた》」「酒を売る館」をはじめとするあらゆる誘惑に満ちた場所にも自在に出入りしている。それでも、「空」に通達しているので、それに染まることなく、人々を正しい道へと導いていける。『維摩経』では、その菩薩の積極的で具体的な利他の行動が列挙される。疫病、飢饉《ききん》、戦争などの現実問題に対して、坐して瞑想に耽《ふけ》るのではなく、行動に立ち上がる菩薩像が綴られている。衆生の安寧のためには、村長や、隊商の隊長、祭官、首相、大臣などの社会的リーダーとなって行動することもあるという。

その中でも特に、戦争の際の行動は目を見張るばかりだ。植木訳『サンスクリット版全訳維摩経　現代語訳』第七章第二七偈（二六五頁）に次の一節が出てくる。

大戦争の真っただ中にあって、それら〔の菩薩たち〕は、〔いずれの側にも〕中立の立場に立っていて、大いなる力を有する菩薩たちは、和平の締結を目指すのである。

大戦争の真っただ中にあっては、菩薩は中立の立場に立って和平の締結を目指すという。中立の思想には、スイスのように紛争の当事国とは一線を画して、いずれとも関わらないというものと、当事国のいずれの側にも加担しないが、積極的に当事国に働きかけて仲裁・調停役を果たす国際連合のようなものの二種類がある。『維摩経』のサンスクリット写本から読み取れる菩薩思想は後者である。

チベット語訳は、

大戦争が起こった中にあって、彼らはどの勢力にも中立であるだろう。大きな力を備えたものである菩薩たちは、仲裁され、共に集うことを好むのだ。

となっており、その現代語訳である長尾雅人・丹治昭義訳『維摩経・首楞厳三昧経』（中央公論社）は、

大戦争を（和解に）導くさなかにあっては、彼らはいずれの側にも平等（中立）である。大力を有する菩薩たちは、和平が実現し、ともに結ばれることを喜びとするから。

（第七章第二七偈）

となっている。チベット語訳の「仲裁され、共に集うことを好む」と、その現代語訳である中央公論社版の「和平が実現し、ともに結ばれることを喜びとする」は、自ら積極的に行動するというよりも、他人任せの傍観者的な感がある。

それに対して、鳩摩羅什《くまらじゅう》訳は、

若《も》し大戦陣有らば、之《これ》を立つるに等力《とうりき》を以《もっ》てし、菩薩は威勢を現じて降伏《ごうぶく》して和安《わあん》なら

しむ。

玄奘《げんじょう》訳は、

能《よ》く大戦陣に於《お》いて、力を朋党《ほうとう》に示現《じげん》し、往復して和好《わこう》ならしめ、菩提心《ぼだいしん》を勧発《かんぼつ》す。

となっている。

玄奘訳では「往復して和好ならしめ」とあるように、当事者のところを行き来して「和好ならしめ」る行動が読み取れる。さらに鳩摩羅什訳では「威勢を現じて降伏して和安ならしむ」と、積極的に和平のために行動するという意味合いが出ている。ただ、玄奘訳の場合のみが「菩提心を勧発す」というように、宗教的な結末になっている点が異なっている。

チベットで発見されたサンスクリット語の貝葉《ばいよう》（棕櫚《しゅろ》の葉）写本は、調停の具体的内容として「和平の締結を目指す」として、積極的な平和行動に取り組むことを述べていることが注目される。

原始仏典から帰結されることは、仏教は本来、平和主義的性格であり、国王に対しては戦争の放棄を勧めるものであった（中村元著『原始仏教の社会思想』第六章を参照）。

第四十八話　白蓮華のシンボリズム

猛暑の時間帯を前にした早朝、蓮池のほとりを訪れると蓮の華の清らかさがいっそう清涼感を添えてくれる。至福のひと時だ。少年時代、島原城のお堀で魚釣りをしていて、蓮の実を食べたり、にわか雨が降ってくれば、蓮の葉を茎から折って傘の代わりに差したりしたものだった。

その蓮を詠《よ》んだ歌が、『万葉集』には四首登場する。その一つを挙げると、

ひさかたの雨も降らぬか蓮葉《はちすば》に溜《た》まれる水の玉に似たる見む　　詠み人知らず

意味は、「雨が降ってこないかなあ。蓮の葉にたまった水が玉のようになっているところを見たいものだ」。これはハスの葉の表面に生えた〇・〇一ミリの毛の撥水《はっすい》作用のことを歌ったもので、この性質はインドでも「蓮華不染《れんげふぜん》」として重視された。しかし、ここは葉の上で光を反射しながら転がる水玉の美しさと、不思議さを素朴に歌ったもので、仏教とは関係ない。

平安以後も、『枕草子』に「蓮《はちす》は、万《よろ》づの草よりも、すぐれてめでたし」とあり、『徒然草《つれづれぐさ》』には「家にありたき」植物として「草は、山吹・藤・杜若《かきつばた》・撫子《なでしこ》。池には、蓮」と、讃嘆された。

ところが蓮華は、いつしか縁起の悪いものとされた。阿弥陀《あみだ》如来の極楽浄土には種々の色の蓮華が咲いているとあることからか、蓮は死と結びつけられ、暗いイメージが与えられた。室町時代中期以降は、生け花の世界から忌み嫌われた。インド人の生活習慣で〝最も善い寝方〟とされている「北枕《きたまくら》」を、『涅槃経《ねはんきよう》』を読んだ日本人が死と結びつけて縁起が悪い寝方としてしまったのと同様、仏教にからむ文化的誤解の結果である。

炎暑の国インドでは涼しい水辺は快適さをもたらす理想の場であり、その水面に咲く蓮華は熱悩の苦を離れた理想の境地を象徴するものであった。

インドでは、汚泥《おでい》の中から生じて、それに染められず清浄な華を咲かせるという特徴が注目され、「如蓮華在水」（蓮華の水に在るが如《ごと》し）、「蓮華不染」（蓮華は〔泥水に〕染まらず）という言葉が生まれた。インドでは、今日でもめでたい華とされ、結婚式に持参する人も多い。日本であれば「縁起でもない」と怒られるに違いない。

インドで「蓮華」と称されるものは主に、パドマ（紅蓮華《ぐれんげ》）、ウトパラ（青スイレン）、クムダ（白スイレン）、プンダリーカ（白蓮華《びやくれんげ》）の四つが挙げられ、いずれも勝れた華とされる。この四つが列挙される時は、初めの三つは順不同でも、プンダリーカは、決まって最後に挙げられるほど格別である。

仏典で「如蓮華在水」を言う時も、ヨーガ行者や、仏弟子、菩薩に関する時はパドマが用いられ、プンダリーカはブッダ、釈尊に関して述べる場合に限って用いられる。このようにプンダリーカは、勝れた蓮華の中でも「最も勝れたもの」を意味している。

そのプンダリーカが経典名にも用いられている。『妙法蓮華経《みょうほうれんげきょう》』（略して『法華経《ほけきょう》』）の原名サッダルマ・プンダリーカ・スートラである。サッダルマが「正しい教え（正法《しょうほう》）」、プンダリーカが「白蓮華」、スートラが「経」に相当する。竺法護《じくほうご》は語順に忠実に、「正法白蓮華経」を略した「正法華経《しょうほけきょう》」と漢訳した。鳩摩羅什《くまらじゅう》は「妙法蓮華経」と漢訳した。「正」と「妙」の訳し方の是非が種々に論議された。

しかし、二千五百年前にサンスクリット文法を集大成したパーニニの規定では、「プンダリーカは複合語の後ろに来て、前にある語を譬喩《ひゆ》的に修飾する」とある。ということは、サッダルマ（正しい教え）とプンダリーカ（白蓮華）の複合語は「白蓮華のような正しい教え」となり、両者に共通する性質として「最も勝れた」という意味を加味して、「白蓮華のように最も勝れた正しい教え」が本意なのである。鳩摩羅什は、その「最も勝れた」と「正しい」という意味を合わせて「妙」と漢訳した。「ヴァラ」（最も勝れた）と「プラヴァー」（光明）の複合語「ヴァラ・プラヴァ」という菩薩の名前を「妙光《みょうこう》」と漢訳しているように鳩摩羅什は、「最も勝れた」を「妙」と漢訳していることも指摘しておかねばならない。

これまで、パーニニの文法をご存じなかったためか、サッダルマ・プンダリーカ・スートラを語順通りに訳しただけの竺法護訳が正しいと主張する学者もあったが、鳩摩羅什の訳はサンスクリット文法に最も忠実で〝絶妙〟な訳であったのだ。

これまで六十年近く、坂本幸男・岩本裕《ゆたか》訳注『法華経』（岩波文庫）の岩本訳「正しい教えの白蓮」がまかり通り、定着してしまった感があるが、これはサンスクリット文法に照らしても、英・独・仏文法に照らしても、国文法に照らしても誤りである（詳細は、拙著『思想としての法華経』第二章を参照）。

世界に幅広く生息する蓮だが、その清浄さを愛でることは変わらない。二千年前の種子から芽生えた古代蓮の里・行田《ぎょうだ》（埼玉県）の蓮沼に立ち、その悠久さをしのびながら、蓮華の名誉回復を願っている。

第四十九話　『法華経』の平等思想

保守・権威主義的な小乗仏教は、在家や女性を阿羅漢《あらかん》（最高の覚《さと》りを得た人）に到れないとか、成仏《じょうぶつ》できないと決めつけた。大乗は、覚りを求める人はだれでも菩薩《ぼさつ》であるとしてあらゆる人に覚りの道を開いたが、小乗の出家者である声聞《しょうもん》と独覚《どっかく》（二乗《にじょう》）だけは成仏できないと主張した。

いずれも、特定の人を成仏から除外していて、小乗と大乗のいずれにも差別思想が見られる。この対立を止揚《しよう》して、あらゆる人が成仏可能とする普遍的な平等思想を回復することが『法華《ほけ》経《きょう》』に課された思想的課題であった。それは、大乗仏教が二乗の不成仏を強調していたので、冒頭から二乗の成仏をテーマとして話が展開された。

ところが、第二章方便品《ほうべんぼん》（第二）の冒頭で釈尊は、声聞を代表するシャーリプトラ（舎利弗）に告げた。


ブッダの智慧は、深遠で、見難く、知り難いもので、一切の声聞や、独覚によっても理解し難いものである。（植木訳『サンスクリット版縮訳　法華経　現代語訳』、三七頁）

これを見て、「『法華経』は声聞と独覚の二乗を否定している」と言う人がいた。もしも、それが否定であれば、その後に不退転の菩薩も理解できないとあるのだから、声聞・独覚・菩薩の三乗を否定していると言わねばならない。果たして『法華経』は、その三者を否定しているのだろうか？

そのような疑問を残したまま方便品のストーリーが進行し、釈尊は、如来がこの世に出現する理由を「ただ一つの大きな仕事」をなすためだと語る。それは、「衆生を如来の知見《ちけん》によって教化《きょうけ》する」ということだ。すなわち、衆生に①如来の知見を開示し、②如来の知見に入らせ、③如来の知見を覚らせ、④如来の知見の道《どう》に入らせるためだという。すなわち、二乗も含んだ一切衆生を成仏させることが究極の目的だというのだ。

さらに釈尊は、次のように語る。

それらのブッダたちの法を聞いて、一人でさえもブッダにならないということは決してないのだ。

（同、四四頁）

それこそが、「如来の誓願」だという。これは、仏教が人間を差別するためではなく、あらゆる人の平等が説かれた原始仏教で当然であったことを改めて確認したものだ。

以上の話を踏まえて釈尊は、第二章の最後で「私にとって、この世に声聞〔と言われる人〕はだれ一人として存在しないのだ」と告げた。なぜなら、釈尊から見れば人間は平等であり、声聞と言われている人も菩薩であるからだ。その「秘要の教え」をすべての声聞も菩薩も受持するべきだと諭した（同、四七頁）。

小乗仏教の出家者である声聞は、菩薩とブッダになれるのは釈尊のみと主張していた。大乗仏教の菩薩たちは、二乗が菩薩とも成仏とも無縁のものと断定していた。「声聞と言われる人はだれ一人として存在しない」という釈尊の「秘要の教え」は、二乗や菩薩の主張していたこととは全く逆のことである。だから、冒頭で「理解し難い」と言ったのである。

それは、「あなたは無知だ。理解できない」と言われたのに似ている。一見、否定されたように思える。ところが、理解できない内容が、「あなたがいかに優秀で才能があるか」ということであれば、誉《ほ》めていることになる。その論法によって、二乗を菩薩の自覚に立たせ、菩薩には二乗を排除することなく二乗も菩薩であると認めさせている。菩薩は、人間の平等を理解してこそ〝真の菩薩〟と言えよう。こうして法華経は、大乗仏教で成仏から除外されていた二乗を菩薩に、菩薩を〝真の菩薩〟へと止揚《しよう》して、小乗仏教と大乗仏教の対立を乗り越え、あらゆる人の平等を説く本来の仏教の原点に還ろうとしたのである。

『法華経』という経典名には「ボーディサットヴァ・アヴァヴァーダ」(bodhisattva-avavāda)という修飾語が必ずついている。私は、これを「菩薩のための教え」と訳した。第三章譬喩品《ひゆぼん》(第三)には、「菩薩のための教え」である『法華経』を「声聞たちに説き明かす」(同、五七頁)とあり、「菩薩のための教え」をなぜ「声聞たちに」説くのだろうかと疑問に思ったこともあった。しかし、「菩薩のための教え」は、〈二乗に菩薩の自覚をもたらすための教え〉と〈菩薩を〝真の菩薩〟たらしめるための教え〉の掛詞《かけことば》で、声聞を菩薩へ、菩薩を〝真の菩薩へ〟と二段階の止揚を意図する言葉であったのだ。

インド仏教史の渦中にあって二〜三世紀ごろの仏教学者・ナーガールジュナ(龍樹《りゅうじゅ》)は、『般若経《はんにゃきょう》』の注釈書『大智度論《だいちどろん》』で『法華経』を何度も引用して、二乗作仏《さぶつ》を説く『法華経』のほうが『般若経』よりも勝れていると書いた。四〜五世紀ごろの大学者・ヴァスバンドゥ(世親《せしん》)も、『法華論』において『法華経』の平等思想を評価した。

『法華経』の平等思想は、声聞と独覚の二乗からさらに広げて、第十一章宝塔品(提婆達多品《だいばだったぼん》第十二）において悪人と女性の名誉回復にも向けられる。

第五十話　声聞の名誉回復

前回、「菩薩のための教え」が掛詞になっていて、声聞《しょうもん》の止揚がなされていたと書いた。『法華経』では、さらに如来が世間に出現する究極の目的が、一切衆生に仏知見《ぶっちけん》を開き、示し、覚らせ、入らせるということであったことを明かし、「三車火宅《さんしゃかたく》の譬《たと》え」を説いた。

それを聞いて、マハー・カーシャパ（摩訶迦葉《まかかしょう》）をはじめとする四人の大声聞たちは、思いがけないことに、自分たちもこの上ない正しく完全な覚りに到ることができることを聞いて歓喜し、自分たちが理解したことを「長者窮子《ちょうじゃぐうじ》の譬《たと》え」として語った。

幼時に失踪《しっそう》した息子。それを捜し求める資産家。両者が出会って資産家は自分の息子だと気づくが、貧しくやつれた息子は、それを知らず怖気《おじけ》づいている。長者のはからいで汚物処理の仕事に就いて喜ぶ。徐々に仕事の内容がよくなり、ついには有能な財産管理人にまでなるが、気後《きおく》れだけはなかなか抜けきれない。「息子」と呼ばれても、本当は息子でないけど、そう呼んでくれていると思うだけであった。死期が近づいて、資産家は、人々の前でその男が実の息子であることを明かし、そこにある財宝がすべてその男のものだと宣言した。男は、不思議な思いに駆られ、「この上ない財宝を思いもかけずに獲得した」と語った。
自分たちのことをその貧しい男に重ねて以上の譬えを語ると、カーシャパが代表して、

今、私たちは、〔仏の声（教え）を聞くだけでなく、仏の声を聞かせる人として〕真の声聞であり、最高の覚りについての声を人々に聞かせるでありましょう。また、私たちは覚りの言葉を宣言しましょう。
（植木訳『サンスクリット版縮訳　法華経　現代語訳』、九〇頁）

と決意を述べた。ここには、śrāvaka-bhūta という掛詞が用いられている。

śrāvaka の成立を、「聞く」という意味の動詞の語根 √śru に行為者名詞を造る語尾 aka を付けたものと考えれば「声を聞く人」（声聞）となり、√śru に aya を付した使役語幹 śrāvaya（u は次に a がくると āv に変化する）に aka を付けたものと考えれば「声を聞かせる人」となる（aya は aka を付ける際に脱落する）。また、bhūta には「〜である」「真実の」という二つの意味があるので、その組み合わせ方によって、①「仏の声を聞く人である」、②「仏の声を聞かせる人である」、③「真の声聞」——の三つの意味が出てくる。

『法華経』は、〝声聞〟と言われている人を菩薩の自覚に立たせるものだが、それは仏の〝声を聞く〟だけでなく、仏の〝声を聞かせる〟〝真の声聞〟たらしめることだと言い換えることができる。これは、声聞という在り方を否定しているのではなく、声聞という在り方に新たな

意味づけをして止揚する言葉である。

ところが、岩波文庫『法華経』の岩本裕訳では、次のようになっている。

いま、われわれは声聞であるが、最高の「さとり」を達成すると宣言するであろう。

（文庫上、二六一頁）

これは、掛詞を見落として①のみで訳したものだ。ところが岩本氏は、直後に出てくるarhanta-bhūtaを「真の阿羅漢」と訳していて、同じbhūtaという語をそこでは「真の」と訳しているのに、ここでは訳さなかったりしていて一貫性がない。しかも、原文にない「達成する」という語を入れて、いわば「現在は、われわれは声聞にすぎないが、将来は『さとり』を達成する」といった意味にしてしまった。そうすると現在、声聞であることは劣った悪い状態だということになる。そこで「真の声聞」とすると都合が悪いと考えて、意図的に「真の」と訳さなかったように見受けられる。こうして、『法華経』の重要なテーマである「声聞から菩薩への止揚」が見失われてしまった。

ここは、声聞としての現在の劣った悪い在り方を否定して、未来に声聞以外のよりよい在り方になるということを言っているところではなく、現在の声聞の在り方を止揚して、「真の声聞」の在り方を現在のこととして説いているところである。

声聞という言葉は、第四十六話「在家の復権」でも触れた通り、もともとは小乗仏教の出家者を意味する言葉ではなかった。原始仏教では、「仏弟子」という意味で在家・出家、男・女の区別なく用いられていた。小乗仏教が、「仏弟子」としての「声聞」から、在家や女性を排除していただけである。その小乗仏教によって色づけされてしまった権威主義的な「声聞」に新たな意義づけをして、本来の「声聞」への名誉回復を図るのがカーシャパの言葉であったのだ。

『法華経』は、ここでも小乗仏教と大乗仏教の対立を乗り越え、原始仏教の原点に還《かえ》ることを訴えているのである。

第五十一話　仏塔か、経典か？

『法華経』が成立したのは、釈尊が入滅して五百年ほど経過したころだった。その間に仏教は変容し、本来の仏教とズレも生じた。それに対して原点回帰を促す主張が『法華経』の随所に見られる。その一つが、仏舎利《ぶつしゃり》（遺骨）を祀《まつ》るストゥーパ（仏塔）信仰への反省である。『般若《はんにゃ》経《きょう》』がその先鞭《せんべん》をつけた。

ストゥーパ崇拝は、最古層の原始仏典の偈《げ》（詩句）では全く言及されていない。ストゥーパとは、釈尊入滅後、八人の王が持ち帰った仏舎利に、伏せたお椀《わん》のように土を盛っただけの〝墓〟であった。釈尊滅後百年ごろのアショーカ（阿育）王が、さらに分骨し、〝八万四千〟ものストゥーパを建造した。その後も相次いで各地に建造され続け、ブッダの神格化とも相まってレンガや石造りとなり、ギリシア人がエジプトのピラミッドに比するほど巨大化した。中《ちゅう》インドのサーンチーのストゥーパは、直径約三六・六メートル、高さ一六・五メートルの完全な形を保存しており、世界遺産に指定された。ストゥーパの側面にはジャータカなどの仏伝が浮き彫りにされていて、それを説明しながら説法がなされていた。

いわゆる小乗仏教の説一切有部《せついっさいうぶ》は、大きな功徳が得られると言ってストゥーパ崇拝を奨励し、供養された金品を貸し付けて利子を取っていた。他の諸宗教から「利子を取って貸付するとは、それで釈尊の弟子か？　世俗と変わりないではないか」と非難された。

それに対して、大乗仏教は莫大《ばくだい》な富の布施《ふせ》よりも、経典を信受するほうが遥かに功徳は大きいと経典読誦《どくじゅ》を重視した。特に『金剛《こんごう》般若経』はストゥーパ崇拝をけなし、「経典のあるところがストゥーパで、そこにこそ仏が存在している」と主張した。

原始仏典で釈尊は、「よりどころ」とすべきは「自己」と「法」であると〝遺言〟していた。ストゥーパや遺骨などの「もの」ではない。釈尊をブッダたらしめたのは「法」である。遺骨ではない。その「法」は釈尊によって説かれ、経典に留められた。その経典に説かれた「法」を体現することが、釈尊の〝遺言〟にかなうし、原始仏教の目指したことだった。大乗仏教の主張は、原始仏教に還《かえ》ることであったことがここにも確認される。

極端に言えば、「骨がお釈迦さまなのか?」という反省が、『般若経』から起こった。遺骨が釈尊であるはずがない。釈尊をブッダたらしめたのは「法」である。その「法」は、釈尊の教えをまとめた経典の中にある。『法華経』も、経典そのものが「法」であり、ブッダであるとして、その『法華経』を受持する衆生は「法」とも釈尊とも一体になる。このようにして、法華経を通じて〈釈尊・法華経・衆生〉の三者が一体の存在となる。

だから、『法華経』を受持・読誦・解説・書写する人こそ如来の使者であるという言葉が、『法華経』にはたくさん出てくる。

二〇一五年に、東京工業大学名誉教授の橋爪大三郎氏と十五時間にわたって対談したことがある。それは、『ほんとうの法華経』(ちくま新書)として出版された。その時、「ストゥーパ信仰に批判的なはずの『法華経』の宝塔品《ほうとうぼん》では巨大なストゥーパが登場する。しかも、その中の過去仏である多宝如来の言葉として、『私の入滅後、私のために宝石造りの大いなるストゥーパを一つ造るべきである。さらに、私のために他の諸々のストゥーパを造るべきである』(植木訳『サンスクリット版縮訳　法華経　現代語訳』、一九四頁)とあって、ストゥーパの量産が奨励されているのではないか?」と質問された。

『法華経』が編纂された紀元一世紀末から三世紀初頭のころは、ストゥーパ信仰は既に広く定着し、絶頂に達していた。ストゥーパは、亡くなってしまい、もはや会うことのできなくなった釈尊の代替物だった。『法華経』は、そのストゥーパ信仰から、経巻重視に転換しようとしている。そのために、ストゥーパを登場させて、釈尊の説いている『法華経』を讃嘆させるというストーリーにした。

しかし、『法華経』が編纂されたころのストゥーパは、釈尊の遺骨を安置したものだった。『法華経』は、釈尊の存命中のこととしてストーリーが展開している。そこに、釈尊のストゥーパを登場させるわけにはいかない。生きている本人のストゥーパの出現では矛盾する。それで、過去世の多宝如来のストゥーパを登場させた。

「諸々のストゥーパを造るべきである」という言葉は、ストゥーパの量産を奨励したものではなく、『法華経』が編纂された当時のインドで、ストゥーパが多数存在したのと同じ情況を、多宝如来の仏国土に作り出すためだった。

宝塔品では、「このストゥーパの中には、如来の身体が一揃《ひとそろ》いの全体をなして存在しており」（同、一九三頁）、その如来が、釈尊の説く『法華経』を讃嘆する。その『法華経』について、法師品《ほっしぼん》には「この経には、如来の身体が一揃いの全体をなして存在している」（同、一八三頁）とあった。ここに引用した二つの文章を比べると、「ストゥーパの中」と「経」の違いはあれ、全く同じ文章であって、『法華経』がストゥーパに代わるべきものだということを示唆していて、ストゥーパ信仰から経巻重視への方向転換の意図が読み取れる。

ストゥーパを通して釈尊との結びつきを求めていた人に、『法華経』を通じて釈尊の覚った

「法」と一体化することを強調している。仏教は、既成のものを頭ごなしに否定しない。ストゥーパ信仰についても、頭ごなしに「そんなものは無意味だ」などと言わない。けれども、その巨大なストゥーパに釈尊の『法華経』説法を讃嘆させる。それ自体が、ストゥーパから『法華経』の経典への方向転換を意味している。

こうして最終的に、「私（釈尊）のためにストゥーパを建てる必要はない」（同、二八二頁）、「私の遺骨を安置したストゥーパを造る必要はなく〔後略〕」（同、二八三頁）と断言するに至る。

ストゥーパは卒塔婆《そとば》と音写され、日本でさま変わりした。五重塔となり、細長い板の卒塔婆が発案され、墓石の後ろに立てられる。「屋上に屋《おく》を架す」ものではないか。

第五十二話　聖地信仰への反省

もう一つの〝もの崇拝〟である聖地信仰に対しても、『法華経』は発言していた。大地の下から出現した菩薩《ぼさつ》（地涌《じゆ》の菩薩）たちに滅後の弘教《ぐきょう》を託すと、釈尊は果樹園、精舎《しょうじゃ》、在家の家、森、町、木の根元、宮殿、住房、洞穴などの場所を列挙し、「どこであっても」と前置きして、次のように語り出した。

この法門が読誦《どくじゅ》され、解説《げせつ》され、説き示され、書写され、考察され、朗詠され、写本になって存在する〔中略〕地上のその場所は、すべての如来の覚《さと》りの座であると知られるべきである〔中略〕。また、地上のその場所において、すべての如来が、この上ない正しく完全な覚りを得られ、真理の車輪を転じられ、入滅されたのだと知るべきである。

（植木訳『サンスクリット版縮訳　法華経　現代語訳』、三二八頁）

つまり、どんな場所であれ『法華経』を実践する人のいるところこそが、如来が覚りを達成（成道《じょうどう》）され、説法（転法輪《てんぼうりん》）され、逝去（涅槃《ねはん》）された地――すなわち、ブッダとしての振る舞いをなされたところである。どこにあっても、『法華経』を受持《じゅじ》・読誦《どくじゅ》・解説《げせつ》する――すなわち、「如来によってなされるべきことをなす人」（同、一八〇頁）のいるところが〝聖地〟であり、釈尊と行動をともにしていることになるというのだ。

この一節を鳩摩羅什は、次のように漢訳した。

若《も》しは経巻《きょうかん》所住の処《ところ》、若《も》しは園中《おんちゅう》に於《お》いても、若《も》しは林中《りんちゅう》に於いても、若《も》しは樹下《じゅげ》に於いても、若《も》しは僧坊に於いても、若《も》しは白衣《びゃくえ》の舎《いえ》にても、若《も》しは殿堂に在《あ》っても、若《も》しは山谷曠野《せんごくこうや》にても、〔中略〕当《まさ》に知るべし。是《こ》の処《ところ》は即《すなわ》ち是れ道場なり。諸仏、此《ここ》に於いて阿耨多羅三藐三菩提《あのくたらさんみゃくさんぼだい》を得《え》、諸仏、此に於いて法輪を転じ、諸仏、此に於いて般涅槃《はつねはん》したもう。

（植木訳『梵漢和対照・現代語訳　法華経』下巻、三九四頁）

この一節は、瀕死《ひんし》の病になった道元《どうげん》が亡くなる前に口ずさみ、「妙法蓮華経庵《みょうほうれんげきょうあん》」という文字とともに柱に書きつけた箇所として知られる。

インドを大統一したアショーカ（阿育）王は、①誕生、②成道、③転法輪、④涅槃――など釈尊ゆかりの地を巡礼し、記念の石柱を建てた。この四ヵ所が聖地化され、四つの場面を一枚に彫った四相図《しそうず》も造られた。こうしてストゥーパ信仰とともに聖地崇拝も奨励された。

それに対して、『法華経』は次の立場を取った。釈尊がかつて滞在した場所が聖地なのではない。特定の場所が聖地なのではなく、この『法華経』を実践している人のいるところこそが〝聖地〟なのだ。

日蓮はこの一節と併せて、天台大師智顗《ちぎ》の「法《ほう》、妙《みょう》なるが故に人貴《にんとうと》し。人、貴きが故に所《ところ》尊《とうと》し」（『法華文句《ほっけもんぐ》』）という一節も引用している。初めに「所」ありきではない。「所」は最後に出てくる。最も根本に「法」があり、それを実践する「人」がいる。その両者が相まって初めて善なる価値を生じ、「所」も貴くなる。智顗も、日蓮も、「法」と「人」を根本とする原始仏教以来の考え方を強調した。

この考え方からすると、日蓮が主張した「立正安国《りっしょうあんこく》」とは、「正法《しょうほう》」を一人ひとりの「人《にん》」の生き方として立てること、すなわち仏教本来の慈悲や、平等、生命の尊厳といった思想を一人ひとりの生き方に反映させ、その一人ひとりの振る舞いの総和として「安国」があるということであろう。

九州大学の哲学科教授であった滝沢克己《かつみ》先生が、「聖地信仰からは決して普遍宗教は生まれない。歴史的遺物を絶対化することは、偶像崇拝になる。聖地信仰、偶像崇拝の宗教は、必ず聖職者の堕落をもたらす」といった趣旨の話をしておられたことを思い出す。

第五十三話　弥勒菩薩への皮肉

『法華経』と『維摩経』のサンスクリット原典を翻訳していて、共通して思ったことは、マイトレーヤ（弥勒《みろく》）菩薩に対して皮肉に満ちた厳しい態度が一貫していることであった。マイトレーヤと言えば、釈尊に次いで五十六億七千万年後に出現するとされる未来仏であり、現在は菩薩としてトゥシタ天（兜率天《とそつてん》）に待機しているとされる。

『法華経』の第一章序品（第一）で、マンジュシリー（文殊師利《もんじゅしり》）菩薩によって過去における一人の菩薩が紹介される。

怠けもので、利得を貪《むさぼ》り、名声が知れわたることを求める一人の菩薩がいた。その菩薩は、自分のために繰り返して教えられたことも忘れてばかりいた。その菩薩に〝名声を求めるもの〟（求名《ぐみょう》）と命名された。

（植木訳『サンスクリット版縮訳　法華経　現代語訳』、二九頁）

その〝名声を求めるもの〟こそ、マイトレーヤ菩薩であったことが明かされる。ここには、未来仏の偉大さのかけらも感じられない。だらしなくて、情けない菩薩として描写されている。

さらに、『法華経』の第十四章従地涌出品《じゅうじゆじゅっぽん》（第十五）では、大地の下から出現した無数の菩薩（地涌《じゆ》の菩薩）の偉大な姿に圧倒されるのに始まり、それらの菩薩たちを遥かな過去から教化《きょうけ》してきたという釈尊の言葉が理解できず、その疑問をマイトレーヤが質問するという設定になっている。

その疑問に答えて釈尊は、第十五章如来寿量品《にょらいじゅりょうぼん》（第十六）で、遥《はる》かな久遠《くおん》に成道していたことを告げる。釈尊は、それだけの長い寿命をもってこのサハー（娑婆《しゃば》）世界で常に説法教《せっぽうきょう》化《け》していて、永遠の菩薩道を貫いている永遠のブッダであることが明かされた。

この教示を聞いて、マイトレーヤは、次のように感想を述べた。

指導者（釈尊）の寿命の長さがいかに無限であるのか、私たちは、かつて聞いたことがありません。

（同、二八〇頁）

これは、釈尊の寿命の長さが無限であるから、五十六億七千万年後のマイトレーヤ菩薩の出番はないということを、マイトレーヤ自身に語らせたものだ。痛烈な皮肉である。

『法華経』の少し前に編纂された『維摩経』でも、出家の菩薩であるマイトレーヤが、在家の菩薩であるヴィマラキールティ（維摩詰）からやり込められる。ヴィマラキールティは、マイトレーヤがこの一生だけ迷いの世界に縛られていて、次に生まれる時は仏となる（一生補処《いっしょうふしょ》）と予言されていることをやり玉に挙げる。

「あるがままの真理」（真如《しんにょ》）は、あらゆる衆生にも、あらゆるものごと（諸法）にも、あらゆる聖者にも具わっていて、マイトレーヤにも具わっている。だからマイトレーヤが、一生補処を予言されたというのであれば、あらゆる衆生もまた、一生補処を予言されているのだと断言する。

そして、言った。

マイトレーヤが、覚りを完全に覚るであろう時、その時、あらゆる衆生もまた、まさに同じ覚りを完全に覚るであろう。それは、どんな理由からか？　あらゆる衆生が覚知することこそが、覚りであるからだ。

（植木訳『サンスクリット版全訳　維摩経　現代語訳』、一三七頁）

原始仏典において釈尊は、自分が覚った「法」は万人が覚れると説いていた。自分だけが特別な存在だとは言っていない。初転法輪において、五人の弟子たちが覚った場面の描写も、その覚りの内容も、釈尊の場合と何ら変わりない表現がなされていた。どうして、マイトレーヤだけ特別なのだ――という道理にかなった追及である。だれか、特定の人を特別扱いすること自体が、本来の仏教とは異なるものだ。『法華経』にも、「如我等無異《にょがとうむい》」（我が如《ごと》く等しくして異なること無《な》けん）という言葉がある。

マイトレーヤ信仰が強まるのは、クシャーナ王朝（一～三世紀ごろ）になってからだと言われ、イランのミトラ（mitra）神を取り込んでマイトレーヤ（maitreya）菩薩が考え出されたとして、その影響が指摘されている。ガンダーラ仏教美術では、釈尊の成道以前（＝菩薩）と成道以後（＝ブッダ）の像、そしてマイトレーヤの菩薩像が礼拝《らいはい》の対象として彫刻されていた。パキスタンのタキシラでは、マイトレーヤ菩薩の像が頻繁に発掘されている。ガンダーラ美術の影響を受けた中《ちゅう》インドのマトゥラーやアヒチャトラでも水瓶《すいびょう》を持ったガンダーラ式のマイトレーヤ菩薩が見られる。その二例には、「マイトレーヤ像」という文字が刻まれている。

マイトレーヤ信仰は、大乗と小乗のいずれにも受け入れられていた。ただし、『雑譬喩経《ぞうひゆきょう》』の冒頭（大正蔵、巻四、四九九頁中）には、弥勒菩薩に会いたくて死にきれない高僧の話が登場する。弟子たちから「弥勒の教えには、六波羅蜜《ろくはらみつ》や、四無量心《しむりょうしん》、四恩《しおん》、四諦《したい》の教えと何か異なる点があるのでしょうか」「異なることがないのなら、弥勒の出現を待つ必要などないではありませんか。今、釈尊の恩を受けていながら、どうしてそれに背いて弥勒に帰《き》するのですか」と諭《さと》されて目が覚め、弥勒菩薩の出現を待つことなく阿羅漢《あらかん》に達して往生《おうじょう》したという話である。こうした話が経典として作られたということは、歴史上の人物である釈尊を差し置いて、架空の仏・菩薩を待望するマイトレーヤ信仰に納得できない人たちが仏教徒の中にもいたということであろう。

『維摩経』や『法華経』の編纂者《へんさんしゃ》も、そのような思いを抱いていたのであろう。『維摩経』第三章§51の末尾に「マイトレーヤよ、今、これらの神々の子たちを甘言《かんげん》でそそのかしてはならない。欺《あざむ》いてはならない」（植木訳『サンスクリット版全訳　維摩経　現代語訳』、一三七頁）とあるのは、マイトレーヤ信仰、マイトレーヤ待望論という甘言で欺いてはならないということであろう。

第五十四話　「人」と「法」

学生時代から、「だから何だろう?」と考える癖がついてしまった。そうやって考えた言葉に「人と法《にんほう》」がある。「人」は具体的な人格的側面、「法」とは人間としてあるべき理法のことであり、普遍的な真理の側面を捉えたものである。「人と法」は、人間と真理との関係を捉える仏教独自のものの見方だと思う。なぜ、このような分け方をしたのだろうか。このように分類することで何が明らかになるのか――学生時代から、そんなことばかり考えていた。

世の中の宗教をこの観点で見てみよう。「人」を強調する宗教は、特定の人物が偉大であることを強調する。駄目な存在であるわれわれは、その偉大な人物に頼る、すがるということになる。人間を自立させることはない。その「人」が絶対者であれば、絶対者の言葉を預かる存在として、王権神授説のように特権階級を生み出し、差別や支配の思想になりかねない。それに対して「法」を強調する宗教は、普遍性や平等性が出てくる。しかし、「法」のみでは抽象的な理想論となって、現実が伴わないことにもなる。

仏教は、「人」と「法」は一体であるべきだと説いた。「法」は宙に浮いた状態では意味をなさないが、一人ひとりの生き方に具現されて初めて価値を生ずるからだ。

原始仏典の『サンユッタ・ニカーヤ』によると、釈尊自身は、覚りを開いた後、「法〔ダンマ〕が最高の権威である」という確信に達し、次のように考えた。

わたくしはこの法〔ダンマ〕をさとったのだ。わたくしはその法を尊敬し、敬い、たよっているようにしよう。〔中略〕すぐれた人たらんと欲する者は、正しい法を敬うべし。

（中村元訳）

釈尊自身が、「法」を覚り、「法」を敬い、「法」に基づいていたのである。同じく『サンユッタ・ニカーヤ』に、

ヴァッカリよ、実に法を見るものは私（ブッダ）を見る。私を見るものは法を見る。ヴァッカリよ、実に法を見ながら私を見るのであって、私を見ながら法を見るのである。（同）

とある。ブッダという「人《にん》」を見るということは、特別な存在としてのブッダではなく、そのブッダをブッダたらしめている「法」を見ることであり、その「法」も観念的・抽象的なものとしてあるのではなく、ブッダの人格として歴史的事実として具体化されて存在しているというのである。

しかも、その「法」はブッダのみに開かれているのではなく、だれ人にも平等に開かれている。従って、その「法」に目覚め、その「法」を自らに体現すれば、だれでもブッダ、すなわち目覚めた人（覚者）であるということだ。ただ「人」と「法」では、具象的な「人」のほうに目が奪われやすい。具体的なだれかを特別視して、自らを卑下してしまい、自己に「法」を体現することを見失いがちである。その点に対して、『涅槃経《ねはんきょう》』『維摩経《ゆいまきょう》』などでは、「依法不《えほうふ》

依人《えにん》」（法《ほう》に依《よ》って人《にん》に依らざれ）と戒めていたのである。

釈尊という「人」をブッダたらしめたのは、「法」であった。その「法」は釈尊が発明したものでもなく、釈尊の専有物でもない。あらゆる人に平等に開かれている。

釈尊という歴史的人物の生き方に反映され、体現されることによって、普遍的な「法」が具体化された。釈尊に具現されたその「法」が言語化されて「経《きょう》」となった。その「経」を通して、釈尊に体現された「法」が、「人」としてのわれわれの生き方に体現される。「法」を覚れば、だれ人もブッダである。ここに「法」の下《もと》の平等が実現される。釈尊のみが特別な存在ではないのだ。

〈釈尊〉と〈経〉だけでなく、〈われわれ〉も「人」と「法」が一体化したものとなることで、この三者が横並びとなる。そこには、絶対者や特権階級、権威主義者が介在する余地はない。『法華経』に「我が如《ごと》く等しくして異なること無《な》けん」とあるのはその謂《いい》であろう。

人間に即して普遍性と具体性、さらには平等性を兼ね具《そな》えさせるのが「人と法の一体化」ということだったのだ。

第五十五話　法身如来は形容矛盾

アレキサンダー大王のインド遠征（紀元前四世紀）の後、多くのギリシア人がインドに住み着いた。その中のミリンダ（弥蘭陀《みらんだ》）という王さまとインド人仏教僧ナーガセーナ（那先《なせん》）との対談『ミリンダ王の問い』（紀元前二世紀後半）は、ギリシア的思惟とインド的思惟の東西対話として注目される。

その中で、ミリンダ王が質問した。

尊者ナーガセーナよ、ブッダは実在しているのですか？〔中略〕「ここに居る」とか、「そこに居る」とかと言ってブッダ〔の存在〕を示すことができますか？

それに対してナーガセーナは、次のように答えた。

既に入滅してしまった世尊を、「ここに居る」とか、「そこに居る」とかと言って示すことはできません。けれども、世尊をダンマ・カーヤによって示すことはできます。ダンマ（法＝真理）は世尊によって説き示されたものであるからです。

ここのダンマ・カーヤは、後世の大乗仏教の言う「法身」という意味ではない。カーヤに「集まり」という意味があるので、「法の集まり」というほどの意味である。

釈尊は、「法」を覚ってブッダ（目覚めた人）となった。その「法」は、あらゆる人にも開かれている。釈尊は、自身が体現した「法」を説き示した。釈尊をブッダたらしめたその「法」が「経」として残された。それをダンマ・カーヤと言っている。われわれは、「経」を読むことによって〝釈尊〟と出会うことになる。そういう意味で〝釈尊〟は、経典の中にダンマ・カーヤとして存在しているということであろう。

『法華経』第十章法師品《ほっしぼん》（第十）に「この経には、如来の身体が一揃いの全体をなして存在している」（植木訳『サンスクリット版縮訳　法華経　現代語訳』、一八三頁）とあるが、ここで言う「如来の身体」も、「法の集まり」として表現された釈尊の人物像のことであろう。

仏教は、人間を原点に見すえた人間主義であり、人間を〝真の自己〟（人《にん》）と「法《ほう》」に目覚めさせるものであった。「法」は宙ぶらりんの状態では価値を生じない。「人」の生き方に具現されて初めて価値を生じる。原始仏典に「私（釈尊＝人）を見るものは法を見る。法を見るものは私を見る」（『サンユッタ・ニカーヤ』）とあるように、その「法」を覚ったことで釈尊という「人」はブッダ（目覚めた人）となった。その「法」は、釈尊が発明したものでもなく、専有物でもない。だれにも開かれている。その「法」を「人」に体現して、「真の自己」に目覚めることが仏教の目指したことであった。

「人」と「法」の関係としては、以上ですべてが語り尽くされている。釈尊自身は、自分のことを永遠の存在だと思ってほしいなどと考えてもいなかった。「人」としてのめいめいの「自己」と「法」をよりどころとするように〝遺言〟していた。『ディーガ・ニカーヤ』によると、釈尊自身が、「私は、自己への帰依《きえ》をなした」と語っていたし、『サンユッタ・ニカーヤ』では、覚りを開いて間もないころ、これからいったい何を頼りにしていったらいいのかと思索した末に、「私はこの法を覚ったのだ。私はこの法を尊敬し、敬い、頼っているようにしよう」と決意を述べていた。

その考えが、入滅を間近にした釈尊によって、「自帰依《じきえ》」「法帰依《ほうきえ》」として説かれていたのである（『大パリニッバーナ経』）。その時、釈尊は愛弟子アーナンダに次のように告げた。

アーナンダよ。あるいは後にお前たちはこのように思うかもしれない、「教えを説かれた師はましまさぬ。もはやわれらの師はおられないのだ」と。しかしそのように見なしてはならない。お前たちのためにわたしが説いた教え（dhamma）とわたしの制した戒律とが、わたしの死後にお前たちの師となるのである。（中村元訳『ブッダ最後の旅』、一五五頁）

釈尊の死後には、もはや特定の「人」に頼らず、普遍的なダンマ（教え、理法）と戒律とに頼るように、ということだ。釈尊自身が、自らを人々の「善き友」（善知識《ぜんちしき》）と称していたように、「善き友」という在り方は認められたとしても、ダンマのみがゴータマ・ブッダの後継者であり、師であり、よりどころである。そこには、〝永遠のブッダ〟などの出てくる余地など存在しないし、必要なかったのである。

ダンマ・カーヤはパーリ語であり、サンスクリット語ではダルマ・カーヤと言う。そのダルマ・カーヤという言葉が『維摩経《ゆいまきょう》』にも出てくる。

『維摩経』の主人公ヴィマラキールティ（維摩詰《ゆいまきつ》）は、泡沫《ほうまつ》や、陽炎《かげろう》、芭蕉《ばしょう》（バナナ）の茎、反響《こだま》などのはかないものを例に挙げて、身体がいかに無常で、頼りにならないものであるかを説いて聞かせた上で、如来の身体を熱望するべきだと説いた。如来の身体とは、ダルマ・カーヤ（法身）だという。

そのダルマ・カーヤは、布施《ふせ》・持戒《じかい》・忍辱《にんにく》・禅定《ぜんじょう》・精進《しょうじん》・智慧《ちえ》の完成（六波羅蜜《ろくはらみつ》）や、慈《じ》・悲《ひ》・喜《き》・捨《しゃ》を他者のために尽くす四つの際限のない心の働き（四無量心《しむりょうしん》）、説法における四つの畏《おそ》れなきこと（四無畏《しむい》）などを列挙して、それらから生じるのだと繰り返されている。この表現からすると、『維摩経』におけるダルマ・カーヤ（法身）は、「法から生じた身体」「法によって生じた身体」という意味で用いられていることが理解できよう。「法」そのものが身体だとは見なされていない。

ヴィマラキールティは、「無常で頼りにならない身体に失望し、如来の身体を熱望するように」と説いているが、それは現在の身体を離れたところに如来の身体としての法身があると言っているのではないことを理解するべきである。

『維摩経』の第一章では、ブッダの国土は、人間とかけ離れた別世界にあるとするのではなく、人間（衆生《しゅじょう》）に即したものとして説かれていた。ここも、如来の身体は人間とかけ離れたところではなく、人間に即したものとして説かれている。われわれの肉体は、はかなく頼りない身体にすぎないものだが、法を体現することによってわれわれに如来の身体が生じるのであり、それをダルマ・カーヤと呼んでいる。決して、人間と断絶した絶対者的な存在のことではない（植木訳『サンスクリット版全訳　維摩経　現代語訳』第二章を参照）。

ところが長尾雅人氏は、『維摩経』に出てくる「法身」について「宇宙の理法、宇宙の真理、すなわち法性《ほっしょう》というものがそのまま仏身である、すなわち法身である」（岩波現代文庫『「維摩経」を読む』、一〇七頁）と論じて、「われわれの肉体が血や肉や、膿《うみ》や鼻じる、等々のかたまりなのにくらべて、如来の身体は徳のかたまりであります。ですから如来の法身をねがいなさい。この肉体ではなく」（同、一〇八頁）と結論しておられる。これは、『維摩経』の考えではなく、後に論ずる法身如来《ほっしんにょらい》（宇宙仏）から論じたもので、ものすごい勘違いである。長尾氏の言われるような「如来の身体」をわれわれが願い求めたとしても、そんなものは架空のものでしかなく、得られるはずもない。

ダルマ・カーヤは、これまで見てきたところでは、「法の集まり」「法から生じた身体」「法によって生じた身体」という意味である。この時点までは、「法」を身体と見なしておらず、普遍的真理としての「法」という独自性は維持されている。

ところが、カーヤに「身体」という意味もあることから、ダルマ・カーヤは、「法身」と漢訳され、次第に「法を身体とするもの」「法という身体」というように、「法」を身体と見なすようになった。それは、次に論ずる二身論《にしんろん》として登場し、さらに三身論《さんじんろん》へと展開していった。

釈尊が亡くなった後、仏の身体の捉え方をめぐって仏身論《ぶつしんろん》が議論された。初めは、釈尊の肉体（色身《しきしん》、生身《しょうしん》、現身《げんしん》）は滅んだけれども、不変の真理としての身体、すなわち「法身」は滅びることはないと考えた。ナーガールジュナ（龍樹《りゅうじゅ》、二～三世紀ごろ）のころには、その「法身」が衆生救済のために応現《おうげん》・化現《けげん》したのが釈尊だとして、その身体を「応身《おうじん》」、あるいは「化身《けしん》」と見なした。これが、「法身」「応身」の二身論である。その後、ヴァスバンドゥ（世親《せしん》、四～五世紀ごろ）は、『法華経論』で「法身《ほっしん》」「報身《ほうしん》」「応身《おうじん》」の三身論を展開した。

最初の二身論で、法身というのは真理としての身体だから、宇宙に遍満している普遍的真理として永遠であるけれども、肉体を具えて出現することはなく、抽象的である。もう一方の応身というのは肉体を具えて出現するので、具体的だけれども寿命が限られていて有限である。これらは両極端である。

そこで三身論では、両者を媒介するものとして報身《ほうしん》という概念を打ち出した。これは、ブッダとなるための因《いん》としての行を積み、その果報としての完全な功徳を得ているという意味で因行果徳身《ぎょうかとくしん》、つまり、永遠性と具体性を兼ね具える存在を考え出して、現実性を持たせようとした。

ダルマ・カーヤを「普遍的真理の集まり」とするのは何の無理もない。ところが、「普遍的真理という身体」と読むのは、無理がある。「法」が、「人」の生き方に体現されることはありうるけれども、「法」が「人」の身体であることはありえない。真理に意志があるはずもなく、喜怒哀楽の感情もあるはずがない。「法を身体とするもの」「法という身体」とは、「兎の角」「亀の毛」や、「円い三角形」と同様、形容矛盾であり、言葉のみ存在して実体のないものである。それなのに、「法」を身体と強引に結びつけたから、初めから無理があった。そのようなものを考え出したことは、本来の仏教からの逸脱であり、余計なことをやってしまった。

天台大師が「三身即一身」「一身即三身」と言って、三身を融合させようとしたり、「報中《ほうちゅう》論三《ろんさん》」、すなわち報身が根本であって、そこに三身が具わっていると論じたりしなければならなかったのも、余計なことがなされたことのつじつま合わせとしか思えない。二身論や、三身論などといった余計なことを考え出さず、「人」と「法」の関係のままでいれば、すっきりとしていた。

ところが後世になって、普遍的真理であった「法」が人格化されて、宇宙そのものを身体とする「法身如来《ほっしんにょらい》」（法身仏）という特別の存在にされてしまい、各自が体現すべきものとしてあった「法」が、崇《あが》め、すがるべき対象としての「人」にされてしまった。その法身如来は、われわれの現実世界とはかけ離れた存在であり、一神教的絶対者（人格神）と類似した構造になる。そうなると、仏教の「人《にん》」と「法《ほう》」の関係が崩れてしまう。仏教では、「依法不依人《えほうふえにん》」（法《ほう》に依《よ》って人《にん》に依らざれ）として、依《よ》るべきものは「人」ではなく、「法」とされていたにもかかわらず、その「法」を「法身如来」として「人」にしてしまったのである。
仏教ではそのような絶対者的存在を立てることはないのであって、「法身如来」は、仏教本来の思想を逸脱したものである（詳細は植木雅俊・橋爪大三郎著『ほんとうの法華経』、三二三〜三二四頁を参照）。

その一神教的絶対者とわれわれとの間に、「預言者」のような介在者が出てくると、その人は特権階級になる。仏教は、そのような絶対者や、特権階級を必要とせず、「人」と「法」の関係として、あらゆる人が横並びとなる平等思想を説いていたことを知るべきである。

『法華経』が編纂された紀元一世紀末から三世紀初頭には、「法身如来」的なものが仏教界にも持ち込まれつつあったのであろう。それを意識して、それを遠回しに批判することが『法華経』第十五章如来寿量品《にょらいじゅりょうぼん》（第十六）で展開されている。それについては次話で詳述する。

第五十六話　久遠実成に込められた意味

『法華経』の第十五章如来寿量品（第十六）の冒頭で釈尊は、世間の人々が、自分のことをどのように理解しているのかということを次のように語り出した。

シャーキャ（釈迦《しゃか》）族出身の聖者（牟尼《むに》）である如来は、シャーキャ族の高貴な家から出家して、ガヤーという都城《とじょう》（伽耶城《がやじょう》）において〔中略〕この上ない正しく完全な覚りを得られたのだ。

（植木訳『サンスクリット版縮訳　法華経　現代語訳』、二六〇頁）

それは、釈尊がインドで二十九歳で出家して、三十五歳で成道《じょうどう》したという歴史的事実を言ったものだ。

ところが釈尊は、この後すぐにこれを全面的に覆《くつがえ》す。「けれども、そのように見なすべきではない。それどころか、私が覚りを得て以来、幾百・千・コーティ・ナユタ劫《こう》もの長い時間が経っているのだ」（同、二六一頁）と語った。つまり、覚りを得てから天文学的な時間が過ぎているという。

その久遠《くおん》なることとは、漢訳によると、「五・百・千・万・億・那由他《なゆた》・阿僧祇《あそうぎ》」個の三千大《さんぜんだい》千世界《せんせかい》（十億個の太陽系に相当）を原子に磨《す》り潰《つぶ》して、その原子を用いて計算する五百〔千・万・億・那由他・阿僧祇・三千〕塵点劫《じんてんごう》という遥かな過去として表現された。一説には、那由他は十の十一乗、阿僧祇は十の五十九乗を意味する。第六十五話「ナツメの種子から原子へ」で論じる三千塵点劫も天文学的な時間の長さだが、釈尊が成道したのは、三千塵点劫の十の百七十乗倍もの過去なのである（その計算方法は、拙著『思想としての法華経』第十章を参照）。想像を絶するこの遥かな過去を振り返って、釈尊は次のように語った。

その時以来、私はこのサハー（娑婆《しゃば》）世界、および他の幾百・千・コーティ・ナユタもの世界において、衆生に法を説いているのである。その間において、私が宣説してきたディーパンカラ如来（燃燈仏《ねんとうぶつ》）をはじめとする如来たちの完全なる滅度は、私が、巧みなる方便によって法を教授するために作り出したものである。〔中略〕それぞれの国土で如来としての名前をそれぞれに名乗るのだ。それぞれの国土で自分の完全なる涅槃について述べ、種々の法門によってそれぞれのやり方で衆生を喜ばせるのだ。

（同、二六二頁）

久遠における成道以来、釈尊はいろいろなところに出現しては、いろいろな立場・名前で教えを説いてきたという。第十六章分別功徳品《ふんべつくどくぼん》（第十七）では、それを聞いたマイトレーヤ（弥勒《みろく》）菩薩は、

指導者（釈尊）の寿命の長さがいかに無限であるのか、私たちは、かつて聞いたことがありません。

（同、二八〇頁）

と、感想を漏らしている。それは、五十六億七千万年後に釈尊に取って代わって如来となるとされていた自分に出番がないことを、マイトレーヤ自身に認めさせたことを意味している。

このように釈尊が〝永遠〟のブッダであったことを明かしたことの意味は何か？

それは、釈尊滅後に相次いで考え出された多くの仏・菩薩たちを釈尊に統一するためであったと言えよう。歴史的に実在した人物は釈尊のみであった。「神が人間を作ったのではなく、人間が神を作ったのだ」という西洋の言葉と同様に、釈尊以外の仏・菩薩は人間が考え出した架空の人物である。極端に言えば、コミックや映画などで活躍する「スーパーマン」や、「鉄腕アトム」などの架空のスーパーヒーローと同じである。

『法華経』が編纂されるころ（紀元一世紀末〜三世紀初頭）には、このように過去・未来・現在の三世にわたり、四方・八方・十方の全空間において多くの仏・菩薩の存在が論じられていた。それに対して、『法華経』は「それらは、いずれも実在しない架空の存在にすぎない」と無下に否定することなく、「それらの仏・菩薩は、久遠以来成仏《じょうぶつ》していた私（釈尊）が、名前を変えて種々の国土に出現していたのであり、それは私だったのだ」と説くことによって〝歴史上の人物である釈尊〟に収束させ、統一した。

それは、小林旭《あきら》の「昔の名前で出ています」という歌詞のようなものだ。京都では忍《しのぶ》と呼ばれ、神戸では渚《なぎさ》と名乗り、横浜《はま》に戻った日からは昔の名前に戻したというように、所に応じていろいろな名前を名乗ったけれども、すべて同一人物であった。

その際、中途半端な過去に成道の時点を定めると、それより前に成仏していた如来がいたと言い出されかねない。それを封じるために、とてつもない遥かな過去としたのであろう。

また、第五十三話「弥勒菩薩への皮肉」で触れたように、イランのミトラ（mitra）神がマイトレーヤ（maitreya、弥勒）菩薩となるなど、外来の神格が仏・菩薩として仏教に取り込まれることもあった。それに伴い、西洋の一神教的絶対者のような宇宙大の永遠だが抽象的な如来（法身仏《ほっしんぶつ》）が考え出され、本来の仏教の人間観・ブッダ観とは異なるものになる傾向が出てきた。その代表が、ゾロアスター教の最高神アフラ・マズダーに起源を持つとされる毘盧遮那《びるしゃな》（vairocana）仏である。その傾向に対して『法華経』は、歯止めをかけようとしたように見受けられる。

仏教では人間からかけ離れた絶対者的存在を立てない。中村元先生は、「西洋においては絶対者としての神は人間から断絶しているが、仏教においては絶対者（＝仏）は人間の内に存し、いな、人間そのものなのである」（『原始仏教の社会思想』、二六一頁）と言われた。決して個々の人間から一歩も離れることはない。仏教は、人間を原点に見すえた人間主義であり、人間を〝真の自己〟（人《にん》）と「法《ほう》」に目覚めさせるものであった。

久遠実成《くおんじつじょう》の釈尊とは、現実世界に関わり続けるブッダ（歴史的人物）であった。決して、〝久遠仏〟が宇宙の背後にいて、その化身として釈尊が仮の姿で現実世界に現われてきたというのではない。

この寿量品で釈尊は、ブッダとしての永遠性を強調するとともに、「菩薩としての修行を今なお完成させていないし、寿命も未だに満たされていない」（植木訳『サンスクリット版縮訳

法華経　現代語訳』、二六四頁）とも語っている。常にブッダとして娑婆世界にあり続けると同時に、永遠の菩薩道に専念しているという。

宇宙の背後など、人間とかけ離れたところにいるのではなく、あくまでも娑婆世界に関わり続けている。人間として、人間の中にあって、人間に語りかけ、菩薩行を貫く存在としてある。法師品《ほっしぼん》の法師としての菩薩も、「衆生を憐《あわ》れむために、このジャンブー洲《しゅう》（閻浮提《えんぶだい》）の人間の中に再び生まれてきた」（同、一七八頁）、「ブッダの国土への勝れた誕生も自発的に放棄して、衆生の幸福と、憐れみのために、この法門を顕示するという動機でこの世に生まれてきた使者である」（同、一八〇頁）という在り方が強調された。

薬草喩品《やくそうゆぼん》でも、「如来も世間に出現して、世間のすべての人々を声をもって覚らせるのである」（同、九七頁）ともあった。

あくまでも人間として生まれ、人間対人間の関係性の中で言葉（対話）によって救済する在り方を貫くブッダなのだ。仏に成ることがゴールなのではなく、人間の真っただ中で善行を貫くことが目的であり、菩薩行は手段でもあり目的でもあった。

「成仏」（仏に成る）という言葉には、仏に成る前は「劣ったもの」で、仏に成ることが「勝れたもの」というイメージが伴う。このイメージは、権威主義的部派仏教が、ブッダを人間離れしたものにしてしまった残滓《ざんし》であろう。ブッダは、「真の自己」に目覚め、人間としてあるべき普遍的真理（法）に目覚めた存在で、人間からかけ離れた在り方ではなかった。成仏とは、

「真の自己に目覚めること」「失われた自己の回復」であり、中村元先生の表現を借りれば「人格の完成」であったのだ。

「人間であること」と、「ブッダであること」とは二者択一の関係ではなく、同時である。「真の自己」と「法」に目覚めているか、いないかの違いでしかない。久遠以来、ずっと仏であり、久遠以来、ずっと菩薩の修行をやり続けている。それは、永遠に人間としてあり、人間を離れてブッダがあるのではなく、人間として完成された存在であることを意味している。原始仏典を見ても、釈尊は「私は人間に生まれ、人間に長じ、人間においてブッダとなることを得た」（『増一阿含経《ぞういつあごんきょう》』第二八巻、大正蔵、巻二、七〇五頁下）と語っていた。

そうは言っても、〝永遠のブッダ〟であるはずの釈尊は亡くなったではないか？　という疑問が出てくる。それに対する答えが「方便現涅槃《ほうべんげんねはん》」（方便として涅槃を現ず）であった。衆生を仏道に入らせるために方便としての涅槃を現じたというのだ。

如来がいつまでも存在し続けていると、如来に会いたいという思いを抱くことがない。あえて、涅槃に入ったように見せて、姿が見えないようにして、仏を渇仰《かつごう》する思いを生じさせる。涅槃を現ずるのは方便である。あくまでも現実世界に在り続けて、説法《せつぽう》教化《きようけ》している在り方を真実としている。

以上のことが、留守中に毒物を飲んで苦しむ子どもたちに、良薬を作って与えた父親（医者）の譬《たと》え話（良医病子《ろういびようし》の譬え）として再説された。子どもたちの中には、その薬を服用しない者もいた。父親は、再び旅立ち、旅先から「父親が亡くなった」と知らせた。父の死を聞いて、嘆き悲しみ、父親が残してくれた薬を思い出し、それを服用した。すると、子どもたちは快癒し、そこへ父親が帰ってきて再会した。

この久遠実成とキリスト仮幻説《かげんせつ》との違いを、東京工業大学名誉教授の橋爪大三郎氏と対談した折、尋ねられた。キリスト仮幻説は、キリスト教では、異端とされたようだが、イエス・キリストが実在の神だとすると、神が二人になってしまう。一神教の原則にこだわれば、神は父なる神だけでなければならず、イエスは、父なる神がこしらえた仮の幻だとする説だそうだ。私は、『法華経』の立場は、キリスト仮幻説とは逆である。如来寿量品には『方便現涅槃』とあり、この世に生存している釈尊が真実で、涅槃するのは方便としてである。釈尊は、あくまでもこの現実世界に関わり続けているのであって、人間と断絶した世界に住しているとは考えない」といったことを答えた（詳細は、『ほんとうの法華経』、三一九頁を参照）。

第五十七話　巨大化した如来

『法華経』の中でも比較的遅れて追加された第二十三章妙音菩薩品《みょうおんぼさつぼん》（第二十四）に、浄華宿《じょうけしゅく》王智《おうち》如来という仏の住む世界から弟子の妙音菩薩が、釈尊の住む娑婆世界に訪ねてくる場面が出てくる。妙音菩薩が娑婆世界に出かけようとすると、その如来が忠告した。

「サハー（娑婆）世界は、山の起伏があり、泥土でできており、カーラ山によって囲まれ、糞尿《ふんにょう》の不浄物が満ちている。〔中略〕しかも、シャーキャムニ如来も、菩薩たちも背の低い体つきをしている。ところが、あなたは、身長が四百二十万ヨージャナの身体を得ている。私は六百八十万ヨージャナの身長である。〔中略〕あなたはサハー世界に行って、如来についても、菩薩たちについても、そのブッダの国土についても劣ったものという思いを生じてはならない」と。（植木訳『サンスクリット版縮訳　法華経　現代語訳』、三六〇頁）

妙音菩薩と浄華宿王智如来の身長を計算すると、それぞれ地球と月の距離の約百六十倍と、二百六十倍という巨大さだ。極端な如来の巨大さと、この忠告は何を意味するのか？

この章が追加されたころ、仏教界では種々の如来が考え出された。それらの如来は巨大化される傾向にあった。特に毘盧舎那仏《びるしゃなぶつ》は、生身《なまみ》の人間である釈尊を超える宇宙大の仏とされた。

この『法華経』の編纂者《へんさんしゃ》は、如来の巨大化傾向に疑問を抱いていたのではないだろうか。浄華宿王智如来の仏国土の名前を、鳩摩羅什は「浄光荘厳《じょうこうしょうごん》」と漢訳し、私は「太陽の光明によって荘厳されているところ」と訳したが、サンスクリット語ではヴァイローチャナ・ラシュミ・プラティマンディター（vairocana-raśmi-pratimaṇḍitā）となっている。ヴァイローチャナ（毘盧舎那）という文字を使ったところにもその意図が感じられる。

いわゆる小乗仏教は、歴劫修行《りゃっこうしゅぎょう》と言って、何劫《こう》もの天文学的な時間をかけて修行してやっと仏になったとか、常人にはない身体的特徴の三十二相・八十種好《はちじっしゅごう》がブッダに具わっているなどとすることにより、ブッダを人間離れしたものに神格化した。「歴劫修行しなければ仏になれない。出家者のわれわれは、仏にはなれないけれど、阿羅漢にはなれる。在家のお前たちは、阿羅漢にもなれない。ましてや女性は成仏できない」などと釈尊を人間離れしたものに神格化することで人間を卑小化させた。一部の大乗仏教が如来を巨大化させたことは、人間だけでなく歴史的人物としての釈尊をも卑小化させたことになる。

妙音菩薩に対する如来の忠告は、当時の仏教界の情況に対する忠告ではないか。如来や菩薩を偉大／巨大なものとする一方で、人間を卑小なものとすることは、本来の仏教思想と相反する。釈尊自ら「私は人間に生まれ、人間に長じ、人間においてブッダとなることを得た」（『増一阿含経』第二八巻、大正蔵、巻二、七〇五頁下）と語っていた。仏教は人間主義であり、人間から決して目をそらすことはない。

『法華経』は「如我等無異《にょがとうむい》」（我が如《ごと》く等しくして異なること無《な》けん）という思想であり、そこに説かれる釈尊は、われわれの娑婆《しゃば》世界に常住し永遠の菩薩道を実践し続けている。その釈尊は、肉体的にはちっぽけな存在かもしれないが、人間の中にあって同等・対等に振る舞い、人間としてのあるべき法を探求することを説いた。まさに〝人間ブッダ〟である。

人間として人間対人間の関係性を通して、対話（言葉）によって人々を覚醒させる行為を讃嘆し、そのモデルが、法華経の常不軽《じょうふきょう》菩薩の振る舞いとして示された。「法《ほう》、妙《みょう》なるがゆえに人貴《にんとうと》し」である。

第五十八話　掛詞に込めた寛容思想

サンスクリット文学では、一つの言葉に複数の意味を込めた掛詞《かけことば》などの修辞法が好まれる。私は『梵漢和対照・現代語訳　法華経』『梵漢和対照・現代語訳　維摩経』（いずれも岩波書店）を上梓したが、『維摩経』と違い『法華経』には掛詞が頻出《ひんしゅつ》することに驚いた。私はあえて掛詞を反映させて『法華経』を現代語訳した。

『法華経』の理想とする菩薩は、常不軽《じょうふきょう》菩薩である。この菩薩は、男性・女性、在家・出家の違いを問わずだれに対しても、

私は、あなたがたを軽んじません。なぜかと言えば、あなたも菩薩道を行なうことによって如来になることができるからです。
（植木訳『サンスクリット版縮訳　法華経　現代語訳』、三一〇頁）

と語りかけた。言われた人たちは、嫌悪感を抱き、怒り、罵《ののし》り、非難し、危害を加えた。その菩薩は、何をされても憎悪する心を生じることもなく、危害の及ばないところへ走り去り、「私は、あなたがたを軽んじません」と主張し続けた。その菩薩を罵った増上慢《ぞうじょうまん》の人たちが、その菩薩にサダーパリブータというニックネームを付けた。それは、「常に軽んじないと言うことしか能のないやつ」という軽蔑の意味が強かったであろう。

この「サダーパリブータ」を、中国南北朝時代の訳経僧、鳩摩羅什《くまらじゅう》は常不軽《じょうふきょう》（常に軽んじない）と漢訳した。ところが西晋時代の竺法護《じくほうご》は常被軽慢《じょうひきょうまん》（常に軽んじられる）と漢訳していた。能動に対する受動、否定に対する肯定で、全く相反する訳が長年の謎《なぞ》だった。

サダーパリブータ（sadāparibhūta）は次のように、副詞の sadā（常に）と、過去受動分詞 paribhūta、あるいは否定を意味する a を頭に付けた aparibhūta の二通りの複合語と考えられる。

sadā（常に）＋ paribhūta（軽んじられた）
sadā（常に）＋ aparibhūta（軽んじられなかった）

前者は竺法護訳に相当するが、鳩摩羅什訳はいずれでもない。そこで、鳩摩羅什訳は誤りだとして、坂本幸男・岩本裕訳注『法華経』下巻（岩波文庫）で、岩本氏は「常に軽蔑された男」（一二九頁）と訳した。

ところが、これは〝教科書的〟文法からの解釈である。さらに高度な実践的文法書には、過去受動分詞は能動の意味でも用いられると明記されている。そうなると、この菩薩の名前は、〈肯定と否定〉、および〈能動と受動〉の組み合わせ方によって次の四通りに解釈することができる。

すなわち、①常に軽んじない（能動と否定）、②常に軽んじている（能動と肯定）、③常に軽んじられる（受動と肯定）、④常に軽んじられない（受動と否定）――の四つの意味を込めた掛詞である。鳩摩羅什は根幹の①で、竺法護は末節の③で漢訳したことになる。

竺法護訳より鳩摩羅什訳のほうが原意を捉えている。けれども、四つの意味をすべて訳すのが最善で、私は「常に軽んじない〔のに、常に軽んじていると思われ、その結果、常に軽んじられることになるが、最終的には常に軽んじられないものとなる〕菩薩」と訳した（植木訳『サンスクリット版縮訳　法華経　現代語訳』、三一五頁）。この名前は、四つの意味の掛詞《かけことば》によってこの菩薩の章のストーリーそのままを意味していたのだ（詳細は、拙著『ほんとうの法華経』第八章を参照）。この命名は天才的なものである。

もう一つ。勧持品《かんじぼん》に次の文章が出てくる。

ye câsmān kutsayiṣyanti... durmatī ime buddhā bhaviṣyanti /

これは、文章全体が掛詞になっていて、

愚かな出家者たちが「こいつらは、ブッダになるんだってよ」と〔皮肉を言って〕私たちを誹謗《ひぼう》するであろう。

という意味と同時に、

〔皮肉を言って〕私たちを誹謗するこれらの愚かな出家者たちもブッダになるのだ。

という意味も含まれている。『法華経』実践者を罵って発された言葉が、そっくりそのまま罵る人をも尊重する『法華経』実践者の言葉になっていて、『法華経』の寛容思想を表現している。このように、『法華経』に高度なレトリックが多用されていることに感動すら覚えた。その後、三友健容古稀記念論文集『智慧のともしび――アビダルマ佛教の展開』（二〇一六年）に「『法華経』に用いられた掛詞」と題して寄稿させていただいた。

ＮＨＫ―Ｅテレ「100分de名著」で拙訳『サンスクリット原典現代語訳　法華経』が取り上げ

られ、収録の時、司会の伊集院光氏に、「落語に洒落《しゃれ》はつきものですが、それは単語に二つぐらいの意味を掛けるぐらいですよね。『法華経』では一語に四つの意味を込めたものや、単語だけではなく文章全体が、別のことを意味する掛詞も出てきます」と言ったら、伊集院氏は「すげーっ」と驚嘆されていた。

以上のことを見ただけでも、『法華経』編纂に携わった人の教養レベルの高さに驚かされる。渡辺照宏《しょうこう》氏が、『法華経』を評して、「サンスクリット本について見ると、文体はきわめて粗野で単純、一見してあまり教養のない人たちの手で書かれたものであることがわかる」（岩波新書『日本の仏教』、一七八頁）などと記されているが、何をもってそのように結論されたのか、首を傾《かし》げてしまう。学究者としての客観性に欠ける論評で、多くの人がサンスクリット語を読めないのをいいことにして、為《ため》にするものではないだろうか。

第五十九話　大勢至菩薩がなぜ『法華経』に

『法華経』の第十九章常不軽品《じょうふきょうぼん》（第二十）は、次の言葉で始まる。

その時、世尊《せそん》は〝大いなる勢力をかち得たもの〟（得大勢《とくだいせい》）という菩薩《ぼさつ》に語りかけられた。

（植木訳『サンスクリット版縮訳　法華経　現代語訳』、三〇八頁）

そこで、釈尊は、「〝大いなる勢力をかち得たもの〟よ」と呼びかけて、数えることのできない無量の劫《こう》もの遥かな過去に〝恐ろしく響く音声《おんじょう》の王〟（威音王《いおんのう》）という名前の如来が無数に出現したことを明かす。その上で、

〝大いなる勢力をかち得たもの〟（得大勢《とくだいせい》）よ、〔中略〕その世尊の入滅後、正しい教えが衰亡し、また正しい教えに似た教えも衰亡しつつあり、その教えが増上慢の男性出家者たちによって攻撃されている時に、サダーパリブータという名前の男性出家者の菩薩がいた。

（同、三一〇頁）

と語り、鳩摩羅什（三四四～四一三年）によって「常不軽」と漢訳されたサダーパリブータという名前の菩薩について語り始める。

釈尊は、このサダーパリブータ菩薩について語るのに、原文では「〝大いなる勢力をかち得たもの〟よ」と十八回も呼びかけている。けれども、その菩薩は返事も何もしていない。存在感のない菩薩である。それだけに、『法華経』を重視していた天台大師智顗《ちぎ》も、最澄《さいちょう》も、日蓮もこの菩薩に注目することはなかったようだ。

この菩薩の名前は、サンスクリット語で「マハー・スターマ・プラープタ」(mahā-sthāma-prāpta)となっている。「マハー」が「偉大な」、「スターマ」が「勢力」、「プラープタ」が「得た」「至った」という意味であり、鳩摩羅什による「得大勢」という漢訳に対して、私は「大いなる勢力をかち得たもの」と現代語訳した。ところが、『梵和大辞典』を調べると、「大勢《だいせい》至《し》」とも漢訳されている。それは、畺良耶舎《きょうりょうやしゃ》(三八二〜四四三年)訳の『観無量寿経《かんむりょうじゅきょう》』に出てくる。この菩薩は、阿弥陀《あみだ》三尊像に向かって左側にひかえる脇侍《わきじ》である。

「得大勢」と「大勢至」を見比べて、両者が同一人物だったと気づく人はまれであろう。私はサンスクリットから翻訳したから気づくことができた。では、どうして釈尊は、常不軽菩薩の話を阿弥陀如来の脇侍である大勢至菩薩を聞き役にして語って聞かせたのであろうか。ここに重大なメッセージが込められているような気がする。

それを知るには、大勢至菩薩がどのような働きを持つ菩薩とされているかを知ることが一番であろう。それは、「智慧の光で一切を照らし、衆生が地獄界や餓鬼界に堕ちるのを防ぐ」とされている。これがヒントになるであろう。

サダーパリブータ菩薩は、あえて人間関係に関わって、言葉によって語りかけ、誤解されても感情的にならず、自らの主張を貫き、誤解を理解に変えて、ともどもに覚りに到るという在り方を貫いた菩薩である。

人間関係を通して教化《きょうけ》することは、原始仏教以来、変わってはならない実践形態であろう。

原始仏典の『ダンマ・パダ』には、次のように記されている。

　まず自分を正しくととのえ、次いで他人を教えよ。そうすれば賢明な人は、煩わされて悩むことがないであろう。他人に教えるとおりに、自分でも行なえ――。自分をよくととのえた人こそ、他人をととのえるであろう。自己はじつに制しがたい。（中村元訳）

中村元先生は、この一節に基づいて、次のように語っておられた。

　初期の仏教においても他人を救うことを教えている。しかし修行者が自己の神秘的な力によって他人を救うのではない。また神の命令とか天命のようなものを受けて他人を救うのではない。そうではなくて他人をして正しい道に入らしめた後に、その他人が他人自身の力によって他人自身を救うのである。〔中略〕修行を完成してみずから真実の認識を得ている人が、他人をして真理を理解させ体得させるのである。ゆえに他人を救うためには救おうとする人自身が修行を完成して、まず自分自身を救ったものであらねばならぬ。

（中村元著『原始仏教の思想I』、五五三頁）

以上のことからすれば、「光で照らすだけで人が救えるのか？」。人は、人間対人間の対話によってしか救うことはできない——ということを、釈尊は、サダーパリブータの振る舞いを通して大勢至菩薩に語って聞かせているように見える。

『法華経』においても第五章薬草喩品《やくそうゆぼん》（第五）では、人間を相手に声（言葉）によって、すなわち対話を通して人々を救済することが、次のように強調されている。

大きな雲が湧《わ》き起こるように、如来も世間に出現して、世間のすべての人々を声をもって覚らせるのである。大きな雲が、三千大千世界《さんぜんだいせんせかい》のすべてを覆い尽くすように、如来は、世間の人々の面前で〔中略〕言葉を発して、声を聞かせるのである。

（植木訳『サンスクリット版縮訳　法華経　現代語訳』、九七頁）

第十章法師品《ほっしぼん》（第十）には、「教えの勝《すぐ》れた功力《くりき》も、ブッダの国土への勝れた誕生も自発的に放棄して、衆生の幸福と、憐れみのために、この法門を顕示するという動機で」生まれてきて、「如来のこの法門を説き示したり、密かに隠れてでも、誰か一人のためだけでさえも説き示したり、あるいは語ったりする人」（同、一八〇頁）のことが如来のなすべきことをなす人であり、如来の使者だと称讃されている。ここも、人間の中で言葉によって語って教化することが重視されている。

原始仏教においても、『法華経』においても強調されていたように、神がかり的な救済を否定し、人間関係を通して、対話によって教化するのが仏教本来の思想であることを再確認する意図が、大勢至菩薩を聞き役とする場面設定自体に込められていたのだ。

第六十話　宗派を超える視点

第五十八話「掛詞《かけことば》に込めた寛容思想」で紹介したサダーパリブータ（常不軽《じょうふきょう》）菩薩《ぼさつ》は、その名前の四つの意味の掛詞が示す通り、どんなに非難され危害を加えられても、女性はもちろん、だれに対しても成仏できると主張する人間尊重の振る舞いに徹していた。

経典を読んでばかりで、「自ら真の道《どう》を行《ぎょう》ずと謂《おも》いて、人間を軽賤《きょうせん》する」（植木訳『梵漢和対照・現代語訳　法華経』下巻、一一六頁）増上慢《ぞうじょうまん》の比丘《びく》たちとは対照的に、この菩薩は人間を軽んずることはなかったが、経典を読誦《どくじゅ》することもなかった。

そのような実践を貫いて生涯を終えようとする時、天から『法華経』の法門が聞こえてきて、菩薩はこの法門を信受して、寿命を延ばし、そこから初めて経典としての『法華経』を説き始めた。

天からの声は、鳩摩羅什訳では、だれかが語ったとも、語っていないとも触れていない。ただ、「虚空《こくう》の中に於いて、〔中略〕法華経の〔中略〕偈《げ》を聞いて」（同、三七〇頁）とあるだけだ。カシュガルで発見された写本には否定の na（英語の not）があり、「誰も語っていない（na kena-cid bhāṣitam）天からの声」となっている（戸田宏文編『中央アジア出土　梵文法華経』、一八〇頁）。チベット語訳も同じ。さらには、ケルン・南条《なんじょう》本の底本《ていほん》である英国・アイルランド王立アジア協会本のローマ字版が二〇〇七年に出版され、それを確認すると同じく na となっていた。

kena-cid（だれかある人）は英語の anyone、someone に相当する不定代名詞で、na と一緒に用いられると、not anyone と同様、「だれも～しない」を意味する。

オランダの仏教学者、J・H・C・ケルンと南条文雄《ぶんゆう》は、だれも語っていないのに聞こえるはずがないと気を回し、na に ye を付け加え関係代名詞 yena にして、「だれかが語ったところの（yena kena-cid bhāṣitam）」という意味に書き換えたのであろう。岩本裕《ゆたか》氏は、それに何の疑問も抱かずに岩波文庫『法華経』下巻で「誰かが語った空中からの声」（一三七頁）と訳した。

私は、ケルン・南条本の校訂を採用せず、植木訳『梵漢和対照・現代語訳　法華経』下巻（三七〇頁）で yena を na に戻し、「誰も語っていない空中からの声」（三七一頁）と訳した。そうすると、だれも語っていないのに『法華経』が聞こえてきて、それを素直に信受したということになる。それは、渡辺照宏《しょうこう》氏の言われるように、この菩薩の振る舞いが『法華経』の精神にかなっていて、『法華経』を自得していたということを意味する（詳細は、拙著『思想としての法華経』第八章を参照）。だれ人も軽んじないその振る舞いこそが、『法華経』であったということだ。

ここから重要なメッセージが読み取れる。経典読誦などの仏道修行の〝形式〟を満たしていなくても、『法華経』の教えを知らなくても、人間尊重の振る舞いを貫いているならば、その人は既に『法華経』を行じていることになる。これに対して、〝形式〟として仏教徒であるとか、『法華経』などの経典を読誦しているとか、いわゆる修行形態を満たしていたとしても、権威主義になって人間を軽んじたり、恫喝《どうかつ》したり、利用したり……しているならば、それは『法華経』でも仏教でもない、全く異なるものだということだ。一宗一派や、イデオロギー、セクト主義の壁を乗り越える視点が、ここに提示されている。

中村元先生が、なぜ原始仏教の研究に取り組まれたのかということについて、三十六歳の時に毎日新聞社から出版された『宗教における思索と実践』（二〇〇九年にサンガから再刊）の「はしがき」に記されている。

仏教、というよりはゴータマの思想は、〔中略〕何ら特定の宗教の立場をとらなかった。他の宗教を、他の宗教であるが故に排斥することをしなかった。ただ人間の真理を明らかにするということを、めざしていたのであった。かかる立場に立つ人間の真理の探求は必ずや他の宗教にも通じ得るものであろう。

中村先生も、一宗一派や、イデオロギー、セクト主義の壁を乗り越える視点を当初から持っておられたことが理解できよう。

〝神のための正義〟だとして他者に危害を加えることを奨励する一部の指導者がいるが、果たしてその宗教の創始者に立ち還った時、そんなことを言っていたのかどうか。人間を尊重すること、だれ人も軽んじられないことが、本来の宗教の目指したものではないかという原点に立ち還ることを、サダーパリプータ菩薩は世界に呼びかけているのであろう。

『法華経』薬草喩品《やくそうゆほん》には、千差万別の植物が同一の大地に根差し、同一の雨に潤されてそれぞれに繁茂しているように、共通の基盤に立って違いを尊重し合うという在り方も説かれている。

第六十一話　大乗非仏説論

ほとんどすべての経典は、「如是我聞《にょぜがもん》」（このように私は聞いた）という言葉で始まっていて、日本の仏教者たちは、釈尊が説かれたことを直接聞いて書き残したものが経典だという大前提の下で読んできた。

そのような読み方は、中国で始まった。二世紀半ばに中国に仏教が伝来し、初めは翻訳することで精いっぱいだったが、翻訳の段階が一段落して、五世紀ごろからその内容を比較検討するという時代に入った。各経典をよくよく読み比べてみると、「言っていることがぜんぜん違う」「全く逆のことを言っているじゃないか」ということが出てきた。そこで、矛盾を何とか解消しようとしたが、すべて、釈尊が説いたものだという大前提は崩さなかった。矛盾をどう解消したかというと、例えば天台大師の場合は、「釈尊が覚りを得た。その覚りを手加減しないでそのままストレートに説いた（華厳時《けごんじ》）。そうしたら、みんな消化不良を起こした。これではよくないというので、レベルをがくんと下げて、日常的なことから話を説き起こして（阿《あ》含時《ごんじ》）、だんだんとレベルを上げていって（方等時《ほうどうじ》、般若時《はんにゃじ》）、最後に最高の教えを説いた（法《ほっ》華《け》・涅槃時《ねはんじ》）というような五段階（五時《ごじ》）のストーリーをつけたのである。それによって相矛盾する内容を調整しようとした。日本は、それをそのまま受け入れた。

ところが、この考え方に異を唱えた人がいた。江戸時代中期の大坂の町人であった富永仲基《とみながなかもと》である。この人は、『出定後語《しゅつじょうごご》』（一七四五年）を著わして、大乗仏教は釈尊が直接説いたものではないとする「大乗非仏説論」を唱えた。

富永仲基は、懐徳堂《かいとくどう》という学校で学んだ。この学校は、大坂の町人が自分たちでお金を出し合って、庶民教育のために創った学校である。だから権威といったものとは無縁で、仲基は、自分の問題意識のままに経典を読んでいったのであろう。経典を読み比べると、相互に食い違いがあり、矛盾するところがあった。仲基は、その矛盾が生じた理由を自分なりに考えて、最初の経典は素朴なものだったが、後世に書き加えられ、加上《かじょう》（増広《ぞうこう》）されていったからだと推論していった。

大乗を釈尊が実際に説いたかどうかという問いに対しては、現在の仏教学では「説いていない」というのが歴史的事実である。では、天台大師の解釈は、全く無意味かというと、私は、そうは思わない。内容がまちまちの経典群を相互の関係性を持たせてトータルに把握するのに極めて便利であると言える。思想史といえば、一般に編年体でまとめられるものだが、これは経典の内容面から、相互の関係を位置づけるものとしてまとめたものと言える。ただし、それは出来上がった経典をずらりと並べて、相互の関係を論じる〝静的〟な全体観と言える。

それに対して、実際の歴史の中で捉える経典は、小乗仏教の権威主義や差別思想を乗り越えようとして興った大乗仏教が大乗仏典を編纂していったように、〝思想運動の足跡〟として見ることができ、それは〝動的〟な思想史と言える。運動論として見ることが可能であろう。

富永仲基に言われるまでもなく、『法華経』編纂者たちは、『法華経』が〝非仏説〟だと非難されていたことを記している。それは、第十二章勧持品《かんじぼん》（第十三）の「二十行の偈《げ》」の中の次の一節である。

「情けないことに、これらの出家者たちは、仏教以外の外道《げどう》を信ずるもので、自分たちの詩的才能を誇示している。自分で諸々《もろもろ》の経典を作って、利得と称讃を求めて、集会の真ん中でそれを説いている」と、私たちを誹《そし》るでありましょう。

（植木訳『サンスクリット版縮訳　法華経　現代語訳』、二二八頁）

第五十一話「仏塔か、経典か?」をはじめとして、これまで見てきたように、『法華経』は釈尊の滅後五百年ほどしてから編纂された経である。釈尊が直接、説いていないという意味では、明らかに〝非仏説〟と言える。

しかし、その五百年の間に、これまで見てきたように、①聖地信仰、②ストゥーパ信仰、③在家や女性に対する差別思想、④人間主義を否定する絶対者の導入、⑤釈尊の神格化、⑥修行の困難さの強調、⑦出家中心主義――など、ことごとく歴史上の人物である釈尊の説いていたこととは逆のことが説かれるに至っていた。思想的には、こちらのほうこそ〝非仏説〟である。『法華経』は、こうした五百年の間にズレてしまった仏教に対して、「釈尊の原点に還れ」「原始仏教に還れ」と随所で主張している。「自己」と「法」に基づくこと、在家の復権を図り、女人の成仏を明かし、人間を根本にすえ、一切衆生の成仏を説いている。そちらのほうが、本来の仏教に沿ったものであり、文献学的には『法華経』は〝非仏説〟であるかもしれないが、思想的には〝仏説〟である。

『法華経』を〝非仏説〟と批判した小乗仏教は、釈尊の時代から連綿として続く教団で、われらの奉持する教えこそ〝仏説〟と自負しているかもしれないが、釈尊の教えを改竄《かいざん》していたのだから、〝非仏説〟である。その誇りを持って、『法華経』編纂者たちは小乗教団からの誹《そし》りの言葉を記録したのであろう。

『法華経』には、釈尊が入滅《にゅうめつ》して五百年ほどが経過した紀元一世紀末から三世紀初頭の当時の仏教界の在り方を間接的な表現であれ批判し、原始仏教の原点に還ることを主張するところがたくさんある。ただし、それは直接的な表現でなされることは少なく、第五十三話、五十七話、五十九話で述べたように場面設定の仕方や、キャラクターの選び方そのものが当時の仏教界に対する批判となっていて、間接的であるがゆえにその主張に気づけずに素通りしてしまいがちである。富永仲基が上記の書で「法華経は誉める言葉ばかりで、経典としての中身が何もない」といった誤った評価を下してしまったのは、「深い意味を込めて語られたことは、理解し難い」（同、三七頁ほか多数）とあるように、間接的な表現に込められた主張を読み込むことができなかったからであろう。

東京工業大学の大学院生に対する授業で「思想としての法華経」と題する講義を二〇一〇年に行なった。そこで、「『法華経』は釈尊の直説《じきせつ》ではありません」と切り出すと、一人の学生が「うっそー！」と、自分が信じてきたものに裏切られたかのような反応を示した。けれども、上記のことを知れば、何もうろたえる必要はない。『法華経』の価値が増しこそすれ、何も低減することはないのだ。

第六章　科学との接点

第六十二話　ブラックホール

二〇一九年四月十日、この項の原稿に加筆しているところへ、「ブラックホールの撮影に成功」というニュースが飛び込んできた。ちょうど百年前の一九一九年五月十九日、イギリスの天文学者、アーサー・エディントンが皆既日食の観測で、太陽の陰に隠れて見えるはずのない星を撮影して、光が重力によって曲がるというアインシュタインの一般相対性理論の予言を証明したのに匹敵する快挙である。

そのブラックホールの概念が、二千年ほど前に編纂《へんさん》された『法華経《ほけきょう》』に記されていたとはだれも想像できないであろう。ところが、二〇〇〇年から二〇〇八年まで八年がかりで『法華経』をサンスクリット原典から翻訳していて、これはブラックホールの概念ではないかという箇所に出くわして驚いた。学生時代に物理学を学んでいてよかったと思った。『法華経』の「第七章化城《けじょう》喩品《ゆぼん》（第七）」に次の箇所が出てきた。

それらのすべての世界の間には中間の世界があり、その中に苦難の暗黒の闇夜が包まれている。そこにおいては、大いなる神力、大いなる威徳、大いなる能力を具えた月と太陽でさえも、光明《こうみょう》によってでさえも光明を生み出すことができないでいるし、色彩によってでさえも色彩を、輝きによってでさえも輝きを生み出すことができないでいるのだ。

（植木訳『サンスクリット版縮訳　法華経　現代語訳』、一三一頁）

鳩摩羅什《くまらじゅう》による漢訳では、「中間幽冥《ちゅうげんゆうみょう》の処《ところ》、日月《にちがつ》の威光も照らすこと能《あた》わざる所」と簡略化されていて分かりにくいが、世界と世界の中間にある「暗黒の闇夜」とは、巨大な重力で光が重力場を抜け出せず、光を一切放出することのないブラックホールの概念である（拙著『思想としての法華経』第十章を参照）。

奇《く》しくも、ブラックホールの存在を初めて理論的に指摘したのは、インド人だった。一九三〇年、十九歳の天才少年、S・チャンドラセカールだ。彼は、尊敬するアーサー・エディントンに論文を送った。しかしエディントンは、それを根拠なく否定した。それも、論文を発表させ、みんなの前でそれをこき下ろすというやり方だった。その結果、ブラックホールの研究は四十年近くも遅れたが、今や現代天文学の最先端の研究テーマとなっている。

電波望遠鏡もX線天文学も知らない時代に、『法華経』の編纂者《へんさんしゃ》たちはどうやってこんなことを考えついたのだろうか。

南から北へ流れるナイル河を見て育ったエジプト人は、「河というものは、南から北に流れるものだ」と思っていたという。そのエジプト人がメソポタミアへやって来て、チグリス・ユーフラテス河を見て、「河が北から南に流れている！」と驚いた。一つの現象を見て、それがすべてと判断していたからだ。インド人は、このようにものごとを限定的に捉えることを好まない。一般化する。一つの現象を見ても、それは多くの可能性の中の一つであって、これがすべてではない――と思考（空想）する。

こうした思考方法の具体例を『維摩経《ゆいまきょう》』に見てみよう。われわれが外部から情報を受け取る主要な窓口は、目と耳である。色や形、音声によって情報のやりとりがなされる。その中でも、耳の働きは大きく、ブッダの教えは音声によってなされ、それを耳で聞く。仏弟子を意味する「声聞《しょうもん》」という言葉にもそれが表われている。従って、われわれの住むサハー（娑婆《しゃば》）世界は「耳根得道《にこんとくどう》」（耳という感覚器官によって教えを聞いて覚りを得る）の国土とされる。

こういう言い方があえてなされるということは、他の国土では耳と音声以外の手段が予想されていることを意味する。現に『維摩経』には、香りで法が説かれる仏国土が出てくる（植木訳『サンスクリット版全訳　維摩経　現代語訳』第九章を参照）。人間には五感があり、情報の授受は色・形、音声、香り、味、感触のいずれでもいいわけだ。たまたまわれわれの住むサハー世界は「耳根得道」と言われるように、仏の説いた教えを直接、間接に耳を通して声（言葉）によって覚りを得ることができる国土だというのだ。概念の抽象化、意味の伝達において言語は最たるものだと思うが、インド人は五感のすべてにその可能性を否定することはなかった。従って、情報のやりとりは、音声だけではなく、香りでもかまわないではないかということにもなる。現在の通信技術から見れば、電波や光も情報伝達の重要な手段である。

このように、ものごとを一般化するインド人独特の普遍的思考方法で、現象の現われ方のいろいろな可能性を広げていって、想像をたくましくした結果、素朴な表現ではあれブラックホールの概念に思い至ったに違いない。

ところが、同じ『維摩経』で、光と闇についてのヴィマラキールティ（維摩詰）とシャーリプトラ（舎利弗）との対話がなされている。「太陽の光が、暗黒と一緒にあることを好むであろうか？」というヴィマラキールティの問いに、シャーリプトラが言った。「そうではありません。その二つには、結合することはありません。実に日輪《にちりん》が昇った後、即座にあらゆる闇が消え去ります」「〔太陽が、ジャンブー洲（閻浮提《えんぶだい》）の上空に昇るのは、〕光を生じるためであり、闇を駆逐するためです」と答えた。

『法華経』よりやや早く、紀元一世紀ごろ成立した『維摩経』では、ブラックホールまで一般化されることはなかったようだ。

第六十三話　ゼロと巨大数

前回、インド人の普遍的思考について触れた。それはサンスクリット語が、世界中で最も抽象名詞の多い言語であることとも関係する。すべての名詞、形容詞、副詞の語尾に tā を付けるだけで抽象名詞になる。抽象名詞が多いのは、目の前にあるものごとよりも、その背後にある普遍性を重視する国民性の表われだ。

私たちは「この紙は白い」と言う。英語では、This paper is white. その構文は世界のほとんどの言語に共通する。ところが、インド人は「この紙は白性《しろせい》を持つ」という表現を好む。サンスクリット語で「白い」はシュクラ（śukla）で、「白性」は、その抽象名詞シュクラター（śuklatā）に相当する日本語がないので、私が造った言葉である。

「この紙は白い」では、「白」という現象を見ている。「白性を持つ」では、「白」という現象を見ながら、その背後に現象として「白」たらしめるものを見ている。インド人は、現象にとらわれず、背後の普遍性に関心がある。

その見方があるからこそ、インド人はゼロを発見した。紀元前二世紀のことだ。そのゼロが、ブラーマグプタという数学者によって数学的に、

①$a\times0=0$，②$a+0=a$，③$a-0=a$，④$0\div0=0$

と定義された。それは七世紀のことであった。ただ④については、現代数学では考慮されていない。

多くの民族は、羊が何頭、リンゴが何個というように、ものに即して数を捉える。インド人

は、目の前にあるものにとらわれない。ものから離れて数を抽象化し、その数をもてあそぶ。三より一少ないのは二だ。二より一少ないのは一だ。では、一より一少ないのは何だ？　ということで、ゼロの概念が簡単に出てくる。ものに即して数を捉える民族からは出てきにくい。

ゼロの発見に加え、インド人は位取りという数字の表記法を発明した。それによって、一を頭にゼロを次々に付けていけば、無限に巨大数ができる。漢数字ではこうはいかない。一、十、百、千、万、億、兆、京《けい》、垓《がい》、……という漢字があるものしか表現できない。

二千年前の『法華経』にアサンクィエーヤ（asamkhyeya）という数が出てくる。漢訳で阿僧祇《あそうぎ》と音写された。一説には、十の五十九乗（ゼロが五十九個付く数）のことだ。別の学派では、十の五十六乗と食い違っている。日常的に使う一、十、百、千などの数に食い違いはないが、巨大数はゼロの数が二、三個違っても日常生活に大して影響ない。そこがインド人らしい。こんな数は日常生活のどこにも必要ない。ものにとらわれないインド人だからこそ考えついた。

ものにとらわれないインド人の数の捉え方は、ローマ数字と比較すれば、その違いがよく分かる。ローマ数字は一（I）、五（V）、十（X）、五十（L）、百（C）、五百（D）、千（M）を表わす記号しかない。これに五千と一万を表わす記号があれば、日本の貨幣の区切りと同じになる。ローマでは二千を表わす記号も作られたそうだが、中途半端で使われることなく終わった。日本の二千円札が同じ末路をたどった。ローマ数字の教訓が生きなかったようだ。これらの記号では、最大三千九百九十九までしか表記できない。ものに即して数を用いるので、何ら不便はない。羊を三千九百九十九頭所有している人はまれだから、それで充分なのだろう。

ゼロの発見と位取りの発明で、四則計算が容易になった。例えば、三千九百八十三と、九百四十九は、それぞれ次のように表記される。

MMMCMLXXXIII, CMXLIX

3983, 949

それらの掛け算は、次のようになる。

三千九百八十三×九百四十九

MMMCMLXXXIII×CMXLIX

3983×949

見ただけで、漢数字と、ローマ数字では、掛け算は至難のわざである。ところが、位取り表記を考えついたインド人は、筆算によって難なく掛け算もこなしてしまった（詳細は、拙著『思想としての法華経』第十章を参照）。

第六十四話　三千大千世界

「三千世界《さんぜんせかい》の鴉《からす》を殺し、主《ぬし》と朝寝がしてみたい」というのは、幕末の志士・高杉晋作《しんさく》が作ったとされる都々逸《どどいつ》だが、この「三千世界」は、「三千大千世界《だいせんせかい》」のことである。『法華経』などの大乗仏典には、「三千大千世界」（tri-sāhasra-mahā-sāhasra-loka-dhātu）という宇宙が登場する。その最小の単位は、一つの世界（loka-dhātu）で、それは横には、スメール山（須弥山《しゅみせん》）を中心として四大陸（四洲《ししゅう》）があり、その周りを鉄囲山《てっちせん》を境界として九山八海が囲んでいる。その四大陸は、東は勝身洲《しょうしんしゅう》（pūrva-videha）、西は牛貨洲《ごけしゅう》（avara-godānīya）、南は閻浮提洲《えんぶだいしゅう》（jambhū-dvīpa）、北は倶盧洲《くるしゅう》（uttara-kuru）からなる。縦には下は地獄、上は日月《にちがつ》、六欲天などの神々の住所までで、須弥山の中腹の高さに太陽と月が含まれていることから、「一世界」とは、ほぼ太陽系に相当するものと見なすことができよう。

その世界を千個集めたものが、「小千世界」と呼ばれ、その「小千世界」を千個集めたものが、「中千世界」、さらにその「中千世界」を千個集めたものが、「大千世界」とされる。「大千世界」は、「三回にわたって千個ずつ集めた大千世界」という意味で、「三千大千世界」とも言う。数式で表わせば、

$\{(世界\times1000)\times1000\}\times1000 = 世界\times1000^3 = 世界\times1000000000$

となる。「千の三乗個の世界」、あるいは「十億個の世界」ということであり、現代的には「太陽系が十億個集まったもの」と言うことができよう。

現代天文学によれば、銀河は数十億から数千億個の恒星（太陽）が大集団を形成しているもので、われわれの住む天《あま》の川《がわ》銀河（直径約十万光年）は、一千億個の恒星からなる。それを考えれば、「三千大千世界」は、現代天文学の銀河系宇宙にほぼ匹敵していると言えよう。このように壮大な宇宙をインドの仏教徒たちは、『法華経』第七章化城喩品《けじょうゆぼん》（第七）などの仏典に取り込んだ。

ところが、『法華経』の第七章化城喩品（第七）では一個の「三千大千世界」が論じられていたのに対して、第十五章如来寿量品《にょらいじゅりょうぼん》（第十六）では、「五・百・千・万・億・那由他《なゆた》・阿僧祇《あそうぎ》」個の「三千大千世界」が論じられるのだ。「那由他」を十の十一乗、「阿僧祇」を十の五十九乗として計算すると、約十の八十七乗個の「三千大千世界」（銀河）となる。

何とも壮大な話だ。これもイラン系のクシャーナ王朝（一～三世紀ごろ）に入って、対外交渉が活発になり、インドに新しい学術が興隆するとともに、ギリシア、ローマとの接触で飛躍的に発展したインドの天文学を反映していると言えよう。

第六十五話　ナツメの種子から原子へ

『法華経』にブラックホールの概念が出てきたかと思えば、銀河系宇宙に匹敵する三千大千世界というマクロ（極大）の話が出てきた。マクロがあれば、ミクロ（極微）の話もあっていいのではないかと思っていると、原子の概念が出てくる。

それは、第七章化城喩品《けじょうゆほん》（第七）の次の一節である。

〔それ以上〕極小の部分（paramâṇu）が存在しないところの土の微塵《みじん》の粒子（pāṃsu-rajas）。

（植木訳『サンスクリット原典現代語訳　法華経』上巻、一八七頁）

これは、「〔それ以上〕分割できないもの」という意味のアトム（atom、原子）と同じことを言っている。

『法華経』が編纂されたのは、西北インドであった。カシュミール、ガンダーラなど西北インドで最有力であった説一切有部《せついっさいうぶ》は、自然の根底に原子を想定していた（中村元著『原始仏教から大乗仏教へ』、一八一頁）。それは、説一切有部がギリシア人などと交流していたこととも関係しているのであろう。

紀元前五世紀の古代ギリシアの自然哲学者エンペドクレスは、「地水火風の四元素の結合によって世界は成り立っている」と提唱していた。その弟子、ミレトス生まれのデモクリトス（前四六〇年ころ〜前三七〇年ころ）は、エンペドクレスの考えをさらに発展させて、「変化せず、それ以上分割できない原子」と「空虚な空間」を考え、「空虚な空間で、原子が結合・分離することで世界は成り立っている」として原子論を確立したとされる。デモクリトスは、エジプト、エチオピア、ペルシア、インドなどを五年間放浪したという経歴を持つ。インド滞在中に、原子論について相互に影響があったことであろう。

このような背景があって、「原子」（塵《じん》）の数を用いて示される「三千塵点劫《じんてんごう》」という長大な時間が『法華経』第七章化城喩品《けじょうゆほん》（第七）に登場する。それは、かつて大通智勝仏が出現したとされる遥かな過去にさかのぼる時間の長さである。

> あたかも三千大千世界《さんぜんだいせんせかい》に多量の大地の構成要素があって、そのすべてを誰かが〔原子（塵）の大きさに〕粉々にしたとして、その中から一つの原子を取って、東の方向にある一千個の世界を過ぎて、原子の一つを下に置くとしよう。第二の原子を取って、さらに一千個の世界を過ぎて、第二の原子を下に置くとしよう。このようにして、その人が東の方角においてすべての大地の構成要素〔の原子〕を下に置いたとしよう。
>
> （植木訳『サンスクリット版縮訳　法華経　現代語訳』、一二五頁）

これは、三千大千世界（十億個の世界）を磨《す》り潰《つぶ》して原子とし、東に千の世界を過ぎるごとに一粒ずつ置いていって、すべてなくなったとして、そこに出てきたすべての国土にある原子の数だけの劫《こう》の数が「三千塵点劫」だとされる。

われわれの住む天《あま》の川《がわ》銀河は、一千億個の恒星《こうせい》（太陽）からなり、そこに「十の六十六乗」個の原子が存在すると言われる。三千大千世界（十億個の世界）に存在する原子の数は、その百分の一の「十の六十四乗」個、千の世界の場合はその「十の六乗」分の一の「十の五十八乗」個となる。また、私の計算では、「一劫《いっこう》」は約「十の二十四乗」年になる（植木雅俊・橋爪大三郎著『ほんとうの法華経』、三一〇頁を参照）。こうしたデータから、次のように計算できる。

三千塵点劫 ≒（千の世界の原子の数）×（三千大千世界の原子の数）〔劫〕
＝（十の五十八乗）×（十の六十四乗）〔劫〕＝十の百二十二乗〔劫〕
＝十の百二十二乗 ×（十の二十四乗）〔年〕＝十の百四十六乗〔年〕

ところが、第十五章如来寿量品《にょらいじゅりょうぼん》（第十六）では「五・百・千・万・億・那由多《なゆた》・阿僧祇《あそうぎ》」個の三千大千世界を磨り潰して原子とし、東に「五・百・千・万・億・那由多・阿僧祇」個の世界を過ぎるたびに一粒ずつ置いていって、すべてなくなり、これまで経過したすべての世界を磨り潰して原子となした時、そこにある原子の数だけの劫の数が「五百千万億那由多阿僧祇三千塵点劫」、略して「五百塵点劫」だとされる。

化城喩品の「三千塵点劫」は、「一」個の三千大千世界の話だったが、如来寿量品の五百千万億那由多阿僧祇《なゆたあそうぎ》三千塵点劫、略して「五百塵点劫」は、「五百千万億那由多阿僧祇」個の三千大千世界についての話だから、桁外《けたはず》れである。試しに、両者の比率を計算してみた。その結果、後者は、前者の「十の百七十乗」倍である（詳細は、拙著『思想としての法華経』第十章参照）。

五百塵点劫は、さらに三千塵点劫の「十の百七十乗」倍だから、「十の二百九十二乗」劫、すなわち「十の三百十六乗」年になる。

このように膨大な数が出てくる『法華経』を翻訳した後、二〇一七年に植木訳『テーリー・ガーター――尼僧たちのいのちの讃歌』（角川選書）を出版した。それを翻訳していて、多数を表現するのに四大洲の一つであるジャンブー洲（閻浮提《えんぶだい》）の大地を「ナツメの種子の大きさほどの小さな球」に分割するという話に出くわした。

> 始まりを知ることのできない〔無始の輪廻《りんね》〕において、輪廻を繰り返している人のために、ジャンブー洲（閻浮提《えんぶだい》）の大地を例に挙げることができます。〔ジャンブー洲の大地を細かく分割して〕ナツメの種子の大きさほどの小さな球〔にしたとしても、その数〕は、母

からそのまた母〔へとたどっていったすべての母の数〕には、及びません。　（第四九八偈）

膨大な数を表現するのに、釈尊在世（前四六三〜前三八三年）のころの女性の仏弟子が書いた手記では、ジャンブー洲をナツメの種子の大きさに粉砕する話であったが、一世紀末から三世紀初頭に編纂された『法華経』では、三千大千世界を原子の大きさに磨《す》り潰《つぶ》す話に発展している。五、六百年の年月を経てミクロとマクロの気の遠くなるような表現がなされるように変化している。

「億劫」という文字がある。仏教用語としては「おくごう」、世間では「おっくう」と読む。確かに、こんなに想像を絶する莫大な数を立て続けに並べて表現された時間の長さを聞かされると、読者の皆さんも気分が滅入《めい》ってしまい、「おっくう」になっておられるに違いない。ご免なさい。

第六十六話　科学と宗教

科学者は、科学という専門領域で自足することなく、周辺分野にも目配りと理解が必要である――という考えから、二〇一六年、公益財団法人・日本科学協会が科学隣接領域研究会を発足させた。金子務《つとむ》大阪府立大学名誉教授をリーダーに、酒井邦嘉《くによし》東京大学教授をサブリーダーとして、計七人の研究員の片隅に私も入れていただいた。

その第一のテーマが、「科学と宗教」であった。定期的に研究会を繰り返し、その成果を反映して、二〇一七年七月に一般公開のセミナーを開催し、その発表内容を踏まえて、さらに金子務監修・日本科学協会編『科学と宗教——対立と融和のゆくえ』（中央公論新社）が、二〇一八年四月に出版された。その第七章として拙論「原始仏教における知と信」も収められた。

その中で、田中一郎金沢大学名誉教授のガリレオ裁判についての発表と、寄稿に疑問が残った。それは、「最近になってようやく公開されたヴァチカン秘密文書庫のガリレオ裁判の記録」を踏まえての執筆であった。一六一六年と一六三三年の二度にわたる宗教裁判の記録のうち、前者は知られていたが、後者は今世紀になって初めて公開されたという。

田中氏は、その論稿で「一六一六年からこの一六三三年にかけてガリレオを断罪しようとする理由が大きく変わっていることに注目すべきである」とおっしゃっている。

すなわち、一六一六年の時点では、「ガリレオの主張は聖書の記述に反している」というのが告発理由で、神学者たちの主張は「太陽は世界の中心にあって、いっさいの運動をしない」という命題は異端で、「地球は世界の中心になく、不動でもなく、全体として日周運動をする」という命題も信仰上は誤りだ」ということであったという。

一六一六年にガリレオを断罪しようとした理由は、このように「地球の運動と太陽の不動性を絶対的なものと主張している」ということであり、その主張を放棄し、その考えを抱いても、教えても、擁護してもならないことを命じられた。ガリレオは、その命令に同意し従うことを約束したことで自宅に戻された。

それに対して、一六三三年の裁判で有罪とされた理由は、その一六一六年に出された命令に違反したということであった。田中氏は、その理由が大きく変えられているとして、「ローマ教会は科学的問題から遠ざかりつつあったと言うことができる」と結論されている。

これを読んで、この論旨がどうしても理解できなかった。以上のことからそんな結論がどうして導けるのか不思議でならない。一六三三年の有罪の理由として天動説、地動説への言及がなく、一六一六年の禁止命令に従わなかったことを挙げているといっても、禁止命令の内容が「天動説、地動説を放棄し、それについて語らない」ということなのだから、直接的に触れていないとはいえ、間接的に天動説、地動説に関連しているのである。政治家の利益のために忖《そん》度《たく》した官僚を、世論に抗しきれなくなって、辞めさせざるを得なくなり、全く関係ない理由を取って付けて辞めさせるのと似たようなことで、触れられたくないことを直接の理由にしなかっただけだとしか私には思えない。

いかに一六三三年の新資料を持ち出してきても、ローマ教会の権威が科学的発見に圧力をかけたという事実は動かしようがないのではないだろうか。

そう考えると、ディドロとダランベールが『百科全書』第八巻で、「無知が権力で武装するときほど人間の本性が堕落することはない」という指摘は、変わらぬ真理と言っていいであろう。ただ、この言葉の直前にある「八〇歳の偉大なガリレオは、地球の運動を発見したために、異端審問所の牢獄でうめいていた」という一節については、八十歳は六十九歳の誤りであり、ガリレオは無期限の投獄という判決を受けたが、翌日には軟禁に減刑され、半年後には自宅での軟禁に変わったというように事実関係と異なる点があったことは認められる。しかし、ローマ教会の権威が科学的発見の公表に圧力をかけたという事実は動かしようがないのではないだろうか。

田中氏の論調は、一六三三年の記録公開を根拠に、ローマ教会の権威が科学的発見に圧力をかけたという事実を薄めるような記述をされているようにしか読めないのだが、私の読み間違いであろうか。

私は、神学者が行なった聖書の解釈は絶対的で、その解釈に反する者は罰されるというこのガリレオ裁判のことをうかがいながら、原始仏典の古層に記された歴史上の人物としての釈尊のことを考えていた。歴史上の人物としての釈尊は、そのように断定的なドグマを説くことはなかった。当然のように異端ということもなかった。

それは、次の『スッタニパータ』第八三七偈《げ》を読めば明らかだ。

「わたくしはこのことを説く」ということが、わたくしにはない。もろもろの事物に対する執著を執著であると確かに知って、もろもろの見解における〔過誤を〕見て固執することなく、省察しつつ内心の平安をわたくしは見た。（中村元訳）

①世界は常住か無常か、②世界は有限か無限か、③死後の生命は有るのか無いのか──といった形而上学的な問題について、釈尊は断定的なこと（ドグマ）を語ることはなかった（無記《むき》）。釈尊は、天地を創造した絶対神などではなく、自らを人間だと語っていた。人間として、人間のありのままの真実を見て、いかに生きるかを説いていた。釈尊の教えの根本は、「ありのままにものごとを見ること」（如実知見《にょじつちけん》）であった（第二十三話「如実知見の困難さ」を参照）。

また自らの教説を絶対化することも否定していた。その教えが「筏《いかだ》の譬《たと》え」であり、釈尊は「自分の教えにも執着するな」と説いていた。

道行く人が激流の川に差しかかったが、そこには橋もない。このままではこちらの岸も危ない。そこで、木を組んで筏を作って無事に渡ることができた。「この筏は有り難いものだから、常に持って歩くことにしよう」と考えたら、それは正しいことか？──と釈尊は弟子たちに問いかけた。筏は激流の川では役に立ったが、普段は邪魔にしかならない。この譬えで釈尊は、自分が説いた教えであっても、情況を踏まえずにドグマとして絶対化することを戒めていた。

仏教では万物を創造した絶対者は出てこない。そのような絶対者を立てると、その絶対者の語ったとされることに矛盾をきたした時の対応で困ることが出てくるであろう。強引に押し切るために、異を唱える人を弾圧することになりかねない。ガリレオ裁判などはその典型であろう。釈尊はドグマを否定していたし、「筏の譬え」を説くほどだから、ガリレオ裁判のようなことは、起こることがなかった。

あるいは、絶対者の言葉に不合理なことを目にした人は、それに目をつぶり「不合理なるゆえに我信ず」と自らに言い聞かせることであろう。

研究会では、科学史家から「自分の眼で確かめたことを重視すべきだ」という発言もあった。それを聞きながら、釈尊も同じことを言っていたことを思い出し、釈尊の思想が科学的であり、近代的であることを痛感した。第三十話「盲信の否定」において触れたように、見たこともない梵天を代々信じ続け、人間が作った聖典を有り難く信じていることに釈尊は厳しい言葉を残していた。このように、釈尊は聖典の権威も、インド神話の創造主の権威も否定して、「ことがらは、自分で確かめたのでなければならない」という立場を貫いていた。

ただ、釈尊滅後の教団は、権威主義になり、「どんなに勝れた能力を持っていても在家は阿《あ》羅《ら》漢《かん》に到れない」「女は穢《けが》れていてブッダにはなれない」などといったドグマが説かれるようになった。また、中村元先生が「日本の仏教は所詮、シャーマニズムの域を出ていない」と言われたほど、迷信じみたドグマが多い。しかし、それは歴史上の人物である釈尊の立場とは全く異なるものである。

この点を考慮しても、原始仏教の再評価が求められよう。

第七章　中村元先生のこと

第六十七話　決定版・中村元選集の完結に寄せて

一九九九年の夏、嬉しい知らせが届いた。一九八八年から刊行が開始されていた決定版・中村元選集全四十巻が完結したという知らせである。十一年がかりの大事業であった。

「決定版」とあるのは、一九六一年から七七年にかけて既に出版されていた中村元選集二十三巻に対して、その改訂、大幅増補された最終版という意味である。

中村元先生は、決定版の刊行に当たって、「最初の刊行時からでも、もう三十年近くなる。その間に、わたくし自身の考究も発展し、学界における諸研究も大いに進展した。また読者の方々から受けた批評、教示も、大層有益であった。そこで旧著をそのままの形で残したくなかった」と述べておられた。

その三十年の研究の成果というものは、最初の選集に比べて決定版は、厚さだけでも一・五～二倍近くになっていることからもうかがえよう。

「読み返していると、つい書き入れたくなるんです。しかし、『あまり厚くなると敬遠されますから』と一冊で千ページを超えないように出版社から注意されています」

という話も、先生からうかがったことがあった。

内容は、英語、中国語、韓国語、スペイン語に翻訳されている名著「東洋人の思惟方法」

（1〜4巻）をはじめ、インドの歴史（5〜7巻）、ヴェーダ・ウパニシャッド・ジャイナ教の各思想（8〜10巻）、原始仏教関係（11〜18巻）、大乗仏教関係（20〜23巻）、六派哲学関係（24〜27巻）、近・現代インド思想（31、32巻）などからなる。別巻では、世界思想史（全4巻）と日本思想史（全4巻）にまで言及されている。

それも、「全集」ではなく「選集」となっているのが驚異的だ。博士の著書・論文は、一千四百七十点にも達しているのだ（そのうち欧文のものが二百八十点余）。

これらの項目を見ただけでも、その範囲は日本、インド、韓国、中国、欧米のみならず、ユーラシア大陸全域を網羅し、歴史、思想・哲学、文化といったジャンルに行き渡っている。それも大勢の分担作業でなされたのではなく、博士一人の積年の研究成果である。そのため、一貫した問題意識の上に体系化されており、全体観に立った総合的理解に役立つ。哲学といえば、西洋哲学、東洋哲学などと分断され、哲学者個々人に限定して論じられるのが常である。それぞれにいかなる共通性があり、いかなる差異があるのかほとんど論じられることはなかった。部分観の寄せ集めは決して全体観にはならない。

中村博士にして初めてできた全体的視点に立った思想史の集大成であり、労作である。さらには注釈の緻密《ちみつ》さ、文献・資料の豊富さなど、一般読者にとっても、専門家にとっても貴重な資料となっていることは言うまでもない。年月を経るごとにその評価は世界的に高まることは間違いない。

この作業と同時進行の形で、私たちは博士の開設された東方学院で博士の講義を毎週拝聴するという幸せに恵まれた。自らの見聞されたこと――それはインドだけでなく欧米でのこと、名だたる学者との思い出など、普段聞けない最先端の学問の話あり、ユーモアあふれる体験あり、何とも言えない慈愛に満ちた講義であった。一主婦、一会社員の質問にも笑顔で懇切丁寧に答えてくださった。

最晩年には健康を害され、家族の反対を押し切り、車イスで奥さま同伴で講義に駆けつけられたことがあった。話し始められると熱がこもり、予定以上の時間話された。だれもが学問への情熱に感銘した。そうしたことを乗り越えての決定版完結であった。その陰には奥さま・洛《らく》子《こ》夫人の多大なる貢献も見逃すことができなかった。

第六十八話　昏睡状態での〝最終講義〟

一九九九年の猛暑の七月に決定版・中村元選集（全三十二巻、別巻八巻）が完結した。その紹介原稿を中村夫妻の知人で元中外日報社長の本間昭之助氏から依頼されたので、七月末に中村先生に電話した。

「選集を仕上げて、このごろ体の調子がいいんです。あすは東方学院にまいります」

大きな仕事をやり遂げた後の充実感と安らぎに満ちた声だった。これが、中村先生と交わす最後の言葉になろうとは思いもよらなかった。

その年は、平年より七度も高い猛暑が続いていた。その原稿を書き上げ、『仏眼』編集部に渡したころも、中村先生はまだ元気であった。決定版の完結から一ヵ月経った、八月末のころ体調を崩されたという知らせが入った。医者は「この猛暑が過ぎれば……」と言っていた。九月初めにはお粥《かゆ》を食べるまでになられた。

しかし、拙稿が掲載された九月十五日の時点では、中村先生は既に病床に臥《ふ》しておられた。その夏の猛暑がよほど体にこたえたに違いない。掲載紙がわが家に届き次第、すぐに中村先生の自宅に郵送した。中村先生の長女・三木純子《すみこ》さんから、「掲載紙をベッドに寝ている父の枕元に広げて、家族で記念写真を撮りました」というメールが届いた。

ところがその後、昏睡《こんすい》状態に陥り点滴を打つ状態がしばらく続いた。昏睡状態に陥っても中村先生は、右手で何かを書くしぐさをしたりすることがあったという。頭の中では最後の最後まで原稿を執筆しておられたのであろう。

そんな状態が続いたある日、夜の十一時を回ったころ、中村先生の口から、「ただ今から講義を始めます。体の具合が悪いので、このままで失礼します」という言葉が出てきた。そばについていた訪問看護の女性看護師は、驚いて中村先生の顔を見たが、昏睡状態のままであった。淡々とした口調で講義を続け、最後に「時間がまいりましたので、これで終わります。具合が悪いのでこのままで失礼しますが、何か質問はございますか？」と締めくくられたという。その講義は四十五分にわたっていた。

その〝講義〟の最初と最後の言葉といい、時間の長さといい、筆者が長年、うかがってきた東方学院での中村先生の講義そのままであった。その〝最終講義〟の席にいたのは、訪問看護の看護師だけだったそうだ。最初と最後の言葉以外は、聞いたこともない専門用語ばかりが出てきて、何のことかさっぱり分からなかったという。以上の話を教えてくれた洛子夫人だけでなく、だれもがその場に居合わせなかったことを悔しがった。

それから間もなく、十月十日に息を引き取られた。享年八十六。昏睡状態での〝最終講義〟で何を語られたかは永遠に謎のままとなった。

松尾芭蕉は、旅先の病床で、

旅に病《やん》で夢は枯れ野をかけめぐる

と詠《よ》んだ。芭蕉の夢と同じく、中村先生の心も、昏睡状態にあっても最後まで東方学院での講義を駆け巡っていたのであろう。文字通りの〝最終講義〟であった。

第六十九話　普遍的思想史の夢

自らの死を前にして中村元先生が、最後に講義されたことはいったい何だったのか？ずっと気にしつつ、『仏教学者　中村元——求道のことばと思想』（角川選書、二〇一四年）の原稿に取り組んでいた。執筆に当たり、中村先生の著作に目を通した。その中で『比較思想論』を読み直していて、「普遍的思想史の夢」という文字が気になっていた。

出来上がった原稿を読んでもらい角川選書編集部の小島直人氏（現、学芸みらい社社長）と会った。会うなり、「植木さんの後輩です」と言われた。聞くと、九州大学文学部の出身だという。そして「この『普遍的思想史の夢』という言葉に重要なことが秘められている気がするので、その点をもっと掘り下げてもらえませんか」と食い下がってこられた。自分でも分かっていたが、調べるのは困難を極めると棚《たな》上げしていた。そこまで食い下がられるとやるしかない。再度、調べ直すことにした。

自らのやるべきことを語るのに、中村先生が「夢」という情緒的な言葉を使っておられたのは、ここだけだと思う。それだけ、中村先生の普遍的思想史にかける思いは大きかった。

東京大学を定年退官する時の最終講義は、「インド学、仏教学はエジプト学か？」というラディカルなテーマであった。それは、インドに代表される東洋の思想をエジプトのピラミッドのように「過去の残滓《ざんし》」程度にしか考えていない西洋の学者や、西洋かぶれの日本の学者に対する批判であり、東洋思想を正当に評価することを訴えたものであった。

そのような思いで最終講義をした中村先生である。昏睡状態での文字通りの〝最終講義〟で、先生は何を語りたかったのであろうか……と、考えると、やはり先生自身が〝夢〟としていた、普遍的思想史についてであり、東洋思想の積極的な評価を打ち出すことであったのではないかと思った。

そこで、亡くなる三ヵ月前に完結させていた決定版・中村元選集で最後に手掛けたものが何であったのかを確認してみると、一九九八年四月に本巻全三十二巻を終え、続いて五月から別巻全八巻の出版が始まっている。その際、巻数としては、後半の別巻5から別巻8の「日本の思想」(I～Ⅳ)を先に仕上げ、その後、前半の別巻1から別巻4の「世界思想史」(I～Ⅳ)を仕上げられていた。

その「世界思想史I」である『古代思想』の序論を見ると、『比較思想論』で「普遍的思想史の夢」として発表していたことを「いま本書においては、それを実行しようとする」と記されていた。中村先生が人生の最後に「世界思想史」をまとめたのは、「夢」の「実行」としてであったのだ。先生は、それを仕上げて三ヵ月後に亡くなられた。

中村先生は、普遍的思想史に取り組む目的をその序論で、人類一般の平和と幸福という目的を達成するためには、世界諸民族間の相互の理解を促進しなければならない。そうして同じ人間であるという理解を起こさなければならない。

（『古代思想』、四頁）

と使命感を持って記し、次のように呼びかけている。

われわれは、アメリカやヨーロッパの「思想的奴隷」であるみじめな状態から脱出することができるのである。哲学はギリシアから始まり、ドイツ哲学だの、英米哲学で絶頂に達したという呪縛から脱《まぬか》れようではないか。

（同、二七頁）

まさに、「インド学、仏教学はエジプト学か？」より一歩進んで、東洋思想の汚名返上、名誉挽回の訴えである。

中村先生は、自らの「夢」としての普遍的思想史とこれまでの思想史との違いを、「今までの多くの思想史・哲学史の類《たぐい》の説き方は、権威ありと認められている人々の思想の紹介ではあるかもしれないが、思想そのものの歴史とは言いがたいのではなかろうか」（同、二四頁）と論じ、「個々の章節の名称が、従来の思想史・哲学史では固有名詞であったのに、ここでは思想的な観念を示す普通名詞でなければならない」（同、二五頁）ことを強調した。

確かに、「世界思想史」Ⅰから Ⅳの目次を見渡しても、哲学者の個人名や学派名などの固有名詞は全く出てこない。出てくるのは、「絶対者の探求」「原子論」「必然と偶然」「寛容」「エゴイズムの超克」「宇宙観」「真実の自己」「人間の平等」「慈悲—愛」「神秘主義」「国家主義」……といった普通名詞である。

中村先生は、こうしたキーワードごとに東西の思想の「平行的発展」を比較・吟味しながら思想史をまとめられた。こうしたテーマについて、先生の言われる普遍的思想史の眼で西洋思想史を比較・吟味して見直すと、「西洋人が西洋的視点からのみ叙述していた従来の西洋思想史または哲学史において看過されていた諸問題が、新たに問題として取り出されてくる」(同、五〇八頁)。それとともに、「ヨーロッパ文明はいかにすぐれたものであろうとも、人類の歴史においてはしょせん局地的なものにすぎない」(同)ということが浮き彫りになってくる。中村先生の言われる普遍的思想史の重要性が理解できよう。

中村先生は、普遍的思想史について「なんとなく気づいて構想を立てたのは、大学院の学生のころであった」として、「多年にわたるわたくしの読書備忘録」に基づいて、「書いては書き直すという作業をつづけているうちに、もう五〇年近くたってしまった」と回顧し、「いつまでたっても満足できないが、これで『思想の平行的発展』についての課題の考究をひとまず終えたことにして、荷をおろしたいと思う」と一九九九年五月に『近代思想』(世界思想史Ⅳ)の「はしがき」に記している。

そして、その書の末尾で、「あまりにも大きな問題で、とうとう力及ばず、刀折れ、矢つきて、満身創痍《まんしんそうい》、力もつきはてて倒れてしまったというところである」（五一七頁）と、書いておられた。先生はそれに続けて、「しかし降《こう》は乞《こ》うていない。なんとなれば、このような考察が正当だと思っているからである」（同）とも記されている。自らの信念を貫き、自分の考えの正しさを最後まで訴えておられた。

そして、「人類の思想史について新たな視点を与えることになれば、と念願している」「将来における完成を期したい」（『古代思想』序文）などと、普遍的思想史について未来の研究者への〝遺言〟とも言える言葉を随所で述べている。

そして、「このような研究が、地球全体にわたる思想の見とおしに役立ち、世界の諸民族のあいだの相互理解を育てて、それによって人類は一つであるという理念を確立しうるにいたることを、せつに願うものである」（『近代思想』、五一二頁）、「この考察が将来わが国に偉大な思想体系の生まれ出るための踏み石となることを願っている」（同、五一八頁）という言葉で「世界思想史」、および決定版・中村元選集の全体を締めくくっている。

中村先生は、比較思想学会の創立十周年記念学術大会（一九八三年）の記念講演で、十年間務めた比較思想学会の会長を交代するに当たって、「けっして悠々自適、閑静を楽しむというわけではない。依然として比較思想の学徒の一人として〔中略〕わたくしは〔中略〕『一番槍《いちばんやり》』になろうと願っている」（『比較思想の軌跡』、四七〇頁）と語っていた。

その「一番槍」についても、「城攻めのときに敵に向かって真っ先に進んで行く。すると、真っ先に進むから矢が集中する。だから、一番槍は必ず死ぬといってもいい。生きては還れない。けれども、一番槍が進んでくれたために道が開ける」（同、四七一頁）とも語っていた。中村先生の言われる〝一番槍〟とは、中村先生の〝夢〟であった「普遍的思想史」の道を切り開くことであったのだろう。

時々、麗澤《れいたく》大学から帰宅途中の伊東俊太郎先生（東京大学名誉教授）と電車の中で一緒になることがあった。中村先生の評伝を書いていることを告げると、「中村先生のことをだれか書いてくれることを願っておりました」と喜んでくださり、「中村先生は、普遍的思想史のための比較思想論を講義しようとされたが、東大がやらせなかったんだ」と教えてくださった。普遍的思想史にかける中村先生の悲痛な思いの理由の一端を垣間見た思いだった。

私の独断と偏見だと言われるかもしれないが、中村先生の普遍的思想史に対するこうした執念とも言える強い思いが〝夢〟となって、昏睡状態での〝最終講義〟になったのではないだろうか。私は以上の推理を『仏教学者　中村元――求道のことばと思想』に書き加えた。

中村先生は、自分の一代でこの大事業を達成するのは限界があると自覚されていた。後世の後継者の出現を期待して、その人のために普遍的思想史をまとめるに当たっての「心得」を六項目にまとめて残された。それも、拙著『仏教学者　中村元』に挙げておいた（一〇四〜一〇五頁）。中村先生の後継者の出現を願っている。

第七十話　「人間の平等」の東西比較

中村元先生が目指され、まとめられた普遍的思想史とは、いかなるものであるのか――その具体例として、「人間の平等」という項目について見てみよう。

中村先生は、西洋とインドの平等思想を比較して、次のような相違点を指摘している。

西洋近代思想の一つの特徴的な主張は人間の平等ということである。しかし西洋におけるその主張が、人間はすべて神の前に平等であるというのに対して、インドのそれは、人間はその究極の本性においては神そのものであるという見解にもとづいている。

（『近代思想――世界思想史Ⅳ』、二七九頁）

このことは、中村先生が、『原始仏教の社会思想』において、「西洋においては絶対者としての神は人間から断絶しているが、仏教においては絶対者（＝仏）は人間の内に存し、いな、人間そのものなのである」（二六一頁）と述べていたことと同趣旨である。

そして、次のような比較を展開している。

人種的差別待遇は、民主主義を標榜《ひょうぼう》する国々においてかえって顕著である。〔中略〕皮肉なことには、カーストの国インドに発した平等論はその哲学的基礎づけとあいまって清新なものとして心に迫ってくるのである。

（『近代思想――世界思想史Ⅳ』、二七九頁）

また、西洋人の平等思想に対するインド人の厳しい批判も紹介している。

インド人は西洋人の説く平等思想をてんで信用しない。彼らの平等論は実際問題として白人のあいだだけの平等論であった。インドなどアジア諸国で白人はいかに暴虐な行為を行なったことか。インド人は白人によって動物と同じように扱われた。彼らは言う、――過去のこの事実をわれらは恕《ゆる》すであろう。しかし決して忘れることはできない、と。

（同、二七八頁）

中村先生は、「白人のあいだだけの平等論」について、さらに「アジア人や黒人に対する西洋人の偏見は、近年まで存続している」（同）として、フランスの啓蒙思想家で法律家のモンテスキューの言葉を引用している。

ここで問題にする連中（黒人奴隷）ときたら、足の爪先から頭の天辺《てっぺん》まで真黒だし、鼻はぺしゃんこにひしゃいでいるから、これに同情するなどということはほとんど不可能である。きわめて英知的な存在である神様が魂を、とくに良い魂を真黒な肉体の中に入れたもうとは考えられない。〔中略〕この連中が人間であるとわれわれが想定することは不可能である。なんとなれば、もしわれわれがかれらを人間だと規定すれば、人々はわれわれ自身をキリスト教徒でないと信じはじめるであろうから。（『法の精神』）

さらに中村先生は、「愛の使徒のように言われているシュヴァイツァーでさえも、黒人をはっきりと侮辱している」（『近代思想――世界思想史Ⅳ』、二七九頁）と述べて、次の言葉を引用している。

原始的種族の土人が高等教育を受けることは、それ自体不必要なこととわたしは考える。（『水と原生林のはざまで』）

黒人は小児である。すべて小児には権威をもって臨まないならば何ごともできない。（同）

その上で、中村先生は、「インド人たちの眼からみると、西洋人の説く平等論はいかにも偽善的で、そらぞらしいのである」（『近代思想——世界思想史Ⅳ』、二七九頁）と論じている。

西洋において平等は、フランス革命の標語の一つに掲げられていたように、権利のための闘争を通じて表われた観念であった。それに対して、仏教の平等論は、労働や、教育、財産などに関する社会的権利の主張として論じられたのではなく、一人ひとりが「法」（真理）に基づいて「真の自己」に目覚め、智慧と人格の完成によって、自他ともに人間の尊厳に目覚めるという形で提唱された。それは「権利の平等」というよりも、「精神的・宗教的な意味での平等」であった。それが、近代西洋の平等の観念と異なる点である。

中村先生は、『原始仏教の社会思想』において、仏教の平等論が権利の主張という形でなされなかったことについて、

一般に近代の平等思想が見のがしている重大な問題点は、精神的宗教的な平等思想がなければ、社会的な平等は樹立し得ないということである。仏教では精神的な意味での平等を主張した。平等の主張が単に利己主義にもとづくものではなくて、人間のより高き生存を実現するための思想的基盤を提供するものとなるためには、仏教にいたっていちおう完成した平等論は大きな意味をもっている。（同、九七頁）

と論じていた。

さらに、近代において、平等の主張が結果的に不平等という現実を作り出しているということも無視できないものであり、

真の平等は人間の我欲、偏執を超克するという方向において実現されるべきではなかろうか。原始仏教の平等論が依然としてとりあげられるべきゆえんである。（同、九八頁）

とも述べていた。人間の平等を考える上で、重要な視点を提示していると言えよう。仏教といってもいろいろあり、身の回りの仏教を見ると、本来の仏教とは異なって権威主義化してしまったり、呪術的になったり、迷信じみたものになってしまったものもある。それに対して、中村先生は原始仏教の平等論に注目していた。

それでは、日本の場合はどうかというと、次のように論じている。

日本では士・農・工・商の厳重な階級制度があった。〔中略〕人間の平等ということは、もともと仏教がその成立当初から主張したことであるけれども、日本の封建社会においてはその平等の意義が隠されて、むしろ階位的秩序のほうが強調されたが、すでに中世においても、日本天台の口伝法門は人間の平等を主張した。しかし人間の平等を認めるということは、宗教的解釈の狭い範囲にとどまっていて、社会運動となっては発展しなかった。

（『近代思想――世界思想史Ⅳ』、二八一頁）

そして、中村先生は、西洋の平等思想に対するインドと日本の態度の違いを浮き彫りにしている。

平等の思想は、このように日本にもインドにも現われたが、両者のあいだには大きな差違がある。日本の知識人たちは西洋を手本として、西洋の模倣に努めるというかたちで平等の実現をめざしたが、インドの知識人たちは西欧を排撃し、自己の伝統へ復帰するという旗印のもとで平等の実現のために活動した。

（同、二七七頁）

そして、

すべての人間の平等という観念が、東洋の国々において、たとえ一般には行なわれなかったにしても、ともかく出現したということは、きわめて重要である。――特に、近代西洋では、モンテスキューのような知識人でも黒人について前掲のごとく「こんな黒い人間どもがそもそも人間であるなどと考えるのは不可能である」と言っているのを思うとき、アジア諸国における諸立言は非常に重要である。

（同、二八三頁）

と、アジアの平等思想を再考することを訴えている。

以上、「人間の平等」というテーマについて見てきた。中村先生の言われる普遍的思想史という観点がこれまでになかったものであること、その必要性を理解していただければ幸いである。

第七十一話　自作の戒名

中村元先生の告別式（一九九九年十一月六日）を終えた翌日、中村夫妻の知人である本間量《かず》恵《え》さんを案内して中村家を訪ねた。御霊前の天皇皇后両陛下からの供花が目を引いた。

一階と二階の仏壇には、それぞれ「向学院釈創元」「自誓院向学創元居士《こじ》」という二つの戒《かい》名《みよう》があった。洛子《らくこ》夫人が、「自分たちの知らない人が戒名をつけるのは変ではないですか？自分でつけたら駄目なのですか？」と尋ねると、中村先生は「いや、いいんだよ」というので、半年前に二人で「鉛筆をなめなめ」考えられたという。

それぞれの文字に勉強が好きで好きでならなかった先生の心がしのばれた。戒名は、僧侶がつけるものということに全くこだわっておられなかった。

釈尊の後継者と見なされていながら、釈尊より先に亡くなったシャーリプトラ（舎利弗《しゃりほつ》）や、マハー・マウドガリヤーヤナ（目犍連《もっけんれん》）の戒名について調べてみた。二人は、王舎城《おうしゃじょう》の北方のナーランダーの近くの村で生まれた幼なじみであった。シャーリプトラは、故郷に帰って死を迎えた。荼毘《だび》に付された後、弟（?）のチュンダが遺骨を釈尊のもとに届けた。マハー・マウドガリヤーヤナは、王舎城で行乞《ぎょうこつ》中に仏教教団を嫉《ねた》む異教徒（ジャイナ教徒）に襲撃されて悲惨な死を遂げた。釈尊は、二人の死によって修行者の集いが空虚になったと嘆いた。その二人の遺骨が、サーンチーに近いサトダーラの第二ストゥーパ（仏塔）から発見された。滑石《かっせき》製の壺《つぼ》には、プラークリット語で「sāriputa のもの」「maha-mogalāna のもの」と刻まれていた。それぞれ、「シャーリプトラの遺骨」「マハー・マウドガリヤーヤナの遺骨」という意味だ。シャーリプトラは、「シャーリーさん〔という母親〕の息子」を意味する通称で、本名はウパティッサである。母親を基準とするか、子どもを基準とするかの違いはあれ、幼稚園児の母親たちが、「健ちゃんママ」という呼び方をするようなものだ。

高潔で後継者として最も信頼されていた智慧第一の人物にも、それに次いで重要とされていた人物にも、釈尊は戒名らしきものをつけていなかった。「戒名」に相当するサンスクリット語も、パーリ語も存在しない。仏典には戒名という語は出てこない。日本で近世に始まった風習にすぎない。

江戸時代には農民に上位ランクの戒名使用が禁じられたり、差別されていた人たちが読み書きできないのをいいことに、「犬翁善畜女」「玄田牛一」（「畜生」の文字を分解したもの）などの差別戒名がつけられたりした。このほか、「旃陀羅《せんだら》」（不可触賤民を意味するチャンダーラの音写）や、「賎」「隷」「穢」などの文字を用いることも行なわれた。

現代でも布施の金額によって院号《いんごう》、居士号《こじごう》、信士号《しんしごう》とランクづけされる。仏教本来の平等思想に照らしても、戒名に疑問を抱く人が多いと聞く。

第七十二話　この夫人ありて、中村元先生あり

私の出会った賢夫人《けんふじん》の一人として、故中村元博士夫人の中村洛子《らくこ》さんを紹介したい。洛子夫人が、中村先生と結婚することになったのは、「あんなに大きな声で笑う人に悪い人はいない」という父親の言葉があったからだったという。結婚されたのは、終戦一年前の一九四四（昭和十九）年八月十日のことであった。敗戦までの一年間は、東京への空襲が激しく、そのたびごとに、中村家代々の家宝となっている鎧《よろい》と、中村先生の原稿の山を防空壕に出したり入れたりする作業に追われたそうだ。

中村家は厳格な武士の家だった。姑《しゅうとめ》は、それが誇りであり、自らご主人の「三歩下がって左を」歩く人だった。洛子夫人も、そうするように言われたそうだが、「十歩先の右側を歩い

てました」と笑いながら話された。その笑顔に、辛いことも笑いで乗り越えられる賢さを見た。

中村先生を語る時に、必ずと言っていいほど出てくるエピソードが、『佛教語大辞典』の原稿（二百字詰め）約四万枚がなくなった時の話だ。出版社の引っ越し騒ぎの中で行方不明になってしまったのだ。中村先生は、呆然《ぼうぜん》とするばかりだった。その時、洛子夫人は、「やり直すのは早いほうがいいわよ」とただ一言、言われただけだった。親友で弁護士の中村敏夫氏も「早いほうがいい」と一言、言った。二人ともそれだけ言って後は何も言わなかった。中村先生はそのことに非常な意味を感じ取られて、「とにかくやり直そう」と立ち上がられた。洛子夫人は、原稿の清書を手伝われた。そうして、八年がかりで完成した。

「結婚するまでは、印哲《いんてつ》（インド哲学）なんていう言葉は聞いたこともなかったんです。主人が書いたサンスクリット語の文字を見て、『変な落書きをして！』と思っていました」

そんな洛子夫人が、『大辞典』以外の中村先生の原稿の清書も手伝っておられた。一九九九年七月、中村先生の著作の集大成である決定版・中村元選集全三十二巻、別巻八巻が完結した背景には、洛子夫人の多大なる貢献があったことも見逃せない。

「おかげで、いろいろと専門用語を覚えました。ブラーフマ・スートラだとか、アーガマだとか……」

洛子夫人は、医者である。今上《きんじょう》天皇陛下徳仁《なるひと》さまが、浩宮《ひろのみや》さまを名乗られていたころに通われていた学習院幼稚園の保健室に勤務されていた。ご自宅をおうかがいした時、ご幼少の浩宮さまに優しく話しかけておられる写真を見せていただいたことがある。

晩年の中村先生は、何度か体調を崩されることがあったが、そのたびに不死鳥のように元気になられて、東方学院での講義を続けられた。医者として、洛子夫人が中村先生の健康管理を心がけておられた。洛子夫人自ら、中村先生に階段の昇降、膝をついての腕立て伏せなどの〝特訓〟をなされたという。

一九九七年三月、都内で東方学院（東方研究会）創設三十周年を記念する新春会が開かれた。中村先生は、東京大学を退官されるや、私立大学の学長として迎えたいという話を断られ、東方学院の運営に専念された。自ら〝寺子屋〟〝財のない財団法人〟と呼ばれ、政府の援助を一切受けることなく、学問の自由を掲げて、自立した研究機関としての在り方を追求してこられた。その三十年で、東方学院の存在は国内外に知れ渡り、多くの人材が輩出した。

その祝いの席で、珍しいことに洛子夫人がマイクをとって挨拶《あいさつ》をされた。

「勉強が好きな人ってあまりいないと思いますが、主人は本当に勉強が好きで好きでたまらない人なんです。私より勉強と結婚すればよかったんです（笑い）。結婚当初、冬に火鉢に炭を入れて、『火が弱くなったら炭を継ぎ足してくださいね』と言って先に寝て、夜中に起きてみると、火鉢の火が消えたままで勉強しているのです。その机も小学校でも使わないような小さな机なんです」

といった話であった。家庭における中村先生の日ごろの姿をうかがって、会場が和やかな雰囲気に一変した。

「海外にもいろいろ連れていってもらいましたが、勉強が好きで好きでたまらない人ですから、遊びなんて何《なん》にもないんです。ディズニーランドのディの字もありませんでした」

と笑顔で話される洛子夫人。その話を、すぐそばに坐ってニコニコ、ニコニコと聞いておられる中村先生。二人の姿にだれもがほほえましいものを感じた。そのユーモアに満ちた洛子夫人の話のフィニッシュは、

「こんな結婚生活でしたが、一つだけ心から納得していることがあります。それは東方学院を創ったことでした。〝教えたい人が教え、学びたい人が学ぶ〟——この精神は、教育で最も大切なことです」

だった。その言葉に、全参加者が真剣な表情に変わった。

「この夫人ありて、中村先生あり」

という思いを抱いたのは私だけではなかった。

そのもようを原稿にまとめた。それは、『マザー・テレサと菩薩の精神——仏教の倫理観を求めて』（一九九七年）という本に収録された（二〇一四年に『仏教学者　中村元』の第九章に収録）。中村先生の本葬が終わって、中村家を訪れた時、居間に置かれた本棚に中村先生の著作に混じってその本が入っているのを見つけた。二カ所に紙が挟まれていた。その一つは、「この夫人ありて、中村先生あり」の箇所であった。

そういえば、京都の恩人である本間昭之助氏の使いで東方学院へ中村先生を訪ねた折、おいとまする私をエレベーターのところまでわざわざ見送りにきてくださり、私がまさにエレベーターに乗ろうとする間際に、思い出されたように、

「そうだ、植木さん、『マザー・テレサ〜』の本に私の家内のことを書いてくださいましたね。どうも、有り難うございました」

とおっしゃられ、深々と頭を下げられた。それには、さすがに私も恐縮してしまった。

後で出版社の担当者から聞いた話だが、その拙著を中村先生が数十冊注文され、日野原重明先生をはじめとする友人・知人の方々に配られたという。中村先生は、決してそのことを私に話されることはなかった。

中村先生は、奥さまに対して無上の感謝をされていたのであろう。おそらくそれを自ら口に出されることはなかったかもしれない。それで私の書いたものを使ってくださっていたのであろう。

こうしたことを奥さまに申し上げると、

「そんなことは初めて聞きます」

と嬉しそうに驚かれていた。

中村先生が亡くなられて一年三カ月後のことだった。ニューヨークで出版されたばかりの拙著 *Gender Equality in Buddhism* を中村先生のご霊前に届けに妻とうかがった。ご自宅の居間

で洛子夫人は、
「主人はどこかに講演に出かけていて、今にもそのドアを開けて、『ただいまあ』と帰ってくるような気がしてるんですよ」
と、話されていた。

第七十三話　評伝『仏教学者　中村元』

お茶の水女子大学提出の博士論文が、岩波書店から二〇〇四年三月に『仏教のなかの男女観』として出版され、それを諸先生方にお贈りしたが、東京大学名誉教授の高崎直道《たかさきじきどう》先生から次のような丁重な手紙をいただいた。

晩年の中村先生の許《もと》で研鑽《けんさん》をつまれ、先生の慈恩をむね一パイに受けとめられて、この御成果を生まれたことに一種羨望《せんぼう》を感じます。〔中略〕中村先生の最晩年の姿をいろいろとお報《しら》せいただき、有難うございます。

二〇〇八年三月に『梵漢和対照・現代語訳　法華経』上・下巻を出版した時も、高崎先生は、その出版記念会でスピーチをしてくださり、「近いうちに奥さんと一緒に家においでなさい」と声をかけてくださった。お言葉に甘えて、妻の眞紀子とともにご自宅の静勝寺《じょうしょうじ》を訪ねた。その時も高崎先生は、宏子夫人とともに、私と中村先生との出会い、私に学位論文に取り組むようにおっしゃられた中村先生の言葉をはじめ、中村先生を尊敬し慕って集まってきた東方学院の受講者たちに打ち解けて講義される中村先生の晩年の様子について大変に関心を持って聞いてくださった。

高崎先生が「羨望」という言葉を用いておられたことを考えても、私が碩学《せきがく》の円熟した人格と学識に触れながら直接、講義を拝聴できたことは、何ものにも代えがたい幸運であった。その幸運を自分だけのものにするのはもったいない。中村先生の晩年の講義に参加していた者として、中村先生の言葉や、姿を人々に伝えることが、筆者の責務ではないかと思うようになった。

中村先生には、自伝的な著作として『学問の開拓』(佼成出版社)がある。しかし、自分のことについて自分では書きにくいことがたくさんあるはずだ。謙虚さの塊《かたまり》のような中村先生であれば、なおさらのことである。また、その自伝は、一九八六年に出版されたもので、亡くなられる一九九九年までの十三年間のこと――特に決定版・中村元選集全四十巻などのライフワークの総仕上げに取り組まれた時期のことは触れられていない。

中村先生は、気心の知れた東方学院の受講生たちを前にされると、心を許して大いに語られた。現在、取り組んでいることの報告、かつての出来事についての裏話、時の話題や社会問題に対するコメント――そこには学問的、文明論的な鋭い批判が光っていた。学問に対する情熱を具体的な事実として目撃することが何度もあった。そこには、晩年の円熟した先生にとって後世のために言い残しておきたいという思いが満ちみちていた。差し迫る自らの死を前にして、遺言のように語られたこともあった。筆者は、その一言一句を聴き漏らしてはならないとノートに取り続けていた。

一緒に中村先生の講義に参加していた人たちから、「中村先生のことを後世に伝えるために書き残してください」という声に励まされて、原稿を仕上げた。

ところが、その原稿を読んだ某編集者は、「これは、わが社で出すに値しません。中村先生との感動的な思い出は植木さんの心の奥にそっとしまっておかれたらどうでしょう」と言った。別の編集者は、「中村元では売れないでしょう」と言った。二人の編集者は、四十代であっただろうか。中村先生について無認識な編集者が出始めている。これだからこそ何としても中村先生の学問的業績と、人柄を伝えなければならないと強く思った。

その出版は、京都大学教授（当時）の鎌田東二《とうじ》先生が主宰されていたNPO法人・東京自由大学の「人類の知の遺産」と題する連続講演の一環として、二〇一四年一月に中村先生について講演したことで実現した。私の話をご婦人方が涙を浮かべて聞いてくださった。鎌田先生は、「一篇のドキュメンタリー映画を見ているような思いになりました。これを出版しましょう」

とおっしゃった。

原稿は完成しているけど、二つの出版社から蹴《け》られたことを話すと、「何！　とんでもない」と怒りをあらわにして会場を指さし、「角川さん、お宅で出しましょう」と叫ばれた。それで話がとんとん拍子に進み、それから六ヵ月後に『仏教学者　中村元――求道のことばと思想』（角川選書）として出版された。

出版後、すぐに批評家の若松英輔《えいすけ》氏が「読売新聞」（二〇一四年九月七日付）の書評欄に取り上げ、その本の狙いとするところと、私について次のように評してくださった。

本書には、中村元という哲学者が歴史の遺産を背負い、歩いた軌跡が綴られている。この人物が何を語ったのか著作からだけでなく、生き方からもすくいとろうとする。〔中略〕著者は、晩年の中村の近くに接し、業績をよく読み込んでいる。〔中略〕書かれるべき人が、書くべき人によって書かれた。

若松氏は、中村先生が創設された比較思想学会の二〇一二年の学術大会で、中村先生の生誕百年を記念しての講演をされた方で、何よりの評者であった。編集担当の小島直人氏から、若松氏が「面白かったー！」とおっしゃっていたと聞いた。

また、二〇一六年には『本の雑誌』二月号が「評伝グランプリ」と題する特集で三十四冊の評伝を選び、それについての鼎談《ていだん》を組んだ。拙著が学者系五冊の一冊として選ばれ、朝日新聞社で書評を長年担当しておられた佐久間文子《あやこ》さんが、次のように語っておられた。

『仏教学者　中村元』という中村元のお弟子さんが書いた評伝があって、角川選書で薄いんですが、この人のことが余すことなく全部わかる。それまでは『やちまた』みたいなぶ厚い本のほうが好みだったんですけど、これを読んで目を開かれたんです。中村元は一生かかっても著書を読み切れないほどの人なんですよ。だけど、新書一冊分くらいの文字量でそれがだいたいわかってしまう。それも伝記としての基本的な要点ではないかと。

この本はすぐに重版になった。無理解な編集者たちの言葉にめげず出版してよかった。東方学院で中村先生の講義を一緒に受けた人たちの顔が一人ひとり思い浮かぶ。すべて中村先生を尊敬し、中村先生の東方学院にかける思いをよく知る人たちだ。故人となられた方もいる。みんな、中村先生に感謝しつつ、偏狭なアカデミズムと学問のセクショナリズムを最も嫌っておられた中村先生の思いが末永く東方学院に継承されていくことを祈りながら、見守っておられることであろう。

第八章　原典からの翻訳余話

第七十四話　葬式のおまじない？

二〇〇二年九月三十日、お茶の水女子大学で学位授与式が行なわれた。修士課程修了の女子大生四十人余、博士号取得の女性一人、その中に五十代のおじさんがポツン。それが私であった。同大学で男性初の人文科学博士となり、本田和子《ますこ》学長から「よくぞ、男性でわが大学に論文を出してくださいました。しかもジェンダー論で」と感謝された。

学位取得後、講演や講義の依頼が増えた。明治学院大学の佐藤アヤ子教授（当時）から、日本文化論担当の外国人教授が急病となり、代講を頼まれたことがあった。

留学生のための講義で、仏教の男女平等思想について話した。『法華経』や『維摩経』の中から智慧《ちえ》第一と言われる舎利弗を、女性がやり込める場面を英訳し朗読して聞かせての授業となった。真ん前に坐っていたニュージーランドからの女子留学生が目を皿のようにして聞いていた。受講者には日本人学生もいた。終了後、声をかけてきた。「お経って面白いんですね」「何だと思っていたの？」「葬式の時のおまじないかと……」

これまで、漢文の音読みであるお経は意味不明だった。英訳されるとストーリーを理解できたというのだ。学生とのやりとりを通して考えた。日本人は最もかわいそうだったのではないか。

釈尊は、マガダ語という方言（プラークリット）で教えを説いていたようだが、弟子たちから「ブッダの教えはサンスクリット語に翻訳して伝えたほうがいいでしょうか？」と尋ねられたことがあった。サンスクリット語はバラモンたち権威主義者の言葉である。それに対して、釈尊は、「その必要はない。その地域で語られているめいめいの言葉で教えを説くように」と語ったという。ということは、インドにおいて釈尊の教え（原始仏教）を聞いた人は、だれでも理解できたはずである。それが中国で漢訳された。文字が読めない人も、中国語だから読んで聞かせてもらえば理解できたであろう。

ところが日本では、漢訳されたものを通して仏教が受容された。漢訳語の難解な言葉をそのまま使った。その漢訳は音読みで、それも呉音《ごおん》で読まれてきた。漢文が読める、漢文の素養があるという人は一部の特権的知識階級に限られるから、その経典に書かれている意味は、ほとんどの日本人に理解されなかったと言ってもいい。今日も、その情況はほとんど変わっていないだろう。日本は仏教国と言われながら、せっかくの文化遺産である経典に何が書いてあるか、ほとんどの人が知らされずに千五百年も過ごしてきた。もったいないことだ。

学生たちが経典と出会うのは、葬式で音読みされる読経を通してでしかなかった。彼らにとって、それは意味不明で、「おまじない」にしか聞こえないのは当然のことだろう。

鎌倉時代後期の無住《むじゅう》国師の書いた仏教説話集『沙石集《しゃせきしゅう》』上・下巻（岩波文庫）を読んで思わず吹き出してしまったことがある。

お寺で『大般若経《だいはんにゃきょう》』を読むことがあった。愚かな僧がいて、経をさかさまに持って読んでいる。在家の人が「さかさま」だよと注意した。すると隣の正しく持っていた僧が、「いけない」と慌ててさかさまに持ち直し、さかさまに持っていた僧は、「私は正しく持っているのだ」という様子で隣の僧を冷ややかに見ていたという。また、「大」という文字を読めない者、「般」という字を「船」と読む者がいると言って、無住は嘆いている。

これが、すべてではないかもしれないが、鎌倉時代における日本仏教の実態の一面を見る思いがした。僧侶がこんなことでは、その説法を聞く一般庶民の仏教理解はおぼつかないのも当然であろう。

「日本には、分からないことが有り難いことだという変な思想があります」とは、中村先生がよく口にされていた言葉だ。日本人の多くが経典に何が書いてあるかを知ることがなかったのは、①出家者の不勉強と、②だれにでも分かるようにしてこなかった仏教者の怠慢が指摘されるべきであろう。また、③分からないようにして呪術的で迷信じみたものにしたり、④「在家には分からなくてもいい」として権威主義的に語られてきたことも否定できない。それは、いずれも釈尊の本意に反することである。

アジアの各地を見ても、チベット語訳されたり、蒙古語、満洲語というように自国の言葉に翻訳されて読まれた。漢訳のままで受け入れて、大和《やまと》言葉に翻訳されることがなかったのは、日本だけであった。中村先生は、大和言葉の日常的な言葉で原始仏典を現代語訳することに努められた。筆者が、初期大乗仏典の双璧《そうへき》である『法華経《ほけきょう》』と『維摩経《ゆいまきょう》』をサンスクリット原典から現代語訳したのは、せっかくの文化遺産を多くの人に知ってほしかったからである。

第七十五話　古訳・旧訳・新訳

二世紀以来、千年にわたって行なわれた仏典の漢訳は、①古訳《こやく》、②旧訳《くやく》、③新訳《しんやく》——の三段階に分けることができる。①は鳩摩羅什《くまらじゅう》より前、②は鳩摩羅什から玄奘《げんじょう》の前まで、③は玄奘以後の訳である。①の段階では、まだ仏教用語の訳が確定しておらず、やや理解しづらいところがある。例えば、人間を肉体と精神の五つの集まりとして捉える五蘊《ごうん》（五陰《ごおん》）の「色《しき》・受《じゅ》・想《そう》・行《ぎょう》・識《しき》」は、「色・痛痒《つうよう》・思想・生死《しょうじ》・識」と訳されていて、受（感受作用）が限定的な感覚である「痛さ」と「痒《かゆ》さ」の並列語として訳されていたり、行（意志作用）が「生死」となっていたりするのが理解に苦しむ。

八正道《はっしょうどう》も八正行《はっしょうぎょう》と訳され、その内容も正見《しょうけん》が諦見《たいけん》、正思惟《しい》が諦念《たいねん》、正語が諦語《たいご》、正業《ごう》が諦行《たいぎょう》、正命《しょうみょう》が諦受《たいじゅ》、正精進《しょうじん》が諦治《たいじ》、正念が諦意《たいい》、正定《じょう》が諦定《たいじょう》といった具合で、samyak（正しく）が「諦《あき》らかに」と訳されている。

同じ語が、音写されたり、意訳されたりで、音写の仕方も人によってまちまちで、意訳も時代とともに変化する。その違いを主な用語について見てみると、男性出家者のことが、古訳と旧訳で「比丘《びく》」、新訳では「苾芻《びっしゅ》」となっている。これは、パーリ語のビック（bhikkhu）と、サンスクリット語のビクシュ（bhikṣu）との違いであろう。

　また、在家の男性信者のことが、古訳では「清信士《しょうしんじ》」（意訳）と「優婆塞《うばそく》」（音写）で、旧訳も「優婆塞」、新訳が「近事男《ごんじなん》」（意訳）となっている。これは、優婆塞がサンスクリットのウパーサカを音写したものであるのに対して、後者は、ウパーサカ（upāsaka）が「近くで事《つか》える」という意味の動詞ウパ・アース（upa-√ās）に男性の行為者名詞を造る接尾辞akaを付けたものであることを考慮した意訳である。その女性版は、古訳の「清信女《しょうしんにょ》」と「優婆夷《うばい》」、旧訳も「優婆夷」、新訳が「近事女《ごんじにょ》」である。「近事男」と「近事女」は、原語の意味に忠実な訳だが、読み方が汚いからか、ほとんど用いられていない。よく知られた「五陰《ごおん》」は旧訳で、「五蘊《ごうん》」は新訳である。このように新旧を並べてみると、玄奘による新訳も用いられることはあるが、鳩摩羅什による旧訳のほうが圧倒的に定着していると言えよう。

　古訳、旧訳、新訳のすべてがそろった経典が『維摩経《ゆいまきょう》』であり、次の三訳が現存している。

①『維摩詰経《ゆいまきつきょう》』二巻、支謙《しけん》訳（二二二〜二二九年）
②『維摩詰所説経《ゆいまきつしょせつきょう》』三巻、鳩摩羅什訳（四〇六年）
③『説無垢称経《せつむくしょうきょう》』六巻、玄奘訳（六四九〜六五〇年）

植木訳『梵漢和対照・現代語訳　維摩経』（岩波書店）の注釈において主だった箇所のサン

スクリット原文、チベット語訳、そして三つの漢訳を比較検討しているので、古訳、旧訳、新訳の違いを見ることができる。支謙訳には、upāya（方便《ほうべん》）を「権《ごん》」、saṃsāra（輪廻《りんね》）を「生《しょう》死《じ》」というように現在の漢訳語になじみのないものが見られるが、鳩摩羅什訳は支謙訳を踏襲しているところも見られる。玄奘訳においても、「衆生」を「有情《うじょう》」に代えるなど一部を改変したところもあるが、鳩摩羅什の訳を踏襲したところが多くある。

例えば、第八章§11の一節をサンスクリットの貝葉《ばいよう》写本、チベット語訳、支謙訳、鳩摩羅什訳、玄奘訳から対照して並べると次のようになる。

これは**快いもの**、これは**不快なもの**ということ、これが二〔元的に対立するもの〕です〔中略〕**あらゆる快さ**を離れていて〔後略〕。　（貝葉写本）

これは**快**である、これは**不快**である、といったことは二である。〔中略〕**あらゆる数**から離れており〔後略〕。　（チベット語訳）

此《こ》れは**有数**、此れは**無数**を二と為《な》す。若《も》し**一切の数**を離るれば〔後略〕。　（支謙訳）

有為《うい》と**無為《むい》**とを二と為す。若し**一切の数**を離るれば〔後略〕。　（鳩摩羅什訳）

	①	②	③
貝葉写本 12世紀ごろ	sukham 快いもの	asukham 不快なもの	sarva-saukhya あらゆる快さ
チベット語訳 9世紀前半	bde ba 快 sukham	mi bde ba 不快 asukham	grangs thams cad あらゆる数 sarva-saṃkhya
支謙訳（これが原型か） 3世紀前半	有数 saṃkhyam	無数 asaṃkhyam	一切の数 sarva-saṃkhya
鳩摩羅什訳 5世紀初め	有為 saṃskṛtam	無為 asaṃskṛtam	一切の数 sarva-saṃkhya
玄奘訳 7世紀	有為 saṃskṛtam	無為 asaṃskṛtam	二法の性

（アミをかけた部分が原型か）

有為と**無為**とを分別して二と為す。若し諸菩薩、**二法の性**《しょう》皆平等と了知せば〔後略〕。（玄奘訳）

これを一覧表にすると、上のようになる。

このように並べてみると、太字の箇所の前二項①②は、貝葉写本とチベット語訳では「快・不快」と一致しているが、漢訳では「有数・無数」（支謙訳）および「有為・無為」（鳩摩羅什訳と玄奘訳）と異なっている。第三項も、貝葉写本が「**あらゆる快さ**」となっているのに対して、「**あらゆる数**」（チベット語訳）と「**一切の数**」（支謙訳と鳩摩羅什訳）といった違いを見せている。玄奘は、その違いにとらわれず「**二法の性**」としている。

筆者は、これらのズレを見ながら、支謙訳の底本が原型であり、そこにおいて「有数と無数」の原語は**saṃkhyam**（数）と**asaṃkhyam**（無数）であったのが、類似した**sukham**（快）と**asukham**（不快）、あるいは**saṃskṛtam**（有為）と**asaṃskṛtam**（無為）とに次第に誤写されたのであろうと考えている。

玄奘は、鳩摩羅什訳（あるいは玄奘訳の底本）を見て前後の食い違いに疑問を感じたのか、第三項③を「快」とも「数」ともしないで、「二法の性」と無難な表現にしている。玄奘は、他の訳との間で食い違いがある場合、それぞれを折衷《せっちゅう》した訳にすることが多いようだ（詳細は、植木訳『サンスクリット版全訳　維摩経　現代語訳』の序章を参照）。

このように、古訳、旧訳、新訳の違いを比較するのに『維摩経』は最適である。

第七十六話　納得できる訳を

博士論文には、サンスクリット語の文献を自分で翻訳して引用した。『法華経』を翻訳して、坂本幸男・岩本裕《ゆたか》訳注『法華経』（岩波文庫）の岩本訳と突き合わせてみると、何カ所も食い違っていた。

岩波文庫上巻の「あとがき」に「三十年に及ぶサンスクリット語研究〔中略〕を通して本訳書は成った」「特定の立場からの批判に対しては耳を藉《か》す考えもない」と岩本氏の自信満々の言葉があり、食い違っているのは、晩学の私の不勉強のせいだと思っていた。

ところが文法書、シンタックス（構文論）を調べれば調べるほど、私の訳が正しいとしか思えない。例えば、「多くの国土からやってきた転輪王《てんりんのう》たち」という私の訳が、岩本訳では「転輪王たちは、幾千万億の国土を引き連れて来ており」となっている。国土をどうやって連れてくるのか？　転輪王というのは、そんなに力持ちなのか？　納得できない。中国南北朝時代の訳経僧・鳩摩羅什の訳した「諸《もろもろ》の万億国の転輪聖王《てんりんじょうおう》の至れる」を見て納得できた。

釈尊が過去世に王であった時の話が提婆達多品《だいばだったぼん》に出てくる。仙人の奴隷として仕える場面があり、私は、そこを「寝ている仙人の寝台の脚《あし》の代わりを私は担った」と訳した。岩本氏は、「寝床に寝ている聖仙の足を支えた」と訳している。常識的に考えて、何のために足を支えたのだろうかという疑問を抱いてしまう。人は足をつかまれて安眠できるのだろうか？　気になって眠れないのではないか？

次にサンスクリット文法から検討すると、その「足」は複数・目的格（pādān）になっている。「足を」だから目的格でいい。足は二本あるから複数でいいと思われるかもしれないが、サンスクリット語で数は、単数、両数、複数と分類され、複数は三以上のことだ。岩本訳では、仙人には足が三本以上あったことになる。岩本訳の誤りは明らかだ。正解は、鳩摩羅什訳の「身を以《もっ》て床座《しょうざ》と為《な》せし」（植木訳『梵漢和対照・現代語訳　法華経』下巻、八四頁）で、四つん這《ば》いになって寝台の代わりになったという意味だ。「仙人の足」ではなく、「寝台の脚」だから複数だったのだ。

このほか鳩摩羅什が、衆生に「如来の知見」を開示し悟らせ入らせると訳している箇所を、岩本訳は「如来の智慧の発揮」を人々に示し理解させ分からせるとしている。前者では衆生が主役である。後者で衆生は、如来のワンマンショーの見物人である。『法華経』は、衆生を如来と同じにすることを究極の目的とするのだから、岩本訳では法華経の思想を誤解させることになる。

岩本訳には、こうした問題訳が四百八十九カ所あった。中村先生の後を承《う》けて東方学院院長になられた三枝充悳《さいぐさみつよし》先生に相談すると、「自分で納得のいく訳を出しなさい」と言われた。そして、自分で納得しない限り、先へは進まないというやり方を貫き、八年がかりで拙訳『梵漢和対照・現代語訳　法華経』上・下巻（岩波書店）を仕上げた。全ページ数の三分の一を占める膨大な注釈で、岩本訳の問題点をすべて数学の証明問題を解くような感覚で綿密に論じた。

第七十七話　菩薩の名は「妙音」か「吃音」か

『法華経』を現代語訳するに当たり「自分で納得のいく訳」を目指したことで、これまで不明なまま謎とされてきたことにも言及することになった。

その中で最も手こずったのが、「どもった声」と説明されてきた「ガドガダ・スヴァラ」

(gadgada-svara)を鳩摩羅什はなぜ「妙音《みようおん》」(最も勝れた声)と漢訳したのかということであった。「ガドガダ」が擬声音《ぎせいおん》にちなむ語で「吃音《きつおん》」を、「スヴァラ」が「音」「声」を意味しているというのだ。「妙音」と「どもった声」の意味の開きが指摘されることはあっても、その理由については、ほとんど触れられることはなかった。

この箇所に差しかかり、翻訳は足踏み状態が続いた。これが解決しない限り先へは進めない。いろいろ調べても納得いく答えが得られない。分からない、分からない……という苛立《いらだ》ちが続いた。

サンスクリット学者の泉芳璟《いずみほうけい》氏は、「法華経に於《お》ける妙音の語義について」(『大谷学報』第一四巻、第一号、一九三三年、一~一六頁)という論考で、その難解さを次のように論じている(〔 〕内は筆者補足)。

〔鳩摩《くま》〕羅什《らじゅう》や〔竺《じく》〕法護《ほうご》が勝手に訳した意図を忖度《そんたく》してあれだこれだと臆説を構へるのは聊《いささ》か馬鹿げてゐるやうだ。彼等故人《こじん》を蘇生せしめ得ない限りは、如何《どう》いふ意味で妙音と訳したのやらそれは薩張《さっぱ》りわからない。

これは、学術論文というよりも、ぼやきである。それほどに、「吃音」と「妙音」の訳の開きが大きかったのである。

岩波文庫の『法華経』を見ると、岩本裕氏は、意味を明らかにすることなく「ガドガダ＝スヴァラ」と表記するにとどめている。中央公論社の『法華経Ⅱ』では、初出だけ「ガドガダ・スヴァラ（妙音）と呼ばれる菩薩」として、それ以下では「妙音菩薩」としている。注釈を見ると、「どもるもの」と「妙音」が「まったく意味を異にする」と指摘してはいるが、その違いが何に起因するのかについては「本田義英《ほんだぎえい》著『仏典の内相と外相』二八九ページ以下に、この名前について詳細に考究されている」（同、二七九頁）と他人任せで、それ以上立ち入ることなく、「従来通り、以下羅什訳の『妙音菩薩』を用いる」と述べるのみである。

他の研究者においても、この菩薩について言及する時は、「本田義英氏が詳細に論じているので、それを参照されたい」といった書き方をしておられるのが散見される。

そこで、その本田義英博士（一八八八～一九五三年）の論文にはどのようなことが書かれているのか調べてみた。本田氏は、ガドガダを、①白鳥の鳴き声、②牛の鳴き声、③太鼓の音──と説明し、それらの擬声音だから「妙音」と訳したのだと論じておられた。

私にとってそれは、ガドガダそのものを論じたものではなく、いずれもすり替えの論法としか思えなかった。この中で、牛について検討してみると、インドで牛は神さまの使いだとされる。その神さまの使いの鳴き声だから聖なるものであり、「妙音」だというのであろう。ここで素朴な疑問が生じる。インドの牛は「ガドガダ」と鳴くのだろうか？

私がインドに行った時には「モーッ」と鳴いていた。

それでは、どうして鳩摩羅什は「妙音」と訳したのであろうか。分からない。『梵和大辞典』を開いても、gadgada の項には形容詞として「口ごもる」「吃《ども》る」、中性名詞として「吃音《きつおん》」という意味しか出ていない。オックスフォード大学で一八九九年に出版されたモニエル（M. Monier-Williams）の梵英辞典の gadgada の項も stammering と stuttering を挙げている。いずれも「どもる」という意味だ。

それなのに、この菩薩が登場する第二十三章では、この菩薩の特徴として「どもる」ということには何ら言及されていない。鳩摩羅什がどうして「妙音」と訳したのかも説明がつかない。とことん困り果てることを日々、繰り返していた。

東洋大学でサンスクリット語を学んだ作家の坂口安吾《さかぐちあんご》が、膝に載せて調べ物をしているだけで足がしびれてくると嘆いたＡ４サイズの分厚いモニエルの辞典の重さに、私もうんざりしながら何度、gadgada の項を見たことだろう。そんなことを繰り返していて、何気なく gadgada の二十行ほど上のほうに目がいった。そこから gad という文字が目に飛び込んできた。品詞は動詞、意味は to speak articulately、和訳すると「明瞭《めいりょう》に話す」。それを見て私は、「分かった！」と歓声を上げた。

gadgada は、gad と gada に分解できる。動詞の語根√gad と、語根の√gad に接尾辞 a を付けた形容詞 gada の複合語だったのだ。サンスクリット語では、動詞の語根と、その語根から作られた形容詞の複合語は、動詞の意味を強調した名詞（形容詞）になる。その具体例は、ガンジス河を意味するガンガー（gaṅgā）である。ガンガーは、「行く」という意味の動詞の語根ガム（√gam）と、その語根から作られた形容詞ガ（ga ＜ √gam + -a）の女性形ガー（gā）との複合語であり、「行き行くもの」「滔々《とうとう》と流れゆくもの」という意味である。ヒマラヤの頂上に淵源を発し、何千キロもの距離を滔々と流れゆく河の様子を表現した名前であった。

gadgada は、それと全く同じ構造であり、「明瞭に話し話す（もの）」、「明瞭で流暢《りゅうちょう》に話す（もの）」を意味すると理解できる。そう考えると、「妙音」と漢訳されたことも納得できる。

私は、このようにして難問を自分なりに解決した喜びに打ち震えた（その詳細は、植木訳『梵漢和対照・現代語訳　法華経』下巻、第23章の注1を参照）。

ギリシアのアルキメデスは、風呂に入っていて金の純度の測定法（アルキメデスの原理）を発見した際に、「ユーレカ」（分かったぞ）と叫んだ。その発見の喜びを人と共有したくて、シラクサの街を素っ裸で駆け抜けたと伝えられている。

私は入浴中でなくてよかった。私も、その喜びをだれかに伝えたい衝動に駆られた。机の脇に電話機がある。しかし、それは深夜の三時だった。だれかに電話するわけにもいかない。妻を起こして、話を聞いてもらった。妻は「よかったね」と言って、再び深い眠りに陥った。

第七十八話　耳で聞いて分かる訳を

『法華経』に続き、『維摩経』をサンスクリット原典から現代語訳し、『梵漢和対照・現代語訳法華経』上・下巻と、『同　維摩経』を岩波書店から出版して多くの反響があった。

研究者をはじめとする読者の方々からは、「梵漢和対照の形になっているのは、大変に便利だし、詳細で膨大な注釈も有り難い」との声とともに、「しかし、あの分厚い本を持ち歩く気にはならない。現代語訳の部分だけを取り出して、文庫化するか、それに準ずるものにして、持ち歩けるようにしてほしい」という声がかなり寄せられた。

明治大学教授の張競《ちょうきょう》先生からも、「毎日新聞」(二〇〇八年七月十三日付)の書評を通じて、「月並みの研究論文を凌《しの》ぐ訳業で、一日も早く文庫本にしてほしい」と要望を受けた。『思想の科学』の編集代表であった室謙二《むろけんじ》さんからは、キング・ジェームズ版などの聖書の英訳の歴史を引き合いに出して、「耳で聞いただけで分かる訳を」とアドバイスされた。冒頭に挙げた二つの訳書の編集を担当してくださった岩波書店元編集部長の高村幸治《たかむらこうじ》さんからも、その出版直後から「正確かつ平易で読みやすい『法華経』『維摩経』のスタンダード版を、できるだけ早く仕上げてほしい」と言われていた。こうした要望に応えるべく、随時、現代語訳の手直しを行なってきた。

その出来栄えを実験する機会が二〇一三年五月に訪れた。東京・駒場の日本近代文学館が一九九五年から主催している第七十三回「声のライブラリー」にお呼びがかかった。初めに二人（または三人）のゲストが自作を朗読し、その後、司会を交えての座談会という構成になっている。そのもようは、ＤＶＤに録画してアーカイブに保管されていて、同文学館の閲覧室で視聴できるという。その日は、詩人の伊藤比呂美《いとうひろみ》さんを司会に、『源氏物語』を現代語訳された大塚ひかりさん、そして『法華経』を現代語訳した私が登壇した。

私は、次に出す予定の普及版のために書き直した『法華経』の現代語訳から「長者窮子《ちょうじゃぐうじ》の譬《たと》え」の箇所を朗読した。「法華七譬《ほっけしちひ》」の中でも最も文学性の高い巧みなる譬喩《ひゆ》として知られるところである。聴衆のほとんどが、『法華経』を初めて聞かれた方であったが、「聞いているだけで情景が目に見えてきました」と感想を聞かせてくれた。また、伊藤比呂美さんの関係なのか、小説家の山崎ナオコーラさんや、詩人がたくさん見えていて、「朗読を聞いていて、感動が天を突き抜けるようでした」「淡々と朗読されていたけれど、心に染《し》み入るように入ってきました」と語っておられた。

二〇一四年六月にも、日本現代詩人会のＨ氏賞授賞式で記念講演を依頼された。「お釈迦さまも詩人であった」と題して講演し、その中で『法華経』の詩（偈《げ》）の部分を朗読した。その反応を見て、「耳で聞いただけで分かる訳」として、ある程度の手応えを感じ始めていた。

以上の〝実証実験〟を経て、普及版として『サンスクリット原典現代語訳　法華経』上・下巻（岩波書店）を二〇一五年三月に上梓《じょうし》した。これは、対照訳ではないので、日本語らしい文章にすることに努めた。特にインド的な言い回しは、日本語らしい表現に改めた。例えば、第一章と第十三章の如来が亡くなる場面の描写は、サンスクリットの表現を活かして「〔燃焼のための〕必須条件〔である油〕が尽き果てた燈明《とうみょう》のように」としていた。二カ所の〔 〕内の言葉によってやっと意味が分かる表現だ。普及版では、「油がなくなって燈明が燃え尽きるように」と改めた。そして、インドの書物によく見られるしつこいほどの繰り返しや、呼びかけの言葉も、くどさを感じない程度に簡略化した。

その普及版をテキストにして、NHK文化センターなどで講義を続け、講義を通してさらに文章の推敲《すいこう》を継続していたところ、二〇一七年の二月に、角川ソフィア文庫の編集長、大林《おおばやし》哲也《てつや》氏を通じて、NHKエデュケーショナルの秋満吉彦氏とお会いした。その席で、秋満氏から『法華経』についての私の見解を確認するいくつかの質問を受けた。その質問の一つひとつに答えていると、私の横に坐っておられた大林氏が、「『法華経』って、そんなに面白いんですか。それだったら、うちから文庫本で出しましょうよ」と言われた。それは大変に有り難いことで、『法華経』薬王品《やくおうぼん》に由来することわざ「渡りに船」とは、このことかと思った。

その後も何度か秋満氏と会い、秋満氏の綿密な準備によって、拙訳の普及版が、二〇一八年四月にNHK―Eテレの名物番組「100分de名著」で〝今月の名著〟として取り上げられ、私が〝指南役〟を務めた。

何よりも嬉しかったのは、女優の余貴美子《よきみこ》さんによる拙訳の朗読の素晴らしさであった。その朗読を聞いているだけで、命の底からふつふつと力が込み上げてくる思いだった。テレビの画面に映し出された拙訳の字幕を見ながら、余貴美子さんの朗読を聞いていると、「耳で聞いただけで分かる現代語訳を！」という室謙二さんからの課題に多少は応えることができたかなという気がした。

放送のための準備作業と同時進行で、文庫化の話も進んでいた。三月の収録で余貴美子さんの朗読を初めて耳にし、放送と録画で朗読を聴くたびに無上の喜びに包まれ、文庫化の作業に拍車がかかった。

仏典によく見られる執拗《しつよう》な繰り返しは割愛し、饒舌《じょうぜつ》な表現はぜい肉をそぎ落とし、筋肉質の文章に改めることに努めた。その結果、これまでの普及版に比べると約半分の文字数になって、『サンスクリット版縮訳　法華経　現代語訳』（角川ソフィア文庫）が二〇一八年七月に出版された。読みやすさの点では格段に向上したと思う。

これに続いて、一年後の七月に『サンスクリット版全訳　維摩経　現代語訳』も角川ソフィア文庫として出版することができた。さらに『法華経』文庫版が本年（二〇一九年）九月に重版となった。

第七十九話　ラクシャー・バンダンのお守り

博士論文の執筆は、サンスクリット語の原典を自分で翻訳して引用することに徹したが、できなかった文献があった。『維摩経』である。そのサンスクリット原典は、もはやこの世に存在しないと言われていた。ところが、論文をお茶の水女子大学に提出し、審査が進行していた二〇〇一年十二月、「維摩経、サンスクリット原典発見」という見出しが新聞に躍った。『維摩経』のサンスクリット写本が、大正大学の調査団によって一九九九年七月にチベットのポタラ宮殿で発見されていたというのだ。既に論文審査が始まっており、論文執筆に間に合わなかったのが残念だったが、いつか翻訳したいと思った。

二〇〇八年三月に『梵漢和対照・現代語訳　法華経』上・下巻（岩波書店）の出版を終え、中国で六十部、日本で四十部の限定で出版されていた念願の『維摩経』写本の影印版《えいいんばん》（写真版）を入手できたことで、『維摩経』の現代語訳に取りかかった。ところが、難題がいくつも待ち構えていた。例えば、辞書にも載っていない単語が出てくるところがあり、大正大学のローマナイズでも、そのまま表記されていた。これでは意味が通じないというので、そのたびに作業が足踏み状態になった。

この難題の一つを解決してくれたのは、その二十年ほど前の八月下旬、インドでアグラからデリーに向かう列車で隣り合わせた白髪、白髭の老人が、右の手首に着けていたラクシャー（お守り）だった。それは、ラクシャー・バンダン（rakṣā-bandhan）という祭りに姉や妹が、弟や兄の手首に着けてやるものだと聞いた。神妃が夫の手首にリボンのようなラクシャー（お守り）を着けて、夫が悪魔を倒すのを助けたという神話に基づくものだ。

写本に ātma-parākṣaṇyanatayā（∧ ātma-para-akṣaṇyanatayā）となっているところがあった。ātma-para は「自他」と訳すことができるが、akṣaṇyanatayā（∧ akṣaṇyanatā）の意味が不明だった。大正大学がローマナイズした本も、そのままになっている。この箇所に相当する漢訳は、「彼我皆護」（支謙《しけん》訳）、「護彼我」（鳩摩羅什《くまらじゅう》訳）、「護自他」（玄奘《げんじょう》訳）というように、いずれも「護」となっている。

ベルギーのÉ・ラモット博士は、「護」を protects と英訳し、サンスクリットでは pālayati という動詞であっただろうと推測していた。けれども、akṣaṇyanatā- とは似ても似つかない。

ここで困っていると、あの老人が着けていたラクシャーの飾り紐《ひも》のことが思い浮かんだ。ラクシャー（rakṣā）は、「護る」という意味の動詞√rakṣ に女性名詞を作る接尾辞 ā を付けたものだ。このことが記憶に残っていて、ここは√rakṣ の派生語に違いないと気づき、経典を書写する際に rakṣaṇatā の単数・具格 rakṣaṇatayā を写し間違えたのだと考えて、ātma-para-akṣaṇyanatayā を ātma-para-rakṣaṇatayā と改めた。意味は「自他ともに護ることによって」となる。これによって、すべての漢訳とも一致して、問題が解決できた（詳細は、拙著『人間主義者、ブッダに学ぶ――インド探訪』第十一、十二章を参照）。

あのラクシャー・バンダンの祭りの日に、ラクシャーを手首に着けたあの老人と同じ列車に乗り合わせていなければ、この問題を解決することはできなかっただろう。そう思うと不思議な出会いであった。

先に『法華経』をサンスクリット語から翻訳していたことも役立った。写本のままの単語praveśeṣuでは、前後関係が意味不明であり、大正大学によるローマナイズでもそのままになっている。ところが、サンスクリット語の『法華経』に類似の文章があったことを思い出し、それをpradeśeṣuと改めて、難なく解決できた（詳細は、『梵漢和対照・現代語訳　維摩経』第七章の注64を参照）。

以上は、写本を書写する段階での誤りである。こうした難題を一つひとつクリアして、その写本を校訂・翻訳し、二〇一一年八月に『梵漢和対照・現代語訳　維摩経』（岩波書店）を出版することができた。この場合も、筆者による写本の校訂や、これまでの漢文の書き下しの誤りの指摘など、注釈に力を入れたので、全六百六十ページのうち約半分の三百七ページを注釈が占めることになった。

その本の現代語訳の部分だけを取り出し、さらに日本語らしい文章に改め、各章ごとに詳細な解説と注釈を入れて『サンスクリット版全訳　維摩経　現代語訳』（角川ソフィア文庫）として二〇一九年七月に出版することができた。手軽で読みやすくなったと思う。

第八十話　同じ漢字でも異なる意味

中国・上海《シャンハイ》生まれの比較文学・比較文化学者の張 競《ちょうきょう》先生（明治大学教授）と話をすると、いろいろと刺激を受ける。娘さんが中学生になった時、部活で上級生を「先輩」「先輩」と呼んでいるのにギョッとしたそうだ。中国で、それは「死者」を意味するからだ。また大学に入学すると、大学構内の随所に「新入生歓迎交歓会」の紙が貼られていて、思わず顔を赤らめてしまったという。中国語で「交歓会」とは「乱交パーティー」を意味するからだ。

　このようにわれわれが何気なく使っている漢字も中国では全く異なる意味で用いられていることがある。「娘」は「母」、「鮎」は「ナマズ」、「手紙」は「トイレットペーパー」だ。漢訳仏典を読む時も、同じ漢字だからというので分かったつもりになっていると、とんでもないことになってしまうことがある。

　サンスクリット原典から『法華経』と『維摩経』を翻訳していて、「堕落」という語の使い方の違いに気づかされた。サンスクリット語の『法華経』譬喩品《ひゆぼん》第三に次の一節がある。

tatra prapatanti　（植木訳『梵漢和対照・現代語訳　法華経』上巻、二三〇頁）

タトラ（tatra）は「そこに」という副詞であり、プラパタンティ（prapatanti）は、「飛び去る」「飛行する」「落ちる」「〜（処格）に入る」「〜（対格、処格）の上に倒れる」「飛び降りる」といった意味で、「墜堕《ついだ》」「堕落《だらく》」「墜落《ついらく》」と漢訳された動詞プラ・パット（pra-√pat）の現在・三人称・複数形である。

鳩摩羅什は、この箇所を四番目の意味によって次のように訳している。

阿鼻獄《あびごく》に入らん。（同、二三〇頁）

ところが、岩波文庫『法華経』の岩本訳では、これらの漢訳語のうちの「堕落」を採用して、次のように現代語訳している。

そこで堕落を続けるのだ。（文庫上、二一一頁）

漢訳の「堕落」は、他の「墜堕」「墜落」と同様、「落ちる」「陥る」といった意味で訳されている。ところが、岩本訳の用い方はそうではない。タトラを「そこで」と訳しているから、既に「そこ」、すなわち「アヴィーチ（阿鼻《あび》）地獄」にいることを前提とした話になっている。それ以上に落ちようがない。だから「地獄に落ちる」ではなく、「地獄で身をもちくずす」という訳し方である。岩本裕訳には、こうした致命的誤訳が五百カ所近く散見される（植木訳『梵漢和対照・現代語訳　法華経』の注を参照）。

鳩摩羅什は、『維摩経』観衆生品第七《かんしゆじようぼん》において「落ちた」という意味で動詞パット（√pat）の過去受動分詞パティタ（patita）を「堕落」と漢訳している。天女がシャーリプトラ（舎利弗《しやりほつ》）や菩薩たちの上に天上の花々を振り撒《ま》いた。シャーリプトラをはじめとする声聞《しようもん》たちの身に至った花びらは、付着して落ちなかった。ところが、

華《はな》は諸《もろもろ》の菩薩に至るや、即ち皆堕落しぬ。

（植木訳『梵漢和対照・現代語訳　維摩経』、二九六頁）

となっている。主語は華である。もちろん、「堕落」は「身をもちくずした」という意味ではない。単純に「落ちた」ということである。

同じ意味を持つ二つの異なる漢字を重ねた熟語で、中国語が文字通りのことを意味するのに対して、日本語では抽象化された意味が付加されるという具体例が、中川正之著『漢語からみえる世界と世間』（岩波書店）に挙げてある。例えば、「超」も「越」も「こえる」を意味し、中国語で「超越」は「前の車を超越する」というように用いて、単純に「追い越す」という意味になり、もともとの「こえる」という意味が維持されている。それに対して、日本語では

「ずば抜けていること」「俗事にとらわれないこと」という意味に抽象化されている。「軽薄」も中国語では、文字通り「軽くて薄い」の意味で、日本語と微妙な違いがある。中国では品物に用いて、使いやすく重宝であることを意味しているが、日本では人を見下す悪い意味になる。「堕落」は、「堕」も「落」も「おちる」という意味で、漢語ではもとの意味が維持されているが、日本語になると「おちぶれること」といった抽象化が行なわれている。岩本訳は、その違いを見落としていると言えよう。

筆者は、『法華経』の前記の箇所を「そこに落ちるのである」と訳しておいた。

また、「降伏」「迷惑」という言葉も注意を要する。前者は、『維摩経』仏道品《ぶつどうぼん》第八で、

降伏四種魔〔後略〕。

という形で用いられている。一般に知られる降伏の意味では、これを、

四種の魔に降伏《こうふく》し〔後略〕。

と書き下したくなる。これでは、魔に降参したことになる。ところが、仏典では降伏と書いて「ごうぶく」と読ませ、「相手を打ち負かす」という意味で用いられる。そうなると、

四種の魔を降伏《ごうぶく》し〔後略〕。

（植木訳『梵漢和対照・現代語訳　維摩経』、三五六頁）

と書き下さなければならない。「こうふく」と読むか、「ごうぶく」と濁って読むかで、意味が全く逆になってしまうのだ。

後者の「迷惑」も一般には、「あの人は、私にとって迷惑だ」という用法である。ところが、『法華経』方便品《ほうべんぽん》第二の次の一節、

無智の者は錯乱《しゃくらん》し、迷惑して教えを受けず。

（植木訳『梵漢和対照・現代語訳　法華経』上巻、一一〇頁）

のように、仏典では「迷い」「惑う」のは他人のせいではなく、自分の至らなさから「迷惑」するという意味なのである。

漢字の多義性からの誤りも犯しやすい。宿命を「しゅくめい」と読み、「命に宿る」ものとして「前世から定まっている人間の運命」と解釈する人がある。これはサンスクリット語のプールヴァ・ニヴァーサ（pūrva-nivāsa）を漢訳したもので、読み方は「しゅくみょう」である。プールヴァが「過去の」という意味で「先世」「昔」「宿」などと漢訳され、ニヴァーサが「止

住」「滞在」という意味である。両者が複合語となって「過去の生存」という意味になり、「宿世《しゆくせ》」「宿住《しゆくじゆう》」「宿命《しゆくみよう》」と漢訳された。「宿」という漢字には、「やどる」「やど」「星座」「年を経ている」「前世〔の〕」といった意味があり、ここでは最後の意味である。

このように、本来の意味が日本語ではズレて用いられていることがあり、注意しなければならない。

第八十一話　漢訳書き下しの落とし穴

中村元先生の講義は、漢訳仏典がテキストの時も、「サンスクリット原典が存在するものは、原文に当たるように」と話され、中村先生自身がそれを実行しておられた。

七～八世紀ごろのシャーンティデーヴァ（寂天《じやくてん》）の著わした『菩提行経《ぼだいぎようきよう》』（bodhicaryāvatāra）の講読でのことだった。韻律を踏んだ定型詩であることから、漢訳は五文字ごとに区切られている。文字数の制約から端折《はしよ》られた訳がなされているようで、漢訳だけからは意味が読み取れないところが多数あった。中村先生のサンスクリット原文からの訳を聞いて、「この漢訳からそんな意味を読み取れというのか」という思いを抱いたものだった。

漢文は、返り点の打ち方で読み方が変わってしまうことがある。『法華経』方便品の「是法住法位。世間相常住」は長年、「是《こ》の法、法位に住して世間の相、常住なり」というように、「住」を動詞として書き下されてきた。ところが、サンスクリット原典を見ると、「住」は動詞ではなく、名詞スティティの訳で、ダルマ（法）と複合語ダルマ・スティティをなしていた。従って、「是《こ》れは、法住・法位にして、世間の相、常住なり」と改めなければならない。

これは、鳩摩羅什の漢訳が間違っているのではないし、これまでの書き下しも漢文の読み方としては何ら問題ではなかった。ただ、サンスクリット原文と比較した時に違いが明らかになったのであり、それは漢文の曖昧さから起こったことである。

こうしたことは、一九九九年に発見された『維摩経《ゆいまきょう》』のサンスクリット原典を現代語訳している際にも見つけることができた。鳩摩羅什が「如前際後際空故中際亦空」と漢訳した箇所は、これまで、

前際《ぜんさい》・後際《ごさい》の空《くう》なるが如《ごと》く、故に中際《ちゆうさい》も亦《ま》た空なり。

と書き下されてきた（高崎直道《じきどう》・河村孝照《こうしよう》訳『維摩経・首楞厳三昧経《しゆりようごんさんまいきよう》』、一〇九頁）。ところが、サンスクリット原典で確認すると、「前際」「後際」「中際」は主語ではなく副詞である。主語は少し前にある「四種の性《しよう》」である。そこで私は、

〔四種の性は〔中略〕〕前際・後際に空なるが如く、故に中際にも亦《また》空なり。

と改めた（拙訳『梵漢和対照・現代語訳　維摩経』第八章の注58を参照）。

また、「若菩薩行於非道。是為通達仏道」は、これまで、

若《も》し菩薩《ぼさつ》にして非道《ひどう》を行《ぎょう》ずれば、是《こ》れを仏道に通達すと為《な》す。

と書き下されてきた（高崎直道・河村孝照訳『維摩経・首楞厳三昧経』、一〇〇頁）。ところが、「行ずる」（√car）の派生語は用いられておらず、「行」（gacchati）、「非道」（agati-gamanaṃ）、「通達」（gatiṃ-gato）のすべてが、「行く」という意味の動詞（√gam）の派生語であり、私は、

若《も》し菩薩《ぼさつ》にして非道《ひどう》を行かば、是《こ》れを仏道に通達すと為《な》す。

に改めた（詳細は『梵漢和対照・現代語訳　維摩経』第七章の注14、15を参照）。

「非道を行ずる」と「非道を行く」では意味が全く違ってくる。「五つの無間業《むけんごう》の道を行く」と違い、「五つの無間業を行ずる」は、父や母を殺すことなどを実行するということになり、物騒な話になる。「非道を行ずる」こと自体が「仏道」であるかのように解釈され、「非道」を

正当化する根拠とされるようなところもあった。それは、「非道を行ずる」と書き下したことに伴う大きな誤解である。

これは、漢字が多義的であり、翻訳者が意図した意味とは別の意味のほうで理解されたことによる間違いである。これもサンスクリット原典と突き合わせるしか解決方法はない。

『維摩経』を漢訳から国訳（書き下し）されたのは東京大学と鶴見大学の名誉教授であった高崎直道先生だったが、原典写本未発見の時のことなので責められるべきではない。高崎先生に拙訳を贈呈すると、お礼のハガキが届いた。そこには、次のようにしたためてあった。

　早速に手にして「はしがき」から読み始め、「解説」を読み、また索引を頼りに、小生の「国訳」への言及箇所を拾ってチェック致しました。「国訳」を訂正していただいたほか、納得、採用して下さった箇所もあり、感謝申し上げます。

高崎先生は、私の指摘を謙虚に認めてくださり、ベルギーのルーヴァン大学名誉教授、É・ラモット博士と高崎先生の間にあった見解の相違は、高崎先生の考えが正しかったことを私が論証していることを感謝してくださった。ハガキを拝見し、高崎先生の学者としての高潔な人格を目の当たりにした。

それとともに、中村先生の教えを有り難く受け止めている。

漢訳の書き下しについて論じたついでに、書き下しにまつわる〝笑い話〟を一つ。

九六三（応和《おうわ》三）年、宮中の清涼殿《せいりようでん》で天台宗と法相宗《ほつそうしゆう》の宗論が行なわれた。天台宗の慈慧《じえ》僧正良源《そうじようりようげん》は『法華経』の「無一不成仏《むいつふじようぶつ》」を「一として成仏せざること無し」と読んで、一切衆生だけでなく草木国土のすべてがことごとく成仏できると主張した。

それに対して、法相宗の仲算法師《ちゆうざんほつし》は「無の一は成仏せず」と読んだ。法相宗は、「五性各別《ごしようかくべつ》」と言って、①仏果を得ることが決まっている人、②阿羅漢果《あらかんか》を得ることが決まっている人、③独覚果《どつかくか》を得ることが決まっている人（以上を決定性《けつじようしよう》）、④三つのいずれとも決まっていない人（不定性《ふじようしよう》）、⑤覚りとは全く縁のない人（無種性《むしゆしよう》）――の五つに衆生を分類していて、「五種類のうち無種性という一種類の衆生は永遠に成仏できない」と論じた。ところが、漢文の句法から見ても、『法華経』の前後関係から見ても、仲算法師の読み方は恣意的《しいてき》なこじつけであり、強引な読み方であった。会場に失笑が漏れたという。

第八十二話　漢訳のための新作漢字

サンスクリット原典を現代語訳していると、サンスクリット語を当て字で音写したものが多いことに気づく。玄奘は、『翻訳名義集《ほんやくみようぎしゆう》』でインドの言葉を中国の言葉に翻訳しないで音写する理由として、①秘密のゆえに、②多義を含むがゆえに、③ここに無《な》きがゆえに、④古《いにし》えに順ずるがゆえに、⑤善を生ずるがゆえに——の五つを挙げている（五種不翻《ごしゅふほん》）。

①は、密教の呪句である真言《しんごん》・陀羅尼《だらに》のように秘密の奥義は、もともと意味不明にして呪術性を高めようとするもので、別の言葉に翻訳するのが困難であるということ。②は、一つの言葉が多くの意味を持つ場合、一つの意味を訳すと他の意味が抜けてしまうから翻訳しないということ。③は、中国には存在しない動植物や、固有名詞は訳しようがなく、音写するしかないということ。④は、アヌッタラ・サミャク・サンボーディ（この上ない正しく完全な覚り）を音写した阿耨多羅三藐三菩提《あのくたらさんみやくさんぼだい》のように、これまでの伝統に従い翻訳しないということ。⑤は、例えばパンニャーを「智慧」と訳さないで「般若《はんにゃ》」と音写したのは、有り難みが薄れるからということ。①と⑤は、呪術的効果を意図したものと言えよう。

その音写においては、中国にもともとある漢字を使うと、その漢字の意味にとらわれがちになることから、翻訳のために新たに造られた漢字もあった。

例えば、「袈裟《けさ》」の二文字である。これは、サンスクリット語のカシャーヤ（kaṣāya）を音写したものだ。意味は「薄汚れた色」「黄褐色」、あるいはそのような衣ということで、出家者が身に付ける衣を意味する。

その衣は、もとは林に放置された死体をくるんでいた布であった。その死体を虎やライオン、蛇、ジャッカル、コンドルなどの動物が食べに来る。その布は食いちぎられ、死体の膿《うみ》や血液に染まる。さらに雨ざらしになって、染《し》みだらけになり、薄汚れた色になっている。出家者は、そこへ行って、その布の断片を拾い集め、洗って縫い合わせて衣とした。それがカシャーヤであった。それは、インドで最も蔑《さげす》まれていたチャンダーラ（旃陀羅《せんだら》）が身に付けていたものであり、出家するということは本来、彼らと同じ立場に立つことを意味していた。

このようなカシャーヤを翻訳する時、中国に該当する言葉が存在せず、音写するしかない。それも既存の漢字を使えばその漢字のイメージがつきまとう。ここは、カシャーヤを音写するためのみの漢字を造るしかない。というわけで、「袈」と「裟」が中国で新たに造られた。「加」と「沙」が発音を、「衣」が意味を示している。この二文字は、「袈裟」以外には用いられることはない。

ところが、わが国ではもともとの意味が分からず、「金襴緞子《きんらんどんす》の袈裟」という言葉が使われた。権威を否定するものが、権威を象徴するものにされてしまった。これは「円い三角形」のように形容矛盾である。

「魔」という文字も、サンスクリット語のマーラ（māra）を音写するために造られた。「マ」という音を表わす語なら、「麻」だけでもいい。ところが、怖いものというイメージが表現されない。そこで、「麻」の下に「鬼」という文字を加えた漢字を造って、「魔羅」と音写した。

釈尊が亡くなった時、荼毘《だび》に付された。残った遺骨を八人の王が持ち帰り、遺骨を安置し土を饅頭《まんじゅう》の形に盛ってストゥーパとした。これが漢訳される時、「土」を盛り「合」わせたところに「草（艸）」が生えてくることから、「土」「艸」「合」を組み合わせて「塔」という漢字を造って「卒塔婆《そとば》」、あるいは「塔婆《とうば》」と音写した。

「覚った人」のことをブッダ（buddha）と言う。これは「目覚める」という意味の動詞「ブドゥ」（√budh）の過去受動分詞で、「目覚めた〔人〕」を意味し、「佛陀」と音写された。「佛」という文字も、これを音写するために中国で「亻」と「弗」を組み合わせて造られた漢字である。似た字は「沸」である。「弗」は「あらず」を意味する。「水」を意味するサンズイと組み合わせると、「水にあらず」という意味になる。沸騰した水蒸気は、「水であって水でないもの」ということであろう。同様に「人」を意味する人偏《にんべん》と「弗」で、「人間であって人間でないもの」という意味になる。

フランスで活動するアーティスト・湊茉莉《みなとまり》さんが銀座エルメスのフォーラムで日本初の個展を開くと連絡があり、拙訳『梵漢和対照・現代語訳　維摩経』（岩波書店）の文章をあしらったリトグラフが展示された。二〇一九年三月のオープニングの日に湊さんにお会いして、「お名前の茉莉は、サンスクリット語ですよ」と話したら、ご存じなかった。仏典にマッリ（malli）、あるいはその末尾に「小さい」「かわいい」という意味の接尾辞「カ」を付けたマッリカ（mallika）という名前がよく出てくる。ジャスミンのことだが、中国ではそのまま音写され「末利（華）」と書いていたが、植物だと分かるように後に草冠《くさかんむり》を付けた文字にし、「茉莉《まつり》」「茉莉華《まつりか》」と音写された。

日本語でラ行の音の前に促音《そくおん》の「ッ」が来ることはないが、サンスクリット語ではありうる。その違いを気づかれなかったのであろう。手塚治虫の『ブッダ』の英語版が出た時、マッリカがマリッカ（Malikka）と訳されていた。

インドにライオンがいることをご存じない方が多い。インド亜大陸はもともとアフリカと一体であったが、後に大陸が移動してアジア大陸とぶつかり、その圧力でヒマラヤ山脈ができた。その時、ライオンも一緒にやって来た。そのライオンは、サンスクリット語でシンハ（siṃha）と言うが、中国人は見たこともないもので、シンハを「師」と音写し、一文字では坐りが悪いので、「金子《きんす》」「帽子」「椅子」のように名詞であることを示す「子」という文字を付けて「師子」とした。ところが、この二文字から猛獣を連想するのが困難だと思ったのか、「師」に獣《けもの》偏《へん》をつけた字を造り「獅子」とした。

「菩薩《ぼさつ》」（菩提薩埵《ぼだいさった》の略）、「菩提」の「菩」の字も、ボーディサットヴァ（bodhi-sattva）とボーディ（bodhi）を音写するために造られた。梵語の音訳に用いられるのみで、漢字自体に意味はない。当初、意味がよく分からなかったからであろうが、後に道教の「宇宙自然の根元的真理」を意味する「道《タオ》」を当てたこともあったが、さらに後には「覚」という訳も用いられた。

仏典の漢訳には、このような苦労の跡も見逃せない。

第八十三話　真作か偽作かは大した問題ではない

第六十九話「普遍的思想史の夢」で、後世の人が普遍的思想史をまとめるに当たっての心得を中村元先生は、六項目書き残しておられたと書いた。その四番目に挙げられていたことは、古い文献を取り扱う者にとって重要なことである。それは、「思想そのものを問題とする場合には、真作か偽作かということは大して問題とならない」(『普遍思想──世界思想史Ⅱ』、二四六頁)ということであった。

この点に関しては、コロンビア大学でプラグマティズムのジョン・デューイの下で博士号を取得して中国の清華大学、北京大学などで教授を歴任した馮友蘭《ふうゆうらん》博士の考えが興味深いとして、中村先生は次の所説を引用されている(『比較思想論』、二四六頁)。

馮友蘭博士は、これまでの中国の学問を研究する者で、真書と偽書の区別を知らない者があったり、区別することは知っていても、偽書は価値がないと決めつけたりする者があったと述べ、それが中国哲学に進歩が見られない一因だと論じた。その上で、次の所論を展開している。

もしただ哲学研究の立場より見れば、吾人《ごじん》は単に某書《ぼうしょ》に説かれた論説自身が過《あやま》りでないかどうかに重点を置く。この論説が果《はた》して何人《なんぴと》の説くものであるか、果して何時代のものかは、重要な関係はない。某書が偽書であっても、根本において価値があるならば、決して偽書だからといって、価値を失うことはない。また真書であっても、根本において価値がないならば、決して真書だからといって、価値を有することはない。

（柿村峻訳『支那古代哲学史』、三三頁）

中村先生も、サンスクリット語、パーリ語、漢文、チベット語、英語、ドイツ語、フランス語、ギリシア語などのずば抜けた語学力で、だれよりも文献（原典）に基づいて研究されていたが、その文献学について、「研究の基礎となるものとして重要である」と押さえた上で、「思想の研究において文献学のみに頼って研究する人を、私は信用しません」と厳しく批判されていた。

これは、多くの文献学者にとって耳の痛い話ではないだろうか。これまで、重要なことが書いてあるにもかかわらず、「これは、偽作だ！」の一言の下にバッサリと切って捨て、一顧《いっこ》だにしない研究者がいると聞いたことがある。

偽作（偽書）――すなわち、真作（真書）ではないものが書かれるには、何らかの理由があるはずである。①自分に都合のよいことを著名な人の名前をかたって権威づけるため、②無名の自分の名前では相手にされないと考えて著名な人の名前で書いた、あるいは③著名な人が主張したことを擁護したり、補足したりするためにその人の名前を使うこともあろう。

インド人の場合は、独特のものがある。それは、中村先生が『インド人の思惟方法』で「仏が説いたから真理であるのではなくて、真理であるから仏が説いたはずである」（一八八頁）という思考によるもので、「著者は誰であろうとも、正しいこと、すなわち真理を語っていさえすればよいのである」（一八九頁）という。これは、③の典型的なケースと言えよう。

①については、厳しくチェックすべきである。仏教で言えば、男性・出家者中心主義の保守・権威主義的傾向の著しい小乗仏教と貶称《へんしょう》された説一切有部《せついっさいうぶ》による改竄《かいざん》（中村元著『原始仏教から大乗仏教へ』、八五頁）は、まさにこれに相当するものであろう。大乗仏教といえども、歴史上の人物である釈尊が徹底的に否定していた迷信を再び取り入れようとして作られた経典もある。そこは、〝経典〟という形式であったとしても、価値の有無が問われなければならない。

②と③については、真作ではないということだけで切り捨てるわけにはいかない。一顧する価値は残っていよう。釈尊の時代から五百年近く経過して、釈尊の時代には想定されていなかった事態が現われ、対応に迫られて、「釈尊ならば、きっとこう言われるに違いない」という信念の下に経典という表現形式で主張を展開した。いわば「釈尊の原点に還れ！」というものであった。従って、明らかに真作ではない。だからといって、無価値とは言えない。時代に対応する思想運動の一環の書として理解すれば重大な意義が込められている。それは、第六十一話「大乗非仏説論」で論じたことである。

このように、真作ではないと判断されたとしても、①であるのか、②③であるのかを弁別しなければならない。中村先生は、〝人間ブッダ〟の実像を明らかにすることを目指されていた。それを踏まえて、価値判断の基準を挙げてみよう。

本来の仏教の目指した最低限のことは、①徹底して平等の思想を説いた。②迷信やドグマを徹底的に否定した。③絶対神に対する約束事としての西洋的倫理観と異なり、人間対人間という現実において倫理を説いた。④「自帰依《じきえ》」「法帰依《ほうきえ》」として、自己と法に基づくことを強調した。⑤釈尊自身が「私は人間である」と語っていたように、仏教は決して人間からかけ離れることのない人間主義であった――などの視点である。これを否定するのか、維持しようとするのか――価値判断の基準は明確である。

このような視点から、真作でなくても、この基準を維持し守ろうとするものは切り捨てるべきではない。その場合、「真作ではないが、このようなことを主張しなければならなかった歴史的必然性があった」というように但し書きを付けた上で、その文献を評価すべきである。

著名な人が直接に書いたものではないとしても、ある時代にそのようなことを考える人がいたことは紛れもない事実である。そのような思想を展開する人がいたのである。その人が無名であることは何ら問題ない。そこに何が書かれているか、なぜそのようなことを書かねばならなかったのか――が重要である。

真作か偽作かということにこだわって、真作ではないと断定したら一顧だにしないというのは、日本に典型的な「だれが書いたかを見て、何が書かれているかを見ようとしない」ということと本質は同じことである。

偏狭なアカデミズムを最も嫌っておられた中村先生は、「だれが書いたか」ではなく、「何を書いたか」を見るべきだとして、「思想そのものは、権威者によって語られた〔も〕のであっても、市井の凡人によって語られたものであっても、真理性そのものに変わりはない」（『古代思想――世界思想史Ｉ』、二四頁）と常に口にしておられた。そして、古代ギリシアのストア派の哲学者の名前を挙げて、次のように話された。

ストアの思想は、帝王であったマルクス・アウレリウスの言であろうと、奴隷であったエピクテートスの言であろうと、価値あるものが取り出されて論議されているではないか。

（同、二五頁）

日本では、同じことを在野の人が語ってもだれも注目しようとしないが、有名な人が語れば珍重されるという学問的風土が無視できない。これこそが、権威主義であり、独創的な学問の出現を阻んでいるということを中村先生は、厳しく指弾しておられた。それは、第九十五話「アメリカの出版事情」で触れることと重なってくる。

真作でないということだけで切り捨てるのは、自ら、その文献に書かれている内容の価値を評価する視点を持ち合わせていないということなのであろう。中村先生は、エピクテートスと並べて、古代インドの道徳否定論者プーラナ・カッサパが奴隷の身分でありながらも、自由な思索を展開していたことについて、日本では身分は自由であっても、奴隷的思考に明け暮れしている研究者がいるとも語っておられた（詳細は、拙著『仏教学者　中村元』参照）。

第八十四話　梵文〝翻訳ノート〟

これまでの『法華経』のサンスクリット語（梵語）からの現代語訳に納得できない箇所があまりにも多いので、中村元先生の後任として東方学院院長に就任された筑波大学名誉教授の三枝《さい》充悳《ぐさみつよし》先生に相談した。三枝先生は、きっぱりと、おっしゃった。

「あなたが、自分で納得のいく訳を出しなさい」

その言葉に励まされて、翻訳を開始した。翻訳に際しては、①正確を期す、②意訳・深読みをしない、③掛詞《かけことば》も見落とさないで訳出する、④曖昧さを残さない――の四つの原則を自らに課した。

そのために、〝翻訳ノート〟を作成しながら現代語訳した。それは、サンスクリット原典の全文を一つのセンテンスごとに区切って、すべての単語について品詞を明らかにし、名詞であれば性・数・格、動詞であれば人称・数・態・時制など文法的なことを分析し、連声《れんじょう》の仕方、構文の詳細な分析を行ない、そのすべてを文法的特記事項のメモとともに書き残したものである。その文法的分析を踏まえた私の現代語訳が、サンスクリット本文と鳩摩羅什の漢訳書き下し文を対照させて各センテンスごとに並べてある。これまでの訳し方と私の訳し方の違いを綿密に記した膨大な注釈もつけた。

初期大乗仏典の特徴として、韻文は正規のサンスクリット語とは異なる訛《なま》ったプラークリット語も用いられているので、アメリカのF・エジャートンの *Buddhist Hybrid Sanskrit*（仏教混《こん》淆《こう》梵語）の辞典と文法書の二冊を取り寄せて解読するしかなかった。その本や、文法書、シンタックス（構文論）の本の参照箇所も明記してある。それを自分で〝翻訳ノート〟と呼んでいた。サンスクリット語をこれから学ぶ人には、サンスクリットの文章の実例を通して、動詞の活用、名詞の格変化、連声の実際を学ぶのに役立つことであろう。

『法華経』だけでなく、それに続いて『維摩経』も同様に〝翻訳ノート〟を作成しながら現代語訳した。各章の現代語訳が終わるたびに、〝翻訳ノート〟を印刷し、簡易製本しては三枝先生のご自宅に届け、現代語訳の進行情況を報告した。最終的に、製本された〝翻訳ノート〟は『法華経』の場合、B５サイズで三千百ページ余、『維摩経』で千三百ページほどの大部になった。

三枝先生は、それをご覧になって、

「ここまで調べてあると、翻訳に曖昧さがなくなりますね。出版社は、このサンスクリット原文と、植木さんの訳と、漢訳の部分だけを取り出して出版しようとするでしょう。出版社は嫌がるかもしれないけれども、この〝翻訳ノート〟は、いつか必ず出版してください。貴重な資料になります」とおっしゃった。

　東方学院での中村先生の講義をいつも隣り合わせて受講していた鶴見大学女子短期大学部教授（当時）の中田《なかた》直道《なおみち》先生は、その〝翻訳ノート〟をご覧になって、「『原文の一字一句もゆるがせにせずに解明するように』『サンスクリット原典は読んだら必ず訳をつけておきなさい』という宇井《うい》伯壽《はくじゅ》先生と中村元先生の伝統が、植木さんに継承されている」と喜んでくださった。

　こうして、『梵漢和対照・現代語訳　法華経』上・下巻（岩波書店）を二〇〇八年に、『梵漢和対照・現代語訳　維摩経』（同）は、三枝先生が亡くなられた翌年の二〇一一年に出版することができた。三枝先生のおっしゃった通り、文法的な分析の部分はすべてカットされたが、それぞれ、毎日出版文化賞とパピルス賞を受賞することができた。それぞれ、二〇一九年五月現在で12刷と、4刷に及んでいる。また、前者の現代語訳をさらに日本語らしく改めた拙訳『サンスクリット原典現代語訳　法華経』上・下巻（岩波書店）が、NHK—Eテレ「100分de名著」（二〇一八年四月放送、二〇一九年十一月アンコール放送）で〝今月の名著〟として取り上げられ、私が〝指南役〟を務めた。

　その放送で、拙訳を朗読される女優の余貴美子《よきみこ》さんの心に響く声を聞きながら、『思想の科学』編集代表であった室謙二《むろけんじ》さんから言われていた「耳で聞いただけで分かる現代語訳を！」

という言葉を思い出し、さらにブラッシュアップして『サンスクリット版縮訳　法華経　現代語訳』（角川ソフィア文庫）を二〇一八年七月に出版した。その一年後には『サンスクリット版全訳　維摩経　現代語訳』（同）も出版された。

こうしたことが続く中、二〇一八年の夏、三枝先生の〝遺言〟となった〝翻訳ノート〟の出版をそろそろ実現しなければ……と考えるようになった。ただ、三枝先生の「出版社は嫌がるかもしれないが……」という言葉が脳裏に浮かび、だれか資金援助をしてくれる人でもいないと、出版社は引き受けてくれないだろうな……。そんなことを考えていた。

ところが、九月一、二日に東洋大学で行なわれた日本印度学仏教学会の大会に参加して、事態が急展開した。会場内に設けられた書籍の出張販売コーナーで本を見繕《みつくろ》っていると、一人の男性が声をかけてきた。「植木さんですよね。京都の法藏館の今西智久と申します。NHK－Eテレの『100分de名著』で『法華経』についての番組を拝見しました。『梵漢和対照・現代語訳　法華経』も読んでいます。うちから植木さんの本を出していただけませんか」

即座に〝翻訳ノート〟のことが頭に浮かび、概略を説明すると、今西さんの目の色が変わった。九月三日の朝、今西さんから「ぜひ、うちから出版を」という熱烈な思いのこもったメールが届いた。九月三日は、私が仏教学を学ぶことを決意した記念すべき日でもあった。

また法藏館といえば、一六〇二年創業の日本で二番目に古い仏教書専門の出版社であり、三枝先生が『三枝充悳著作集』全八巻を刊行されたところである。〝出版社が嫌がる〟どころか、とんとん拍子に話が進むというあまりにも出来すぎた話に、三枝先生が見守り、導いてくださっているとしか思えなかった。

それは、まず『梵文「維摩経」翻訳語彙《ごい》典』として二〇一九年九月三日に出版され、続いて『梵文「法華経」翻訳語彙典』上・下巻も出版されることになった。

第九章　文学への影響

第八十五話　お釈迦さまも詩人であった

わが国古来の文学では短歌の占める比重が大きい。釈《しやく》沼空《ちようくう》（折口信夫《おりくちしのぶ》）の最後の弟子と言われた歌人の阿部正路《あべまさみち》氏（一九三一〜二〇〇一年）は、その著『短歌史』で日本国憲法の第八二条が短歌で表現されていることを指摘している。それは、

裁判の対審《たいしん》及び判決は、公開法廷でこれを行ふ

というものである。確かに「五・七・五・七・七」となっている。阿部氏は、「日本人は、いつのまにか日本国憲法の中に短歌を詠みこみ、一つの条文を一首の短歌をもってかえるほどの情趣に富んでいる民族だというべきであろうか」（一二頁）と記している。

詩が好きなのは中国も変わりがない。しかし、日本人も中国人も、インド人には負けそうだ。紀元前二世紀から紀元後二世紀にかけて成立したとされる『マヌ法典』は、全十二章二千六百八十四カ条からなるが、そのすべての条文が韻文で書かれているのである。その韻文はシュローカという形式で、八音節を一句とする四つの句で一つの偈《げ》を構成しており、「三十二音節」という一偈の文字数は、短歌の「三十一文字《みそひともじ》」に近い。インド人は、詩が大好きだ。法典だけ

ではなく、医学書、数学書、宗教書、哲学書、政治学書、経済学書、自然科学書までもが詩で書かれている。近年でも学術論文を韻文でまとめる学者がいるほどだ。

原始仏典の『サンユッタ・ニカーヤ』第一巻には、詩人（kavi）について語り合った箇所がある。何が詩句（gāthā）の機縁となる原因で、何がそれらの詩句を生み出すものであるのか、詩句は何に依存しているのか、諸々の詩句の住《す》み処《か》はどこであるのか——と尋ねられて、釈尊は次のように答えている。

韻律が〔詩句の〕機縁となる原因であり、文字（akkhara）がそれら〔の詩句〕を生み出すものである。諸々の詩句の住み処は、詩人である。

と、答えている。釈尊は、詩を詠《よ》むことを尊重していたのである。釈尊自身も、幾多の詩を作ったと聖典のうちに説かれている（中村元著『原始仏教の生活倫理』、五四一頁）。

仏弟子たちも自らの体験を詩（gāthā）で綴《つづ》った手記を残している。それは、長老（thera）たちの『テーラ・ガーター』、長老尼（therī）たちの『テーリー・ガーター』という詩集である。両者は、中村元先生によって、それぞれ『仏弟子の告白』『尼僧の告白』（岩波文庫）として出版されている。後者については、二〇一七年に植木訳『テーリー・ガーター——尼僧たちのいのちの讃歌』（角川選書）も出版された。

その『テーラ・ガーター』の第一二〇九偈から一二七九偈までヴァンギーサという詩人の長い詩が収録されている。それらの詩の大部分は、ブッダや、カウンディヌヤ（憍陳如《きょうじんにょ》）、シャーリプトラ（舎利弗《しゃりほつ》）、アーナンダ（阿難《あなん》）らを称讃する詩として、分割して『サンユッタ・ニカーヤ』第一巻に収録されている。それぞれを称える詩の直前で、ヴァンギーサが「〇〇さん、私はふと思い出すことがあります」と語り、釈尊が「それでは、ヴァンギーサよ、思い出すがよい」と応えて、ヴァンギーサがその人を讃嘆する詩を諳《そら》んずるという形式を取っている。

そこで、釈尊がヴァンギーサに「これらの詩句は、前もって考えて、作っていたものなのか、即興的に思い浮かんだものなのか？」と尋ねた。ヴァンギーサが「即興的に思い浮かんだものです」と応えると、釈尊は、「ヴァンギーサよ、前もって考えて、作っていたものではない詩句が、ますます思い浮かぶようにするがよい」と励ました。

原始仏典の一つに『ウダーナ・ヴァルガ』がある。これは、「感極まって発した言葉の集成」という意味である。釈尊も、感極まって詩を諳んじておられたのだ。その中から一つの偈を挙げてみよう。

na hi verena verāni sammant' idha kudācana /
averena ca sammanti esa dhammo sanantano //

母音の数を数えると、「八・八・八・八」で、これもシュローカの形式を取っている。筆者は、これを次のように訳した。

　実に、この世において諸《もろもろ》の怨みは、怨みによって決して静まることはない。けれども、〔諸の怨みは〕怨みのないことによって静まるのである。これは永遠の真理である。

寛容の精神にあふれたこの詩を目にして、スペインのアルヴァレス博士が感銘されたことは、既に第二十六話「怨みを捨ててこそ」で触れた通りである。釈尊は、自らの思いをこのように詩をもって表明していたのだ。

二〇一四年六月、日本現代詩人会の常務理事（当時）の山本《やまもと》十四《とし》尾《お》氏から詩人の芥川賞と言われるH氏賞の授賞式での記念講演を頼まれた。その時は、詩と仏教学とではほど遠いのではないかと躊躇《ちゅうちょ》したが、よくよく考えてみれば、経典は散文（長行《じょうごう》）と韻文（偈《げ》）からなっており、お釈迦さまは詩人でもあったことに思い至り、「お釈迦さまは詩人であった」という演題でお引き受けした。ところが、当日、演壇に立つと、目の前に日本を代表する詩人たちが並んでおられる。急遽《きゅうきょ》、タイトルを「お釈迦さまも詩人であった」に変更させていただいた。すると、詩人の皆さんが、お釈迦さまも私たちの仲間だったんだと喜ばれた。

第八十六話　西の元政・東の芭蕉

二〇一七年は京都・深草の元政《げんせい》上人の三百五十遠忌《おんき》に当たり、三月に東京・大田区の池上本門寺でその報恩法要が行なわれた。私はそこで記念講演をする機会を得た。

それに先立ち神奈川・平塚の大神山隆盛寺《おおかみさんりゅうじょうじ》の萩原是正《ぜしょう》住職が私財をなげうって六十年近くにわたって収集した元政上人、および関連の墨蹟《ぼくせき》等をまとめた『深草元政上人墨蹟』（大神山隆盛寺文庫、Ａ３判、三百九十八頁、二〇一六年）を出版した。その編集を岩波書店の元編集部長であった高村幸治氏が担当され、その縁あって、私がその巻頭に付す「元政上人の詩歌と仏教」と題する解説を執筆した。元政上人の詩歌や紀行文などの著作を読み、上人についての記録・研究書を調べるうちに、その業績と人徳の偉大さに圧倒された。その感動は、依頼された原稿用紙四十枚では書き尽くせず、百枚ほどになった。

元政上人が生まれたのは、長谷川等伯《とうはく》の没後十三年の一六二三年であった。儒学の基本経典『大学』を六歳で学び、幼少のころから『法華経』を読み、無類の読書家で、十三歳で彦根藩井伊家に仕官していたが、十九歳で健康を害し、二十六歳で出家し、法華宗の僧侶となった。

病と闘った四十六年の短い生涯に千五百余の漢詩と、分かっているだけで二百五十首ほどの和歌を詠み、そのほか膨大な出版物、墨蹟を残した。

『源氏物語』を少年のころから読み込み、後に陽明学者として名を成す熊沢蕃山《ばんざん》や、松尾芭蕉の師匠となる北村季吟《きぎん》に全編を講義した。季吟の『源氏物語湖月抄《こげつしょう》』の原点はここにあったと言えよう。中国の班固の『漢書』や司馬遷の『史記』の文体で『源氏物語』を自ら漢訳して中国に伝えることを考えていたが、かなわなかった。

元政上人は今では忘れられた詩人かもしれない。けれども、井原西鶴が「詩文は深草の元政に学び」と記し、松尾芭蕉、小林一茶、宝井其角《たからいきかく》、与謝蕪村をはじめ江戸時代を代表する文化人たちがこぞって元政上人を仰ぎ讃嘆していた。「雨ニモマケズ」の詩が書き込まれていた宮沢賢治の手帳の一三七頁にも上人の短歌一首がメモされ、そこに「元政上人」という名前もあった。〝西の元政・東の芭蕉〟とまで言われていた。こうしたことを知れば、三百五十年の歳月を経た今、上人を見直すことは日本文化の源流を知る上で重要なことだ。

その意味で萩原住職による『深草元政上人墨蹟』の出版は歴史的に貴重だ。二〇一七年の十一月二十三日に住職は卒寿《そつじゅ》（九十歳）を迎え、その月にその著作で立正大学の望月学術賞を受賞した。

その後さらに、元政上人のことを調べていく中で、書き足すことが相次ぎ、最終的に原稿用紙で四百枚ほどになった。それを中央公論新社の郡司典夫さんに見せると、二〇一八年が没後三百五十年に当たることで、「年内に出しましょう」ということになり、『江戸の大詩人　元政上人――京都深草で育んだ詩心と仏教』（中公叢書）として十二月二十日に出版された。

そこには、元政上人の勝れた詩や短歌をできるだけ多く紹介することに努めた。平易で真情を吐露《とろ》した作品の中でも、私の好きな詩を一つ。

桃花　　桃《もも》の花《はな》

桃花開谷口
黄鳥囀花枝
花発不言妙
鳥吟無字詩
谷静天地曠
春日一何遅
眼看浮雲尽
水流無息時
花影落霞晩
欲帰立水湄

桃花《とうか》、谷口《たにぐち》に開《さ》く
黄鳥《こうちょう》、花枝《かし》に囀《さえず》る
花《はな》は不言《ふげん》の妙《みょう》を発《はっ》し
鳥《とり》は無字《むじ》の詩《し》を吟《ぎん》ず
谷《たに》、静《しず》かにして天地《てんち》曠《ひろ》し
春日《しゅんじつ》、一《いつ》に何《なん》ぞ遅《おそ》き
眼《め》に浮雲《うきぐも》の尽《つ》くるを看《み》る
水《みず》、流《なが》れて息《や》む時《とき》無《な》し
花影《かえい》、落霞《らっか》の晩《くれ》
帰《かえ》らんと欲《ほっ》して水湄《すいび》に立《た》つ

桃の花が、霞谷《かすみだに》の入口である谷口というところに咲き誇っている。鶯《うぐいす》（黄鳥）が、その花の枝で囀《さえず》っている。花はものを言わないけれども、言わずして一切を語るという妙を発揮し、鳥は囀って、音のみの文字によらない詩を吟じている。この谷は静寂で、私は果てしない宇宙の広がりの中にいるようだ。春の一日はただでさえ長いのに、この谷にいると、ひとえに時間の悠久さが感じられる。眼には空に浮かんでいる雲が消えてなくなるのを見届け、水は絶え間なく流れ続けて尽きることがない。桃の花のシルエットが夕焼けの空に映える夕暮れ時になって、ようやく帰らなければいけないという思いになり、腰を上げて、水際に立った——。

第八十七話　和辻哲郎と『法華経』

哲学者・和辻哲郎博士が『法華経』の研究書を残していたことを知る人は少ないであろう。それは、「法華経の考察」と題して雑誌『心』（一九五六年十、十一、十二月号）に掲載されたが、一冊の単行本として出版されることがなかったからだ。晩年の和辻は、病床にあって、死を予期しつつも弛《たゆ》むことなく精力を込めて探究し続け、『心』に掲載された「阿毘達磨論《あびだるま》について」「煩悩の分析」「ミリンダ王問経と那先比丘経《なせんびくきよう》」などとともに、「法華経の考察」に雑誌掲載後も加筆増補を行なっていたが、未完の遺稿となっていた。

それらの遺稿の校訂を中村元先生が手掛けられ、和辻博士没後二年目の一九六二年に出版された『和辻哲郎全集』（岩波書店）第五巻の後半に「仏教哲学の最初の展開」として収録された。「法華経の考察」は、その中の後編「大乗経典に至る仏教哲学の展開」の第二章として収められている（四八六〜五六八頁）。

和辻博士は、初めは西洋の思想や文化を研究しておられたが、二十九歳を境にして日本の古代文化の研究を始められた。日本文化の研究は、仏教の理解なしには行なわれえないということに気づいて、仏教思想を源流から研究することに取り組んだ。その研究の第一弾が『原始仏教の実践哲学』であり、それが学位論文となった。宇井伯壽博士は、その書について「その優れた力作なる点においてはすでに学界の驚異とまで激賞せられ、影響を及ぼせることも多く模倣者を出すほどに認められた」（『印度哲学研究』第四巻、三五二〜三五三頁）と記している。

中村先生は、「日本では〔中略〕文献学的研究のほうに主力が注がれているので、〔中略〕思想的研究は数が少ない。これは全くユニークなものである」と、その全集第五巻の「解説」に記している。多くの仏教学者たちが、伝統的な視点にとらわれがちであったのに対して、和辻氏は思想としてのアプローチをしておられて、大いに刺激を受けた。東京大学教授の木村泰賢《たいけん》氏と論争を繰り広げ、仏教学者たちを驚愕させたという。

私も、〝思想として〟仏教を探究することを目指していたので大いに刺激を受けた。ただ、久《く》遠実成《おんじつじょう》の釈尊を「法身仏」としていることは、私と意見を異にするが（第五十五話「法身如来は形容矛盾」を参照）、その思想としての仏教へのアプローチは参考になった（和辻博士の考察内容については、全集第五巻を読んでほしい）。何よりも、その「第二章　法華経の考察」の冒頭で和辻博士は、『法華経』が仏教伝来以来、最も広く知られ、祖先の間でポピュラーで民衆に親しまれていたことから書き始めている。そのことを示す具体例として、日本人のだれもが知っている牛若丸、後の源《みなもとの》義経《よしつね》についての、南北朝時代から室町時代初期に成立したと言われる軍記物語『義経記《ぎけいき》』に描かれている義経と武蔵坊弁慶との出会いの場面を紹介している。

牛若丸というと、京の五条大橋で弁慶と戦って、負けた弁慶が家来になった……という話をわれわれは聞かされてきた。その大筋は、同じだけれども、それ以外のことが書いてあったというのだ。あと一振りで千振りの太刀《たち》が集められるというので、弁慶が五条天神近くの築土《ついど》のほとりで待ち受けている。そこへ牛若丸が笛を吹きながらやって来て、弁慶が切りかかる。しかし、一晩目は逆に太刀を取り上げられ折られてしまう。二晩目は、清水坂《きよみずざか》の上で待っていて、今度は長刀《なぎなた》で挑みかかったけれども、軽々とかわされた。

牛若丸は近くの観音堂へ入り込む。それを追っかけていったら、そこにはお経を読んでいる人が大勢いた。それは『法華経』であった。大勢の中で、牛若丸は女性の装束《しょうぞく》で衣をかぶっているから、見分けがつかない。弁慶は後ろから一人ひとり突《つつ》いて牛若丸を探し回る。見つけると、牛若丸が持っていた経典を奪い取って、一緒に『法華経』を読誦《どくじゅ》し合った。その場面を『義経記』から引用すると、御曹子《おんぞうし》の持ち給へる御経《みきよう》を追つ取つて、ざつと開いて、「あはれ御経や、御辺《ごへん》の経か、人の経か」と申しける。されども返事もし給《たま》はず、「御辺も読み給へ。我も読み候《そうら》はん」と言ひて読みけり。弁慶は西塔《さいとう》に聞こえたる持経者《じきようしや》なり。御曹司は鞍馬《くらま》の児《ちご》にて習ひ給ひたれば、弁慶が甲《こう》の声、御曹司の乙《おつ》の声、入り違へて二の巻半巻ばかりぞ読まれたる。参《まい》り人《うど》の永夜撞《えいやづ》きもはたはたと鎮《しず》まり、行人《ぎようにん》の鈴の声も止めて、これを聴聞《ちようもん》しけり。万々世間澄み渡りて尊《たつと》く心及ばず。

弁慶は、御曹司（源義経）が持っていた経を奪い取ると、ざっと開いて「何と経ではないか、お主の経か、それとも他人の経か？」と尋ねた。義経は返事をしない。弁慶は「お主も経を読め。わしも読もう」と言って読み始めた。弁慶は比叡山《ひえいざん》西塔に名の聞こえた『法華経』を受持《じゆじ》する者であった。御曹司は鞍馬寺の稚児《ちご》であって経を習っていたので、弁慶の高い調子の声と、御曹司の低い調子の声が、入り混じって第二巻の半分ばかりを読んだ。参籠していた者たちが一晩中鳴らす鐘の音も次々に静まり、仏道の修行者も鈴の音を止めて、二人の読経《どきよう》に聞きいっていた。読経の声はすみずみまで澄み渡り高貴で心の思いも及ばないほどであった。

しばらくして、帰ろうとする御曹司を引き留め、弁慶は太刀を求めて勝負を挑んだ。散々に打ち合った末、打ち負かされた弁慶は牛若丸の家来になった――という話である。その描写は、和辻博士が指摘しているように、二人の「勝負よりもむしろ法華経読誦《どくじゆ》の方に作者が力を入れている」と言える。それを読んで、和辻博士は、次のように感想を述べている。

明治の中ごろに生まれたわたくしたちは、牛若丸と弁慶との五条の橋における出合いを、全然法華経などと関係なしに教えられた。だから、大人になってからずっと後に、初めて『義経記』を読んだ時、この法華経合誦の描写を見て、実に驚愕に近い印象を受けたのである。〔中略〕弁慶は比叡山の西塔の持経者であり、牛若丸は鞍馬の寺で教育を受けたのであるから、彼らがお経のうちの最もポピュラーな法華経を知っていたからといって、少しも不思議なことはない。しかるにわたくしどもが日本おとぎ話において読まされた牛若丸や弁慶は、法華経などとはまるで無縁の人であるかのようにわれわれの心に印象づけられていたのである。

和辻博士は、これに続けて、さらに次のように記している。

これは何も牛若丸や弁慶の話に限ったことではない。われわれが明治時代に受けた教育は、全体にわたって法華経などと縁のないものであった。現にわたくし自身は、法華経の内容について何一つ知ることなしに大学を、しかも文科大学を、卒業することができたのである。

このように、日本の教育の偏りと、自らが『法華経』に無知であったことを反省する言葉を綴っている。その実態は、明治時代の教育に限らず今も変わっていない。私もそれを読んで、日本の文化、文学、芸術に与えた『法華経』の影響について学ぶべきだと痛感した。

第八十八話　『法華経』と日本文学

和辻哲郎博士に刺激されて、『法華経』と日本文化、特に日本文学について調べてみた。まず仏教伝来が五三八年で、六一一年から六一五年の間に聖徳《しょうとく》太子が『三経義疏《さんぎょうぎしょ》』を書いた。『法華経』と『維摩経《ゆいまきょう》』と『勝鬘経《しょうまんきょう》』の三つの経典の注釈書である。私は、そのうちの前二者をサンスクリット語から翻訳したが、その意義は大きいのではないかと自讃している。ある学者に「『勝鬘経』も翻訳してください」と言われたが、『勝鬘経』のサンスクリット語写本は見つかっていないので、現時点でそれはできない。

聖武《しょうむ》天皇の時代になると、全国に国分寺と、国分尼寺が造られた。国分尼寺は、正式には「法華滅罪之寺《ほっけめつざいのてら》」と言われた。そこでは、当然『法華経』が講義されていた。さらに、『源氏物語』の存在が文書として確認できる最古の年である一〇〇八年に生まれた菅原孝標女《すがわらのたかすえのむすめ》は、少女のころ『源氏物語』を読みながらうたた寝をして、夢の中に「いと清げなる僧」が現われて、「法華経五の巻を、とく習へ」と告げられたと『更級日記《さらしなにっき》』に記している。第五の巻には提婆達多品《だいばだったほん》第十二が含まれていて、そこには龍女《りゅうにょ》という八歳の女性が成仏する場面が描かれているからだ。このように、奈良、平安の時代から、『法華経』といえば、女人成仏《にょにんじょうぶつ》が明かされた経典として重視されていたということが読み取れる。

あるいは、『源氏物語』を読むと、宮廷で『法華経』を読誦・講讃する法華八講《ほっけはっこう》という法会《ほうえ》が行なわれていた。『法華経』が八巻あるので、一巻ずつ場所を変えて講義が行なわれていたのだ。それは光源氏によっても催されている。

あるいは、伝承文学の中でも『日本霊異記《にほんりょういき》』とか、『法華験記《ほっけげんき》』とか、『法華経』信仰に関する説話文学がたくさん作られた。平安時代末から鎌倉時代初期にかけての歌人・西行法師《さいぎょうほうし》にも『法華経』を讃嘆する歌が極めて多い。『梁塵秘抄《りょうじんひしょう》』における法文歌《ほうもんか》は大部分が『法華経』に関するものである。

あるいは、中学、高校の美術の教科書を思い出しただけでも、そこには狩野《かのう》派の狩野永徳《えいとく》や、狩野元信《もとのぶ》などの絵が掲載されていた。あるいは、「舟橋蒔絵硯箱《ふなばしまきえすずりばこ》」の本阿弥光悦《ほんあみこうえつ》、「風神雷神図」の俵屋宗達《たわらやそうたつ》、「紅白梅図屛風」の尾形光琳《おがたこうりん》、「八橋図《やつはしず》屛風」の尾形乾山《けんざん》、「松林図《しょうりんず》」の長谷川等伯——これらは皆、法華衆であり、『法華経』を信奉していた人たちである。歌人や俳人では松尾芭蕉の師匠筋である松永貞徳《ていとく》や、宝井其角《たからいきかく》、山本春正《しゅんしょう》といった人たちがいる。

古来、『法華経』は、これほど注目された経典であり、文学への影響は必然的とも言えた。それは、「諸法実相《しょほうじっそう》」（諸法の実相）という思想の文学論への展開として現われた。「諸法実相」とは、あらゆるものごと（諸法）のありのままの真実の姿（実相）のことである。

日本の文芸の中で重要な位置を占めているのは短歌だが、その短歌に対して「諸法実相」という考えが大きな影響を与えたように思う。例えば、平安末期の歌人で藤原定家《ていか》の父親である藤原俊成《しゅんぜい》は、『古来風躰抄《こらいふうていしょう》』という和歌論を残している。その中で、「止観《しかん》の明静《みょうじょう》なること前代も未《いま》だ聞かず」という天台大師智顗《ちぎ》の『摩訶止観《まかしかん》』の序章の一節を挙げ、言葉では表現しにくいことを言葉によそうことによって思いが及ぶと述べ、さらに『法華経』法師功徳品《ほっしくどくぼん》の、

若《も》し俗間《ぞっけん》の経書、治世《じせい》の語言《ごごん》、資生《ししょう》の業《ごう》等を説かんも、皆、正法《しょうほう》に順ぜん。

を踏まえて、「歌のふかきみち」は正法（仏法）と通ずるものであるとして和歌論を展開していた。それは、空《くう》・仮《け》・中《ちゅう》の三諦《さんたい》、すなわち「諸法実相」の思想との類似性を述べた次の言葉に集約される。

歌のふかきみちを申すも、空仮中の三諦に似たるによりて、かよはしてしるし申すなり。

（岩波文庫『中世歌論集』、一〇頁）

ここで言う空・仮・中の三諦は、次のような意味であろう。

現象界の諸々の事物（諸法）は、縁起（関係性）によって成り立つものであり、固定した実体のない「仮」の存在である。そのような「仮」の事物を不変の実体と見なして執着するところに苦が生じる。こうして現象界に苦を感じると、その反動として、やはり普遍性こそが大事だとなりがちである。あらゆる事物に実体はない、「空《くう》」であって、執着したり、妄想したりすべきものではないとなる。ところが「空」にとらわれすぎると、今度は現実離れした抽象論、観念論になってしまう。やはり、現実が大事だと逆戻りしても、「仮」から「空」へと向かったり（従仮入空《じゅうけにっくう》）、その反対に「空」から「仮」へ向かったり（従空入仮《じゅうくうにっけ》）というように、二者択一的に一方に偏《へん》してしまっていることに変わりない。そのいずれの在り方も、偏頗《へんぱ》である。

そこにおいて、現象界の事物を固定した実体のない「仮《かり》」のものとして否定して「空《くう》」に立ち、その「空」にとらわれることを否定して、現実の「仮《け》」を肯定する。「従仮入空」と「従空入仮」の両面を兼ね具えて現象界にも普遍性にも偏ることなく、切っても切れない関係としてあることが「中諦」ということである。

空・仮・中の三諦を主張したのは、中国の天台大師であった。天台大師は、三つの項目に分けたが、インドでは、二諦《にたい》として二つに分けるのが常であった。真諦《しんたい》に対する俗諦《ぞくたい》の二つである。前者が究極の真理、後者が世俗的な真理を意味する。それぞれ、第一義諦《だいいちぎたい》に対する世俗諦《せぞくたい》、勝義諦《しょうぎ》に対する世俗諦とも漢訳された。いずれにしても、現象界と普遍性との関係を論じたものであることに変わりはない。

こうした関係は、「諸法実相」の「実相」と「諸法」の関係とも置き換えることができる。「諸法実相」とは、「諸法」と「実相」の両方を見極め、「諸法」と「実相」のいずれか一方に偏るのではなく、「諸法」に即して「実相」を見、その「実相」は「諸法」を通して表現されるというように、両者が相依《あいよ》ってあるべきだと言っていると捉えていいと思う。天台大師は、「諸法実相」を三諦によって意義づけようとしたのであろう。

「諸法」そのものが「実相」とは言えないが、「実相」は「諸法」を通じてしか現われえない。藤原俊成の和歌論には、この「諸法実相」という〝存在の在り方〟〝ものの見方〟が根底に貫かれていると言えよう。和歌を詠む時には、桜を愛《め》で、月を眺め、風を感じ、現象・事物としての花鳥風月《かちょうふうげつ》を歌に詠み込む。現象としての「もの」や「こと」に即して、その背後にある実在、すなわち実相というものを表現することが「歌のふかきみち」であるというわけだ。

また、室町時代後期の連歌師《れんがし》で宗祇《そうぎ》という人は、次のように言った。

なほなほ歌の道は只《ただ》慈悲を心にかけて、紅栄黄落《こうえいこうらく》を見ても生死《しょうじ》の理《ことわり》を観ずれば、心中の鬼神《きじん》もやはらぎ、本覚真如《ほんがくしんにょ》の道理に帰《き》す可《べ》く候《そうろう》。

(『吾妻問答《あづまもんどう》』)

「なほなほ歌の道は只慈悲を心にかけて」に仏教の影響が読み取れる。「紅栄黄落」、すなわち木々の葉が紅くなって栄華の盛りを極め、黄色くなっては落葉する自然現象を見て、あらゆるものが生死《しょうじ》を繰り返しているという道理を達観する。それによって、「心を悩ませる荒々しく恐ろしい力を持つ神霊」も穏やかに静まり、あらゆるものが本来的に覚っているのであり、あるがままの真実を体現しているのだという理を覚知し、そこに回帰することになる。このように、自然現象の一端を歌として詠むことによって、人間と自然界にゆき渡る「あるがままの真実に即した道理」という「実相」に立ち還ることができると述べている。それが、「歌の道」であるというのだ。

このように、『法華経』の「諸法実相」ということが、日本文学を代表する和歌の精神的バックボーンになっていたと言えよう。

ただ、日本において『法華経』は自然観、芸術論、文学論として受け入れられた傾向が強く、人間の生き方という視点は弱かった。その例外は、日蓮と宮沢賢治であろう。日蓮は、「不軽《ふぎょう》菩薩の人を敬いしは、いかなる事ぞ。教主釈尊の出世の本懐は、人の振舞にて候けるぞ」と述べ、「人の振舞」の重要性を強調し、上行《じょうぎょう》菩薩、不軽菩薩をわが身に引き当てて論じた。賢治は「雨ニモマケズ」の詩を『法華経』の不軽菩薩を意識して書いたと言われる。

第八十九話　芭蕉と近松

松尾芭蕉は、日蓮聖人の命日である十月十三日の前後に行なわれる御会式《おえしき》（御命講《おめいこう》）の御逮《おたい》夜《や》法要に参加して次の句を詠んだ。

御命講《おめいこ》や油のやうな酒五升《しょう》

この句を詠んだのは、信徒からの供養の品々の名前を挙げた日蓮聖人の消息文《しょうそくぶん》「新麦一斗《いっと》、筍《たけのこ》三本、油のやうな酒五升、南無妙法蓮華経と回向《えこう》いたし候《そうろう》」という一文を読んでのことだと、蕉門十哲（十大弟子）の一人である森川許六《もりかわきょりく》が芭蕉と雑談した折に聞いたこととして書き残している。芭蕉が、日蓮聖人の遺文を相当に読み込んでいたことが分かる（ただ、この一文は『昭和定本・日蓮聖人遺文』等には収録されていない）。

この句は、芭蕉が江戸・深川に住んでいたことを考えれば、日蓮聖人終焉《しゅうえん》の地、池上本門寺で詠んだとするのが妥当であろう。その芭蕉が亡くなったのが、奇《く》しくも御逮夜法要の行なわれる十月十二日とあって、芭蕉没後にも門下たちは芭蕉の追善を兼ねて御会式に参加していた。

このように松尾芭蕉は、法華信仰をはじめとして仏教に関心を深くしていた。芭蕉の句は、仏教の影響を受けて、相当に「諸法実相」という世界を表現しようとしていたように思える。

古池や蛙《かわず》飛び込む水の音

という有名な句がある。俳句に関しては、ど素人《しろうと》である私の勝手な思い込みかもしれないが、私なりに解釈してみよう。ここには「古池」「蛙」「水の音」という〝事物〟〝現象〟が羅列されている。それによって、「私」が「ここ」にいて、「古池」が向こうにあって、「蛙」がそこにいる。その「蛙」がポチャンと「水の音」を立てて池に飛び込んだ。その水面に波紋が生じて同心円を描いて広がっていく。さらに、その「水の音」が向こうからこちらへ伝わってきて、それが「私」を通りすぎて宇宙大に広がっていく——というようなイメージを私は抱く。

単に「古池」と「蛙」と「水の音」というモノや現象を羅列することによって、〝私〟が〝今〟〝ここ〟にいて、宇宙の中に存在しているというような宇宙の広がりを私は感じる。これは「古池」と「蛙」と「水の音」という「諸法」を通して、宇宙の広がりの中の自己という「実相」を表現しているのではないかと、私には思える。小林一茶に、

痩《や》せ蛙《がえる》負けるな一茶これにあり
我と来て遊べや親のない雀《すずめ》

やれ打つな蠅《はえ》が手をする足をする
雀の子そこのけそこのけお馬が通る

といった句がある。ここには、生き物に対する優しさが表現されている。けれども、宇宙の広がりや、「実相」を感じさせる句ではない。

松尾芭蕉は、弟子の許六らと『法華経』についてしばしば語り合っていたようだ。彼らの作品の中にも『法華経』を踏まえた句が多数出てくる。例えば、山本荷兮《かけい》は、

おもふ事ながれて通るしみづ哉《かな》

という句を詠んでいる。この句だけ見ると、単に「清水」の流れるさまを詠《うた》ったものかと思われる。ところが、この句の直前に「十如是《じゅうにょぜ》」の三文字がある。十如是の各項目は、鳩摩羅《くまら》什《じゅう》訳の『法華経』方便品《ほうべんぼん》の次の一節に出てくる。

唯《ただ》、仏と仏と、乃《いま》し能《よ》く諸法の実相を究尽《くじん》したまえばなり。所謂《いわゆる》、諸法の如是相《にょぜそう》、如是《にょぜ》性《しょう》、如是体《にょぜたい》、如是力《にょぜりき》、如是作《にょぜさ》、如是因《にょぜいん》、如是縁《にょぜえん》、如是果《にょぜか》、如是報《にょぜほう》、如是本末究竟《にょぜほんまつくきょう》等《とう》なり。

（植木訳『梵漢和対照・現代語訳　法華経』上巻、七八頁）

ここでは「諸法実相」の内実が、相・性・体・力・作・因・縁・果・報・本末究竟等の十如是として言い換えられている。

だから、山本荷兮のこの句は「十如是という諸法実相の理法に基づく時、われわれの考えることは、滞ることなく流れゆく清水のように、森羅万象《しんらばんしょう》や生きとし生けるものとお互いに通いゆくものである」といった意味になるかと思う。

蕉門十哲に挙げられる服部土芳《はっとりとほう》は、蕉風を忠実かつ体系的に伝えるために俳論の書『赤冊子《あかぞうし》』に「高く心を悟りて俗に帰るべし」と書いている。この「高く心を悟」ることと「俗」は、「真諦と俗諦」、あるいは「実相と諸法」の関係と言っていいであろう。

あるいは、各務支考《かがみしこう》は、「法華経を要《かなめ》として」芭蕉の俳諧論を『俳諧十論』としてまとめ、「俳諧といふは別のことなし。上手《じょうず》に迂詐《うそ》（嘘《うそ》）をつくこととなり」と述べている。また『虚実論』を著わして、「実《じつ》を以《もっ》て方便の門を開き」（真実によって仮に設けられた教えの門を開く）という『法華経』の考えを根拠として、「虚《きよ》に居《い》て実をおこなふべし。実に居て虚にあそぶべからず」（虚構によって真実を表現するべきであって、その逆であってはならない）と述べ、俳諧における虚構（フィクション）と真実（ノンフィクション）の意義を論じている。芭蕉の『奥の細道』は、随行者の曾良《そら》が記録した『曾良旅日記』と比べても、かなりフィクション化されている。それによって、客観的で優美な文学空間と永遠の旅人の世界が作り出されている。そこに、

「虚に居て実をおこなふべし」の実際を見て取ることができる。

この場合の「虚」と「実」、すなわちフィクションとノンフィクション——それぞれを「諸法」と「実相」に置き換えると、『虚実論』は、まさに「諸法実相論」の変形ではないかと思う。あるいは、三百年ほど前の浄瑠璃・歌舞伎作家である近松門左衛門に、

芸といふものは実と虚との皮膜の間にあるものなり。〔中略〕虚にして虚にあらず、実にして実にあらず、この間に慰《なぐさみ》が有るもの也《なり》。（『難波土産《なにわみやげ》』）

という趣旨の「虚実皮膜論《きょじつひまくろん》」という芸術論がある。ここにも「虚」と「実」という文字が出てくる。この虚と実の違いは、薄い皮膜を隔てるぐらいのものでしかない、事実を事実のまま記録したってそれは面白くも何ともない。けれども、そこに事実プラス・アルファとして、「虚」を織り込むことによって真実というものが、生きいきとクローズアップされて、人々に感動をもたらす。これも「諸法実相論」の応用だと思う。これも、『法華経』の理念の文学における応用であり、ゲーテの「事実と真実」を思わせる。

この「虚実皮膜論」という文字を見ると、日蓮聖人の著作の中に用いられている「竹膜《ちくまく》を隔つ」（『観心本尊抄《かんじんのほんぞんしょう》』）という言葉を思い出す。この近松門左衛門自身が日蓮聖人の信奉者だったから、おそらくこの言葉を知っていたことであろう。

第十章　恩ある人々

第九十話　鑑真和上のコスモポリタニズム

「氷を解かす旅」として日本を訪れていた中国の温家宝《おんかほう》首相は、二〇〇七年四月十二日、国会で演説する中で、鑑真和上《がんじんわじょう》のエピソードに基づいて日中の文化交流の重要性に触れた。

鑑真は、日本の栄叡《ようえい》らの要請に応じて、七四二年に門下を率いて日本へ渡ろうとしたが、師の出国を望まない弟子たちの妨害もあり、目的を遂げることができなかった。翌年十二月、再び出帆するが、風浪に遭って目的を遂げず、七四八年には強烈な季節風を受けて海南島に漂着、この間に失明してしまう。十二年の間に五回の失敗を重ねた末、六回目の七五三年にやっとのことで鹿児島県の旧、坊津町《ぼうのつちょう》（現、南さつま市）に到着した。

鑑真和上の功績では、初めて『摩訶止観《まかしかん》』などの天台三大部をわが国にもたらしたことも忘れることができない。それは経蔵に保管されたままであったが、それに注目したのが伝教大師最澄《さいちょう》であった。たまたま入った経蔵でそれを見つけた。一読して感動し、唐へと渡り、京都・滋賀にまたがる比叡山《ひえいざん》に天台宗を開いた。その比叡山に学んだのが道元や日蓮をはじめとする鎌倉仏教の祖師たちであった。それを考えると、日本に及ぼした鑑真和上の役割は大きいと言えよう。

鑑真和上が来日した十七年前の七三六年にも険難のシルクロードを越えて、中国へ来ていたインド人のボーディセーナ（菩提僊那《ぼだいせんな》）が、ベトナム人の僧仏哲《ぶってつ》らと来日し、東大寺の大仏開《かい》眼供養《げんくよう》（七五二年）の導師を務めた。彼らは、遠く故国を離れた日本の地で生涯を閉じた。今日、雅楽《ががく》として宮中に伝わる林邑楽《りんゆうがく》もインドからもたらされたものである。大仏に奉納された伎楽《ぎがく》（仮面をつけて演じられる無言劇）で使用した面などは、正倉院宝物として保存されている。

遣隋使《けんずいし》、遣唐使は二百数十年の間に計十一回の派遣が行なわれたが、全員が無事に帰ってきたのは一回だけであった。派遣されて無事に帰ってこられる確率は、五〇パーセントほどであった。それだけ命がけのことで、遣唐使に任命されても仮病を使って辞退する者もいた。そのような危険も顧みず異国の地に仏教を伝えるために命をかけたボーディセーナや、鑑真和上のような人が現われたのはなぜであろうか。

その答えを中村元先生が教えてくださったことがあった。そのヒントは、鑑真和上が建立した唐招提寺《とうしょうだいじ》の名前にあるという。「唐」の字は、鑑真和上が唐の国から来たことを示し、「招提」は、サンスクリット語のチャートゥルディシャ、パーリ語のチャートゥッディサの音を移した当て字である。「チャートゥル」（チャートゥ）、はフランス語の「カトゥル」と語源が同じで「四」を意味し、「ディシャ」（ディサ）は「方向」ということで、合わせて「四方」、すなわち「あらゆる方角」ということになる。それは、「四方の人」ということであり、「世界をわが家とする人」のことだ。中村先生は、「『招提』という文字にはコスモポリタン（世界主義者、国際人）という意味が込められています」と話されていた。

原始仏典の『スッタニパータ』には「一切の生きとし生けるものは、幸福であれ、安穏であれ、自ら幸せであれ（中略）全世界に対して怨みもなく、敵意もなく、無量の慈しみの心を生ずるべきである」（第一四五、一五〇偈《げ》）とあった。男性出家者たちの手記詩集『テーラ・ガーター』には、粗衣粗食《そいそしょく》にして家なき人のことが「かれこそは四方の人である」（第一〇五七偈）とある。「出家」、すなわち「家を出る」ことは、世俗の名声に対する執着を離れることであり、「四方（世界）をわが家」とすることであった。

こうした思想的背景があったからこそ、「四方の人」としての自覚に立ち、国境や国籍を超越し、民族の違いをも問題外としてコスモポリタンの理想に挺身《ていしん》することができたのである。

かつて、故中村元東京大学名誉教授を訪ねてみえたタゴール大学学長のバッタチャリア博士から、一九一三年にアジアで初のノーベル文学賞を受賞したR・タゴールの思想について話をうかがう機会があった。「アジアは、一つでなければならない。それは武力によるものや、政治的な意味での一つではなく、文化によるものである」と考えていたタゴールは、「かつて、アジアは文化的に一つであった時代があった。それは仏教によって実現されていた」とも語っていたという。タゴールも、仏教のコスモポリタニズムの思想を読み取っていたのであろう。

温家宝首相の国会演説で鑑真和上の名前を耳にして、日中文化交流を支えたコスモポリタニズムに思いをはせている。

第九十一話　白川義員氏の〝仏教伝来〟

東の空に太陽が昇り、朝靄《もや》に包まれたルンビニー園が姿を現わす。無明《むみよう》の闇を晴らし、智《ち》慧《え》と慈悲の光明《こうみよう》を人類にもたらした釈尊の生誕の地だ。出産後マーヤー夫人が沐浴《もくよく》した池に白鳥が浮かんでいる——二〇一六年二月、三十年ぶりに復刻された白川義員《よしかず》氏の愛蔵版写真集『仏教伝来』（小学館）の表紙カバーと冒頭のページを飾る写真である。

続いてページを繰ると、釈尊が青春時代を過ごしたところ、苦行に専念した地、成道《じようどう》のブッダ・ガヤー、初転法輪《しよてんぼうりん》の鹿野苑《ろくやおん》、教化《きようけ》活動を展開した舎衛城《しやえいじよう》や祇園精舎《ぎおんしようじや》、入滅のクシナーラー——などが二千五百年前と変わらないかのようなたたずまいを見せる。

さらに、ネパール、インドで発祥した仏教がスリランカ、ガンダーラ、チベット、東南アジア、シルクロード、中国、朝鮮、日本の飛鳥《あすか》へと伝播した地の写真が網羅されている。

人類の精神性を高めた仏教の本源を永遠に伝えるため白川氏は、一九八一年から七年がかりで十二カ国五百四十七カ所の仏跡を踏破した。その撮影地は、世界的仏教学者の中村元先生に選んでもらい、三年にわたる教示を受けて撮影に臨んだ。これだけの仏跡を訪れた人は白川氏のほかにいない。人類初の偉業であった。

中村先生は写真集を手にして、「遺跡はものを言わない。しかし、白川氏の写真は背後に隠れて潜んでいる精神を生きいきとわれらに伝え、精神的な共鳴を起こさせます」と喜んだ。

その中村先生との対談（一九八九年）が、『中村元対談集Ⅰ　釈尊の心を語る』（東京書籍）に収録されている。そこには、チベットの八〇一二メートルのゴサインタン（神の座）の中腹まで歩いて登り、高山病で二日間意識不明になったこと、標高五五〇〇メートル、零下五〇度の中で嵐で吹き飛ばされそうなテントのポールを二日半も押さえ続けていたことなど、壮絶な体験が語られている。そんな時、六十歳過ぎて、長安の都を出発してインドまで行った法顕三蔵《ほっけんさんぞう》のことを思い出し、「法顕さんの苦労を考えてみろ」と自分に言い聞かせて乗り切ったという。

二カ月のチベットでの撮影が終わった時、体重が一八キロも減っていた。中国ではスパイと間違われて軟禁されたこともあった。幾多の困難にもめげず白川氏を駆り立てたものは、人類の精神性を高めた仏教の本源を永遠に伝えなければならないという思いであった。それは、「仏教徒の皆さん、本来の仏教に還《かえ》りましょう」というメッセージでもあった。ところが、それに対して、脅迫状が届いた。

白川氏が拙訳『梵漢和対照・現代語訳　法華経』の出版記念会（二〇〇八年）でスピーチされた。白川氏は、「私と植木さんとは、中村元先生をこよなく尊敬する同志であり、権威主義と闘う同志でもあります」と切り出された。そして、仏教界の現状を嘆き「植木さんには中村先生の遺志を継いで、本来の仏教は何だったのかを脅迫状が来ない程度に明らかにしていただきたい」と結ばれた。

その拙訳『法華経』が毎日出版文化賞を受賞し、翌年の白川氏の誕生日を祝う猪突猛進会《ちょとつもうしんかい》に妻とともに招かれた。受付に並んでいると、「一言スピーチを」と頼まれた。突然のことで困ったが、出版記念会で話されたことを思い出し、「白川先生は猪《いのしし》（亥）年生まれなので、猪突猛進会だとうかがいました。白川先生は知勇兼備の猪突猛進で、怖いものなしですが、私は兎《うさぎ》（卯）年生まれです。脅迫状が来たら、脱兎《だつと》のごとく逃げます」と話してその場をしのいだ。

二〇一六年七月に、拙著『人間主義者、ブッダに学ぶ――インド探訪』（学芸みらい社）を出版した。表紙がなかなか決まらなかった。どの写真もピッタリこない。その時、ルンビニー園の写真が頭に浮かんだ。白川氏に電話すると、「どうぞ、どうぞ。謝礼なんかいりません」と使用を快諾してくださった。拙著に荘厳さが添えられた。

白川氏の自宅を訪ね、撮影の裏話をうかがった。ネパールで空撮は軍事機密のため禁じられている。撮影許可が下りなかった。困っているのを聞いたネパール国王が専用ヘリを提供してくれた。

夜明け前に飛び立った。取り外した左側のドアから身を乗り出し、着地用のパイプに左足を乗せ、命綱に体重をかけての撮影だった。そのような事情で、空から撮ったルンビニー園は世界でもこれしかない。貴重な写真だ。後日、白川氏の写真使用料が軽自動車一台買えるほどだと聞いて恐縮した。

二〇一七年一月に八十二歳を迎えた白川氏はその秋、「天地創造」という新たなプロジェクトを開始した。白川氏の写真撮影のテーマは、「地球再発見による人間性の回復」である。二〇一八年二月七日にNHKの衛星放送でドキュメンタリー番組「白川義員　〝天地創造〟を撮る」が放映された。エヴェレストを空撮中の事故で片肺を失くした体で、秘境まで歩いて訪ねる場面には、私も妻も涙がにじんだ。現地に着くと、「疲れて写真なんか撮れないよ」とぼやくが、自然の驚異を目の前にすると条件反射のようにシャッターを切り続けた。その撮影を終え、間もなくその写真集が出来上がる。次なる〝地球再発見〟が待ち遠しい。

第九十二話　菅原文太さん

「トラック野郎」といえば、東映のヒット作の名優、菅原文太《すがわらぶんた》兄《あに》いのこと。その文太兄いと対談した。ニッポン放送の「菅原文太　日本人の底力」というラジオ番組だ。毎日出版文化賞の受賞者インタビュー（「毎日新聞」、二〇〇八年十一月十日付夕刊）を読み、「この人をゲストに呼びたい」という菅原さんの一声で決まったという。

授賞式の四日後（十一月二十九日）、授賞式に参加するために九州から駆けつけていた母・ミズカと、妻・眞紀子を伴って有楽町の放送局に赴いた。挨拶がすむと、何の打ち合わせもなくそのまま対談の収録が始まった。

菅原さんは、私の仏教との出会い、『法華経』現代語訳の動機、権威主義に対する『法華経』の平等思想などに興味を示され、教育の現場で経典に何が書いてあるのか何も知らされずにきたことを残念がっておられた。

菅原さんは対談の準備をしながら、聖徳太子の『三経義疏《さんぎょうぎしょ》』において『法華経』『勝鬘経《しょうまんぎょう》』とともに取り上げられた『維摩経《ゆいまきょう》』が〝戯曲的展開〟の経典であるという説明に興味を持っておられた。俳優の本能が刺激されたのだろう。

『維摩経』は、「空《くう》の思想」に基づいて平等、平和などのために積極的に行動する菩薩像をシェークスピアの戯曲に劣らないドラマとして描写している。「空の思想」に立つがゆえに、ものごとにとらわれない。ものごとにとらわれないがゆえに、心が自由である。心が自由であるがゆえに、自由自在の行動が可能となる。女性を軽視する智慧第一の舎利弗《しゃりほつ》を、女性が智慧によってコテンパンにやり込める場面は痛快だ。

『維摩経』のサンスクリット原典は、もはやこの世に存在しないと言われていたが、一九九九年七月にチベットのポタラ宮殿で貝葉《ばいよう》（棕櫚《しゅろ》の葉）に記された写本が発見され、二十世紀最大の発見とまで言われた。私は、中国で六十部、日本で四十部しか出版されていないサンスクリット語の貝葉写本の影印版《えいいんばん》（写真版）を購入し、翻訳を開始していた。菅原さんにその旨を伝えると、「出来上がったら、またお呼びしたいが、その時、生きているかどうか……」と発言された。残念ながら、その機会は訪れなかった。対談は十二月二十一日に放送された。対談した時、菅原さんは既にガンの治療中だったと後で聞いた。

対談を終え、「本当の〝日本人の底力〟は私ではなく、病の父を抱え私たちを育ててくれたこの母です」と言うと、「では、お母さんを中心に記念撮影しましょう」とカメラに納まった。母は二〇一五年に亡くなるまで、その写真を宝物にしていた。テレビを観ていて、菅原文太さんが画面に出てくると、私に電話してきて、「文太さんのテレビに出とらしたよ！」と伝えてきた。

菅原さんは、「政治家の使命は国民を飢えさせないこと、戦争をしないこと」という言葉を残し、その一カ月後の二〇一四年十一月二十八日に亡くなった。その言葉は、原始仏典の国王に対する教えと重なる。

第九十三話　偶然的必然

二〇一三年九月十二日、加藤敬事《けいじ》さんという人からメールが届いた。「植木さんの『梵漢和対照・現代語訳　維摩経』（岩波書店）がパピルス賞に選ばれました。変な賞ではありません。貰《もら》っていただけますか」。余りにも謙《へりくだ》った文章に首を傾《かし》げた。

すぐ編集を担当された岩波書店・前編集部長の高村幸治氏に問い合わせた。「それは変な賞ではありません。加藤さんは、みすず書房の元社長だった人です」と教えてもらった。

正式に通知が届いた。王子製紙の関係者の財団が主催する賞だからパピルス賞で、「大学や研究所に所属せず、アカデミズムの外で達成された学問的業績におくる賞」とあった。毎日出版文化賞を受賞した時は、中村元先生が『佛教語大辞典』で受賞されていたのと同じ賞であったことを喜んだが、これは、偏狭なアカデミズムと学問のセクショナリズムを最も嫌っておられた中村先生が一番喜んでくださる賞だと嬉しかった。中村先生は、「理科系であれば、実験データをもとに再現すれば、論文の価値を客観的に評価できる。ところが、人文系の論文では、エラーイ先生が『これは駄目だ』と烙印《らくいん》を押せば、二度とその研究者は浮かばれない。学問においてこんなことがあってはなりません」と常に語っておられたからだ。

授賞式では、東北大学と東京大学の名誉教授で、学士院会員の樋口陽一先生が、選考経過を報告された。樋口先生自身が、英語、フランス語、ドイツ語だけでなく、サンスクリット語に最も近いラテン語等の語学に堪能で、比較憲法学に取り組まれた方であり、その視点から「対照訳は、その場で対照されるのだから、訳者にとって全く妥協が許されない大変な仕事である」「詳細な訳注は、玄奘《げんじょう》三蔵などの訳との比較もなされていて、とてつもない奥行きのあるものになっている」「選考委員の想像もつかないほどの仏教学や、インド思想史、東洋学、比較文明論等々にわたる膨大な射程を持っている」「サンスクリット語という一般の学者にとっても至難な対象についてのこれだけ大きな仕事は、日本の学界、研究者にとっても、より広い知を求める読者にとっても大変なプレゼントである」「この賞の理念に百五十パーセントも、二百パーセントも的中するものだ」と、拙訳『梵漢和対照・現代語訳　法華経』と併せて評価してくださった。

　そして、最近の大学が、すぐに役立つ学問を早く作る〝学問の促成〟に走り、「何年間で業績を上げろ」と迫る嘆かわしい傾向を指摘され、樋口先生は、「私より若い研究者たちが悪戦苦闘している様子を見ていると、日本の大学は学問をするところではなくなるんではないかと憂慮している」として、パピルス賞の意義を嚙みしめておられた。

　二〇一六年七月に拙著『人間主義者、ブッダに学ぶ』(学芸みらい社)が出版され、樋口先生に送った。その本には、菅原文太さんとの対談の後の記念写真と、『維摩経』の現代語訳を待望する菅原さんの言葉を掲載していた。そこを読まれたのであろう。「菅原文太は仙台一高で一年先輩の敬愛する友人です。ご縁のあるべき方を彼が見逃さなかったことをうれしく感じております」との礼状が届いた。

　樋口先生は「ご縁」と書かれたが、世間も狭いと思うことが多い。俗に「袖《そで》振《ふ》り合うも多《た》生《しょう》の縁《えん》」と言う。人と人とのつながりや、出会いは理解を超えているが、縁起《えんぎ》の理法で〝偶然的必然〟としか思えなくなってきた。

　授賞式の懇親会で、東京大学名誉教授の藤本隆志先生が、「私は、中村元先生からイギリスのヴィトゲンシュタインのことを聞いて研究を始めました」と声をかけてこられた。中村先生が、スタンフォード大学での講義（一九五一～五二年）を終え、ヨーロッパからインド、日本へと帰国する際、イギリスでヴィトゲンシュタインのことを知り、その研究を藤本先生に薦められたということだった。何と、ヴィトゲンシュタインを日本に紹介したのは中村先生だったのだ。

第九十四話　『等伯』

二〇一〇年は、長谷川等伯の没後四百年に当たった。それを記念して「日本経済新聞」に小説『等伯』を連載されることになり、作家の安部龍太郎氏は等伯の魂魄《こんぱく》が乗り移ったかのような気迫に満ちていた。

「安部龍太郎さんが会いたがっています」と「朝日新聞」の文化部記者、渡辺延志《のぶゆき》氏から電話がかかってきた。法華宗の絵師・長谷川等伯を書くには『法華経』の思想を知らなければならないと、安部氏は京都に住み込んで取材し、岩波文庫の『法華経』などを読み漁《あさ》った。それでもよく分からなくて、たまたま訪ねてきた渡辺氏に、「『法華経』について手取り足取り教えてくださる人はいませんか」と尋ねた。渡辺さんは、「朝日新聞」「ひと」の欄で「法華経を現代語訳した植木雅俊さん」という記事（二〇〇八年五月十七日付）を書いてくださった人だ。渡辺さんは、即座に「いるいる、いる」と答え、私の名前を出されたという。そこから携帯電話で連絡してこられたわけで、二〇一〇年の一月末に一緒にお会いした。四時間ほどの語らいは、大変に実りあるものだった。

それから半年ほどしてのことだった。神戸女学院大学の村上直之教授（当時）から電話をいただいた。いきなり、「今、だれと一緒にいると思いますか？」と聞かれた。分かるはずがない。「安部龍太郎さんと一緒です」と言われた。「えっ、何で？」という思いに駆られた。

安部氏は、等伯が大徳寺の天井に描いた「龍」の絵を見学しようとされたが、非公開でかなわなかった。京都新聞社に相談すると、大徳寺と親しい村上氏を紹介され、村上氏を通じて許可を得た。絵を見終わって大徳寺を出ると、安部氏の口から、「植木さんという方がいらっしゃって……」という言葉が出た。「え、ひょっとして、あの『法華経』を訳された人ですか」「えっ、ご存じですか？」「え、安部先生こそ……」というやりとりをして、私に電話してきたという。

村上氏とは、植木訳『梵漢和対照・現代語訳　法華経』上・下巻を読んで会いたいというので、安部氏と会う二週間前に、神田の古書店の事務所で会っていた。東京で私と別々にあった二人が、京都で等伯の絵を一緒に見て、私のことで話がはずんでいるという。これはもう〝偶然的必然〟としか思えなかった。

しかも、その村上氏が、中公新書編集部の郡司典夫氏が私に会いたがっていると教えてくださった。こちらから郡司氏に連絡すると、中公新書からの出版を勧められた。拙著『仏教、本当の教え――インド、中国、日本の理解と誤解』(二〇一一年)は、こうして出版された。これも「思わぬ展開」であった。

小説『等伯』は、二〇一一年一月二十二日に始まり、二〇一二年五月十三日で完結した。その最後のクライマックスは、等伯渾身《こんしん》の作『松林図《しょうりんず》』(国宝)を描く場面であった。その場面を執筆されるに当たり、四月十一日に恵比寿の蕎麦屋《そばや》で安部氏と四時間ほど懇談することになった。『法華経』と日蓮の思想から、『松林図』に込められた意味を読み解くことに話の花が咲いた。筆者は、二〇一一年七月に東京工業大学大学院の人間力講座で「長谷川等伯と法華曼荼羅《ほっけまんだら》」と題する授業をやっていたので、その時のレジュメに従って筆者の『松林図』についての思いを伝えた。

「能登の七尾から出てきて、狩野《かのう》派に対抗して煌《きら》びやかな絵を描いてきたけれども、その延長線上に等伯の理想はなかった。求めていたものは足元にあった」と話すと、「それを象徴する仏教語は?」と聞かれ、私は即座に「等覚一転名字妙覚《とうかくいってんみようじみようかく》」と答えた。究極の覚《さと》り(妙覚)を目指して登り詰め、その一歩手前の等覚に到ってみると、様相は一転し、妙覚はこれまでの延長線上にはなく、足元にあったということだ。

安部氏は、私が拙《つたな》い字で書いた八文字「等覚一転名字妙覚」のメモを手にし、「それを松林図のお披露目で秀吉、家康など居並ぶ諸侯の前で公家《くげ》の近衛前久《このえさきひさ》に言わせましょう」と言うと、その場面構成を一気に語られた。小説というものは、このように構想されるのかという現場に立ち会わせていただいた興奮が今も忘れられない。

実際に紙面になったら、前久のその言葉を聞いた秀吉が、「等伯一転、何がどうした」とあった。「等覚」を「等伯」と勘違いさせるこんな発想は、研究者にはできない。さすが作家だと感心した。テンポのいいストーリー展開と文章の小気味よさに、大きな賞は間違いないと思った。案の定、二〇一三年一月に直木賞を受賞された。

授賞式にうかがうと、安部氏の隣にいた婦人に紹介された。「あなたが植木さんですか？」と言われた。それは、日蓮宗のお寺の婦人であった。新聞連載中に、ここまで『法華経』のことが分かっておられるというので、お寺での講演に安部氏を招いたそうだ。その時、「私の『法華経』理解は、植木さんという方のおかげです」と話されていたという。私のいないところでも、そのような話をしてくださっている安部氏の誠実さに心が打たれた。偉大な作家になられると思った。

京都の法華宗は、等伯のほか狩野永徳《かのうえいとく》などの狩野派、本阿弥光悦《ほんあみこうえつ》、尾形光琳《おがたこうりん》、尾形乾山《けんざん》、俵《たわら》屋《や》宗達《そうたつ》などの芸術家が輩出した。世間における一切の生産や創作活動は、仏の覚りと矛盾対立しないとする『法華経』の思想によるのであろう。

以上のことを書き上げた二〇一九年五月十日午後十時半に、西域に滞在中の安部龍太郎氏から電子メールが届いた。安部氏とはどこかでつながっているとしか思えない。

「ご無沙汰《ぶさた》しています。ただいま仏の道紀行の取材で、トルファンにいます。クチャも訪ねる予定です。法華経のたとえに蜃気楼《しんきろう》が出てきますが、かなり西域の人々の生活実感に近いエピソードがあると感じています。改めてご高著を再読させていただきます」

第九十五話　アメリカの出版事情

比較文化学者のムルハーン千栄子先生（元イリノイ大学教授）との出会いは、明治学院大学教授（当時）の佐藤アヤ子先生の研究室を訪ねた時であった。佐藤先生を訪ねてきておられるところに同席させていただき、一緒にケーキとコーヒーをご馳走《ちそう》になりながら懇談させていただいた。ムルハーン先生は山口県の出身で、私が九州大学卒だと知ると、地元の女学生たちの憧《あこが》れの的は「東大生よりも九大生だったのよ」とおっしゃり、異常に興味を示され、根掘り葉掘り聞かれた。

そのムルハーン先生と話をしていると、好奇心の旺盛さに圧倒される。銃を撃つ場面を読んでいて、どの程度の衝撃かというので、実際に射撃練習場で体験したり、女性の服役囚の話を読んだら、実際に女性刑務所に行ったり、とにかく好奇心の塊の人である。作家の北方謙三氏が、恐れ入りながら「博覧強記の人」と評されたことも納得がいく。

ニューヨークで *Gender Equality in Buddhism*（仏教における男女平等）を出版する時は、何度も助けていただいた。英文で書いた原稿を送って、しばらくして出版社から手紙が届いた。そこには、The Readers strongly recommended to publish your manuscript…（Reader たちが、あなたの原稿の出版を強力に推薦しています）という一節があった。reader は「読者」の意味だが、どうして大文字になっているのか理解できなかった。ムルハーン先生を訪ねてうかがうと、アメリカにおける学術書の出版事情を教えてくださった。

「だれか偉い先生――植木さんの場合はケネス・K・イナダ博士――が、適切な出版社を紹介して、『読んでください』と口添えすることはできます。でも、それから先は実力勝負です」

編集部が一応のレベルを確認し、著者の名前も所属も経歴も切り取った原稿のコピーを、全米あるいは世界中でその分野の権威と見なされる人に送りつける。Reader というのは、その査読委員のことで、少なくとも三人ぐらいに送り、二対一でほどほどなら、またもう一人の意見を求めるというように、バランスを取って査定を求めるのだという。

「有名な学者、例えば中村元先生のような方の大作であっても扱いは同じです。高名な学者の原稿なのか、学生の書いた論文なのか、分からないようにして外部審査に出すわけです」

査読委員は、詳しくコメントを書いて出版社に送り返す。出版社は、批評した人の名前も所属も経歴も伏せてコメントだけをまとめて、著者に送ってくれる。著者が有名か無名か、肩書が何か、一切斟酌《しんしゃく》できない。おまけに審査の謝礼はゼロ。謝礼の額で点を甘くするような手心は加えられない。しかし、最新の研究成果を発表より先に読めるメリットが大きいから、学者は進んで引き受ける。この外部審査は、非常に公正であり、だからこそ怖いシステムだと言える。

「それだけ厳しいプロセスを植木さんの英文原稿はさっと通ったんですよ。審査結果のコメントに『reader friendly（読みやすい）』とあるのは、ストレートな文章で論旨をくみとりやすいからです。そして『strongly recommend（強力に推薦する）』と結ばれています。私も何度か査読委員を務めて、ほかの委員たちの査定コメントも読んできましたが、『強力に』と言い切ってあるのは多くなかった。『出してもいいけど、それには次の条件がある』などと、何か注文がつきます。植木さんには、加筆や修正の要求もつけられていません」

　こうして拙著は、Asian Thought and Culture（アジアの思想と文化）というシリーズの第四六巻として出版された。

「アメリカの学者は長年、研究を積み重ね、原稿を何度も書き直し、何年もかけていくつもの出版社に原稿を読んでもらって、やっと立派なところから出るというケースが多いのよ。植木さんのように、石を投げたらすぐ当たっちゃったというのは、稀有《けう》なことですよ」

　その一言ひとことが具体的で説得力があり、全く不安になることなく作業を進めることができた。

　契約書を交わす時も、十二枚もの文書で、party という単語が出てきて、出版記念会のことかなと思いたくなるが、それでは意味が通じない。英和辞典を見ると、最後のほうに法律用語として「当事者」があった。「これは、大変」と辞書を片手に全文を翻訳した。その中に、私に不利益なことが書いてあった。ムルハーン先生に相談すると、「不都合なところを赤のペンで抹消し、自分の思うことを書き入れて、別の手紙に『顧問弁護士と相談した結果、訂正させていただきます』と書いて送り返しなさい」とアドバイスされた。その訂正は、すんなり受け入れられた。

ゲラに赤字が入って送られてきた時も、校正の記号が日本と違っていて困ったが、それもムルハーン先生に教えていただいた。

ムルハーン先生は、私にとって知恵袋であり、軍師のような存在である。

第九十六話　阿満利麿先生と慈雲尊者

二〇〇九年の一月、友人が一つのブログの存在を教えてくれた。開いてみると、宗教学者の阿満利麿《あまとしまろ》先生（明治学院大学名誉教授）のブログであった。

これまで、「在家魂」の念仏者の「言葉」を紹介してきたが、たまたま岩波の読書人向けの雑誌『図書』12月号を見たら、在家魂の固まりのような方の仕事が目に入ってきたので紹介したい。その人の名前は植木雅俊さん。本職は物理学者。中村元さんの「東方学院」で仏教学とサンスクリットを勉強されて、『梵漢和対照・現代語訳　法華経』上下を刊行され、今年の毎日出版文化賞を授与された。

という文章で書き出されていた。

岩波書店の『図書』二〇〇八年十二月号巻末の「こぼればなし」に、次の一節がある。

〔植木雅俊〕氏は大学で物理学の学徒でした。社会に出た後、仏教学の泰斗《たいと》中村元氏が東大退官後に、専門家の縄張り意識から自由な研究をと万人に向けて開設した東方学院で、仕事のかたわら研鑽《けんさん》を積んだという経歴の持ち主で、いわば「在家」の研究者です。〔中略〕「学問に活力を賦与《ふよ》するものは、むしろ学問を職業としない『俗人』の学問活動ではないだろうか」と述べたのは、かの丸山眞男《まさお》氏でした（『増補版　現代政治の思想と行動後記』）。学問に真の活力が必要な今だからこそ、「出家主義」にとらわれないよう自戒したいものです。

これを踏まえて、阿満先生は、「いまこそ学問の『出家』ではなく『在家』が期待される時

代ではないか」という趣旨を読み取り、

「こぼればなし」担当者の、この結論に私は大賛成。学問ではないが、こと仏教に関しては、在家が立ち上がるしかない時代に入っていると痛感している。同人諸氏の活躍を大いに期待します。

とブログを結ばれていた。

その後、二〇一四年七月に『仏教学者　中村元——求道のことばと思想』（角川選書）を出版し、すぐにブログに書いてくださったことへのお礼をしたためて、阿満先生に郵送した。すぐに礼状が届いた。

私たちの小さなブログの記事がお目にとまった由《よし》、うれしく存じます。その後、法華経は手元においてしばしば拝読しています。

と書き出され、中村先生と会われた時のやりとりが記されていた。

「阿満利麿」という名前を聞かれると中村先生は、「得寿《とくじゅ》さんとの関係は？」と尋ねられたという。「孫です」と答えると、温顔をほころばせて、「そうですか」とおっしゃられたという。

礼状には、サンスクリット語の研究者にとって驚くべきことが綴《つづ》られていた。阿満先生の祖父・阿満得寿さんは、『悉曇阿弥陀経《しったんあみだきょう》』の著者で、岩波文庫の中村元・紀野一義・早島鏡正訳註『浄土三部経』上・下巻の解説にも名前が出ている。曾祖父・阿満得聞《とくもん》さんは、明治維新のころ西本願寺の勧学（教学の研鑽をきわめた指導的立場の僧侶）であったが、河内《かわち》の慈雲《じうん》尊者飲光《おんこう》の悉曇学《しったんがく》（梵語・梵字に関する研究）を受け継いでいたという。そのため か真宗でありながら、その弟（伎人戒心《これとかいしん》）は河内の真言宗・高貴寺に入寺し、その甥《おい》も高貴寺に入り、日本に伝わる梵字・梵文資料を網羅し、文法・経典・その他に分類・組織立てした一大叢書、慈雲尊者著『梵学津梁《ぼんがくしんりょう》』一千巻の公刊に努めたという。

そのような家系にあって、阿満先生の祖父の阿満得寿さんも、悉曇学から近代サンスクリット学への転換点に身を置いて、サンスクリット文法のテキスト作りに尽力されたと綴られていた。そうしたことをご存じであった中村先生が、阿満利麿先生に優しい言葉をかけられたという。

礼状の最後に、

ブログにも記しましたように、小生は植木さんの不屈の在家魂に感動している一人です。私もいつのまにかアカデミズムの世界からは離れ、既成教団とも距離をおくようになりました。同志という思いがしています。

と、もったいない言葉を記しておられた。

中村先生は、決定版・中村元選集の別巻『日本宗教の近代性』に慈雲尊者のことを記されている。弘法大師の言を無批判に奉じることなく、真理は釈尊によって説かれているはずだとして、それを知るには漢訳を通してではなく、サンスクリット原典に当たらなければならないとして、梵学の体系を完成させた。真言《しんごん》・陀羅尼《だらに》を唱えれば現世利益があるとすることに背を向け、宗教における倫理の重要性を強調した。そのため、「いまなお呪術的な儀礼的段階にとどまっている密教の教団幹部からはうとんじられている」（『日本宗教の近代性――日本の思想Ⅳ』、二七〇頁）というが、中村先生は、そこに慈雲尊者の〝日本宗教における近代的思惟〟を読み取っておられた。

第九十七話　卯の目・鷹の目

折口信夫の最後の弟子、歌人・阿部《あべ》正路《まさみち》氏は、動物園が好きだという。それも鷲や鷹などの猛禽《もうきん》類の目がたまらなくいいという。妥協や、いい加減さを許さない鋭いその眼差しは、阿部氏の眼とも共通する。無責任で不誠実な態度に対して、阿部氏が激怒される場面を何度も目撃した。それでいて、そばにいる私は、いたたまれない思いになったことはない。やはり筋が通っているからであろう。

私が阿部氏の歌集を初めて読んだのは、第十歌集『火焔土器《かえんどき》』であった。そこには、花鳥風月の典雅な歌の世界とは異なり、人の悲しみ、怒り、優しさ、温もり、思いやり、無念の思い、誠実な生き方など、人間への尽きせぬ愛情が、縄文人の激しい情念の炎《ほむら》となって赤々と燃えていた。

財産のすべてを奪《と》りてしまひたる奴こそ阿部家のある相続人
先生の猿真似《さるまね》ばかりせし君が今したたかに裏切りてをり
先生を裏切りてつひに名を成すか、君の行く末よく見て置かう
利用されても人を裏切るなと末の子にさとしてつのる嵐見てゐつ
変節を憎む講義をすすめつつたかぶりぬ新しく建ちし校舎に

という歌を眼にして、私は阿部氏の鷹の目をそこに見た。

ところが、その鷹の目に涙がにじんだ。ある講演で、ジャータカという仏教説話の兎《うさぎ》の話をされた時のことだ。

兎はサンスクリット語でシャシャ（śaśa）と言う。これは、「飛び跳ねる」という動詞シャ

シ（√śaś）に、「～するもの」という名詞を作る接尾辞 a を付けたもので、「飛び跳ねるもの」という意味である。この śaśa に、「～を持つもの」という名詞を作る接尾辞 in を付けたシャシン（śaśin）が「兎を持つもの」（漢訳では懐兎《えと》）、すなわち月を意味する。ここには、すべての名詞は動詞から作られるというサンスクリット独自の思想がうかがわれる。こうしたことは、月の模様を兎と見立てた人たちの連想によるもので、この連想からこのジャータカは作り出されたのであろう。

この話が、仏教伝来とともに中国へ伝わった。それまで中国では、月にはヒキガエルがいると考えられていたが、兎に取って代わられた。それが日本にまで伝わり、『今昔物語《こんじやくものがたり》』にも記された。

阿部氏は、今昔物語の兎の話に触れられた。――ある時、兎と狐と猿が仲よく暮らしていた。彼らがなぜ仲よしなのか知りたくて、仏さまが乞食《こつじき》に身を変えて食べ物を乞《こ》うた。猿は木の実を、狐は墓の供物《くもつ》を持参した。兎は手ぶらだった。それを見て、猿と狐が真面目に働いて、兎だけが楽していると疑惑の目で見られた。兎は、眼に涙を浮かべて火の中に飛び込み、「私を食べてください」と言った。一番優しいのは実は兎だったということで、兎は月に住ませてもらうようになった――という話である。

話しながら阿部氏の声が涙声に変わった。だれも認めてくれない中で一途《いちず》な思いを持つ兎の気持ちが自分の気持ちと重なったのであろう。自分の誠意をだれも分かってくれなくて、火の中に自ら飛び込んでそれを証明した一途さ。阿部氏は、その悲しみを自分の胸がかきむしられるほどに感じ取るのである。

その悲しみの一つとして、姉・園子さんの犠牲的とも言える夭折《ようせつ》があった（享年三十二）。その姉は、父が歌稿のことごとくを焼き捨ててしまった時に、初期歌稿ノート『澗畔集《かんぱんしゅう》』をひそかに隠し続けていてくれた人であった。その歌稿を未刊のままにしておきたいという阿部氏の思いも心に染みる。歌人、阿部正路の今日にとって、この姉の存在は大きい。

阿部氏の歌には、鷹の目と、この兎のせつない目の両面が具《そな》わっている。ずるく卑怯《ひきょう》な人間に対する怒りと、人の悲しみ、目に見えぬところでのこまやかな思いやりを感じ取る目が阿部氏の中で一体となっている。それは、〝卯《う》の目・鷹の目〟とも言うべきものである。

桂冠詩人・秋谷豊《あきやゆたか》氏の主宰する「地球」の集いで阿部氏と二人並んでいると、「兄弟ですか？」と尋ねられた。私には高名な先生の愚弟と見られたことは何よりも光栄なことであった。

詩の会に阿部氏とともに立ちおれば兄弟ですかと問える婦人《ひと》あり
兄弟かと問われて互いに見つむればニッコリ笑《え》める阿部氏の顔《かんばせ》

と駄句を詠んで、後に歌人の栗木京子さんから、「無技巧の技巧の力強さがある」と励まされた。

阿部氏は、私のよき理解者の一人であり、学位取得の際にも激励をいただいた。月に一度の阿部氏との懇談は、内容の濃い文学談義になった。卯《うさぎ》年生まれの私はいつも鵜《う》の目・鷹の目で拝聴していた。

第九十八話　報恩

九州大学に入学したころ、母・ミズカが言った。「雅俊は小学五年の時、『僕は九大に行って、川端康成さんのようになる』て言うたとよ」。その言葉を胸に、母は「西日本新聞」の集金のほかにも仕事を増やしたという。父が病で倒れ、母は朝から深夜まで働いた。

そのころ、毎日聞いていたラジオで耳にしたのだろう。九州大学の名前を口にしたことは覚えていた。しかし、川端康成のことは記憶になかった。当時の私にとって、有名人といえばノーベル賞受賞者だった。どうして川端康成なのか分からず、「湯川秀樹の間違いじゃないの?」と確認したが、母は「いいや、間違いなかと。ちゃんと覚えとる」と言い張った。

毎日出版文化賞を受賞したことで、二〇〇九年十月に九州大学の広報誌『九大広報』第六二号（五～一〇頁）の「九大人」というシリーズのインタビュー（インターネットで公開）を受けたが、その中でも、なぜ九州大学に入ったのかという理由として以上のことを語っていた。

中村元先生が亡くなって半年後、某出版社の社長から「あなたが、あの植木さんですか」と言われた。中村先生から私がどんな研究をし、どんな本を出しているのか聞いていたという。それは原始仏典『シンガーラへの教え』の「師は弟子の長所を吹聴《ふいちょう》し庇護《ひご》すべし」という釈尊の言葉そのままだった。勉強が大好きだった中村先生への恩返しは、勉強することだと思った。

二〇〇八年に出版した『梵漢和対照・現代語訳　法華経』（岩波書店）が毎日出版文化賞に選ばれた。原稿が行方不明になり八年がかりで書き直された『佛教語大辞典』で中村先生が一九七五年に受賞されていた賞で、私を中村先生につないだのがその『大辞典』だったので、ひとしお感慨深かった。

授賞式に九十二歳の母を九州から招いた。折しも、島原高校の先輩でわが家から数十メートルのところに住んでおられた盲目の作家・宮崎康平《こうへい》氏の生涯を描いた映画『まぼろしの邪馬台国』（堤幸彦監督、吉永小百合・竹中直人主演）が封切られたばかりで、妻・眞紀子が母を伴って観に行った。母は新聞の集金で訪ねた宮崎家の室内がそのままだったと興奮していた。

宮崎康平氏は、著書『まぼろしの邪馬台国』（講談社）で第一回吉川英治文学賞を受賞した。島原高校の同級生たちが、「康平さんは在野で邪馬台国論争に一石を投じ、植木は在野で法華経研究に一石を投じた」と言ってくれた。母は、その言葉を喜んだ。

中村先生は、日本画家・土田麦僊《つちだばくせん》の弟で、田中王堂《たなかおうどう》や西田幾多郎《にしだきたろう》の影響を受けた在野の哲学研究者、土田杏村《きょうそん》の名前をよく口にされた。土田は、「土田杏村全集」全十五巻や、英文で著作を残した。中村先生は、「哲学の本流ではなかったかもしれないが、勇気をもって文章に書き残すという行為を貫いた」と高く評価し、機会あるごとに「私は〔心が〕打たれる」と語られた。ところが、清水真木著『忘れられた哲学者――土田杏村と文化への問い』（中公新書、二〇一三年）のタイトルが示すように全くと言っていいほどに無視されてきた。

偏狭なアカデミズムを最も嫌っていた中村先生は、

> 思想そのものは、権威者によって語られた〔も〕のであっても、市井の凡人によって語られたものであっても、真理性そのものに変わりはない。
>
> （『古代思想――世界思想史Ⅰ』、二四頁）

> ストアの思想は、帝王であったマルクス・アウレリウスの言であろうと、奴隷であったエピクテートスの言であろうと、価値あるものが取り出されて論議されているではないか。
>
> （同、二五頁）

として、「日本では〝だれが書いたか〟を見て、〝何を書いたか〟を見ない」と口癖のようにおっしゃって、嘆いておられた。

だから、在野の私の本を権威ある岩波書店から出版するのは困難だったはずだ。出版できたのは編集部長（当時）の高村幸治氏のおかげである。高村氏は、その苦労の裏話を郷里・熊本の俳誌『阿蘇』に連載されている「本との出会い、著者との出会い」で三回（二〇一七年九、十、十一月号）連続して執筆してくださった。

授賞式では、「お母さんと会って、植木さんの頑張りが理解できました」と元イリノイ大学教授のムルハーン千栄子博士から声をかけられ、母は目を潤《うる》ませていた。

常々、百歳まで生きると言っていた母は、二〇一五年二月二十四日に亡くなった。十一月二十三日生まれの数えで百歳だった。後日、何気なく毎日出版文化賞の受賞者一覧を眺めていて、川端康成の名前を見つけた。受賞は一九六二年のこと、何と、私が小五の時だった。そのころ、毎日のように聞いていたラジオでその名前を耳にして母に言ったのだろう。ということは、母の記憶が正しく、その時、口にしていたことが知らぬ間に実現していたことになる。母の強い祈りのおかげであろう。

仏教では父母や師に対する報恩が説かれる。インドでは特定の人間関係だけでなく一切衆生の恩が強調された。私の人生を振り返っても、多くの人の恩を感じざるをえない。

第十一章　終わりに

第九十九話　今を生きる

学生時代に自信喪失から立ち直り、独学で始めた仏教を思想として探究する試行錯誤の足跡をたどった「今を生きるための仏教１００話」も、最終回に残すところあと一回となった（「西日本新聞」の連載「仏教50話」では、この回が最終回であった）。長い間読んでくださった方々に感謝したい。

中村元先生は、「仏教の思想は時間論と言ってもいい。それは〝今を生きる〟ということだ」と言われた。仏教の時間論は、原始仏典の『マッジマ・ニカーヤ』の次の言葉に尽きる。

過去を追わざれ。未来を願わざれ。およそ過ぎ去ったものは、すでに捨てられたのである。また未来は未だ到達していない。（中村元訳）

時間は、今・現在しか実在しない。過去といい、未来といっても、過去についての「現在」における記憶であり、未来についての「現在」の予想でしかない。いずれも「現在」を抜きにしてはありえない。この時間論から、先の一節に続けて、そして現在のことがらを、各々の処《ところ》においてよく観察し、揺らぐことなく、また動ずることなく、それを知った人は、その境地を増大せしめよ。ただ今日まさに為《な》すべきことを熱心になせ。（同）

という生き方が強調される。本来の仏教では、死後のことよりも〝今〟〝ここで〟生きているこの〝わが身〟に即して、いかに生きるのかが説かれていたのだ。また、哲学者の三木《みき》清《きよし》が一九一七年、二十歳《はたち》の時に「友情――向陵《こうりよう》生活回顧の一節」と題する小文の末尾に記した次の言葉は示唆《しさ》に富んでいる。

現在は力であり、未来は理想である。記録された過去は形骸に過ぎないものであろうが、我々の意識の中にある現実の過去は、現在の努力によって刻々に変化しつつある過去である。一瞬の現在に無限の過去を生かし、無限の未来の光を注ぐことによって、一瞬の現在はやがて永遠となるべきものである。（講談社文庫『哲学と人生』、二一頁）

これも、先の『マッジマ・ニカーヤ』の言葉と同様に、今・現在の重要性を教示したものとして、私の教訓としてきた言葉である。

私はこれまで、「だから何だろう?」という疑問を納得したくて、その時々にやらねばならないこと、やれることをコツコツやってきた。現実社会においては望み通りにいかないことが多い。不本意なこともやらなければならない。目標の前に障害物があって、横道に迂回《うかい》を余儀《よぎ》なくされることもあった。そこだけ見ると、この連載の冒頭に書いたように、私の人生は方向転換の連続で支離滅裂に見えよう。

私の二足草鞋《にそくわらじ》の人生においても、決して目標を見失うことはなく、一貫していた。一時的に迂回したことも、その体験が後になって思わぬところで意味を持ち、私の助けとなった。多くの人との出会いがあり、思わぬ導きとなった。そこには、自己について、ものごとについて山積する疑問が氷解《ひょうかい》する喜びがあった。それに比べると、辛いことは微々たるものだった。

私は小学二年の時、一酸化炭素中毒で〝死んだ〟が、幸いに生還した。それから六十年、「今まで生きて有りつるは、此《こ》の事にあはん為《ため》なりけり」という日蓮の言葉を知って、今、ここに自分が生きている有り難さを感じている。

これから待ち受ける未知の〝此の事〟との遭遇を求めて、これからも〝今〟を生きていきたい。

第百話　十二月二十八日のこと

「西日本新聞」の「仏教50話」の連載は、二〇一七年九月十二日に始まり、十一月二十一日で終わる予定であったが、掲載日が先送りになることが何度かあり、最終的に十一月二十八日に「今を生きる」で最終回を迎えた。この日は、中村元先生の誕生日であり、思い出深い日である。

一九九八年六月十二日、中村先生から「博士号を取りなさい」という伝言があった。それから一年四ヵ月後の十月十日に中村先生は亡くなられた。告別式で棺《ひつぎ》の中に二冊の本が収められていた。『ソフィーの世界』上・下巻であった。長女の三木純子《すみこ》さんにうかがうと、検査入院の時、旅行の時、中村先生はお孫さんからその本を借りて必ず持参して愛読されていたそうだ。ペーパーバックのカバーは少し擦り切れていた。哲学を分かりやすく書いたものとして、話題になった書である。

中村先生は、日ごろから「分かりやすく説くのは通俗的で、わけの分からぬような仕方で説くのが学術的であるかのように思われているが、これは間違いだ。分かりやすく説くのが学術的なのだ」とよく話されていた。この本については、「これからの学者は、このように子どもや一般の人にも分かるように書かねばならない」と話されていたという。中村先生がこの書を愛読されていた事実を初めて知って、改めて中村先生の学問への態度を教えられた思いである。

この精神を継承することが中村先生への追善となろう。

以上のことを、広報紙『仏眼』（一九九九年十一月十五日号）に書いた。このことを、『ソフィーの世界』の翻訳者である池田香代子さんに、逸早《いちはや》くお知らせしたくてお送りした。そして、池田さんからメールが届いた。十一月二十八日のことだった。それは中村先生の納骨の日であり、メールが発信された時刻は、その納骨が行なわれている時刻であった。

初めてメールをさしあげます。『仏眼』をお送りくださり、ありがとうございました。なんだろうと思ってページを繰っていき、ご文章に行き当たって、ほんとうに驚きました。とっさに、涙があふれました。このような大碩学《だいせきがく》が、晩年、あの入門書を楽しんでくださり、行く先々にお持ちまわりになったとは。この本にたずさわった一人として、生涯、光栄に存じます。しかも、遠い旅立ちに、ほかにいくらでも、それこそいくらでもおありだろうに、あの本を故人にお持たせになったご家族のやさしいお心、故人とご家族の深い愛の絆《きずな》を思って、ご家族もまたすばらしい方々だと感じ入りました。

中村元氏は、私は直接ご本を読むような器ではありませんが、サンスクリットの詩のご翻訳は昔から拝見していました。友人にサンスクリット学者がおり、「日本には中村元しかいない」と常々言っていました。『ソフィーの世界』の編集者と監修者は、お亡くなりになったとき、お噂《うわさ》をしていたそうです。その二人にもすぐさま電話で植木様のことを伝え、電話口でそれぞれに涙ぐんでしまいました。

植木様には、すばらしいご文章のなかにこのことを触れてくださり、心より感謝いたしております。もう一度、ありがとうございました。

そのメールを読んで感動し、『仏眼』編集部と理事長の本間昭之助氏に伝えると、そのメールを本紙で紹介できないかということになり、池田さんに問い合わせた。すぐに返信が届いた。

わーっと思って書いたので、文章になっていませんが、でも姑息《こそく》な見栄は中村先生には似つかわしくないと考え、あれでよろしければいかようにもお使いくださいと、編集部各位にお伝えください。掲載してくださるなら、重ねて光栄に存じます。（できれば、植木さまが私のメールを先生のお誕生日の、納骨の時間に受け取られたとのエピソードもそえることはできませんか……）

ときに、いま中村家には『ソフィーの世界』はないわけですよね。植木さまにお送りしますので、荷物になりますが、持っていっていただけませんでしょうか。もしも、お孫さんのお名前をご存じでしたらお教えください。

池田さんの許可を得て、この二つのメールを『仏眼』二〇〇〇年一月十五日号で紹介させていただいた。

中村先生からの指示で挑戦した博士号は、二〇〇二年九月三十日にお茶の水女子大学で取得することができた。文芸評論家の磯貝勝太郎《いそがいかつたろう》さんが「祝賀会をやりましょう」と言い出され、自ら実行委員長を買って出てくださった。日本ペンクラブの佐藤早苗さん、森詠《もりえい》さんにも呼びかけ、私の友人たちも交えて、打ち合わせを十月十日にやると連絡があった。その日は中村先生の命日で、中村元東方学術賞の授与式があるので、私はインド大使館に行かなければならず、日程や会場などの決定は皆さんに一任した。その夜、十一月二十八日に決まったと連絡があった。中村先生の命日に集まって、中村先生の誕生日に祝賀会をやることに決まった。不思議な思いが込み上げた。

　年が明けて、私がお茶大で博士号を取得したことを聞かれた岩波書店の編集部長（当時）の高村幸治さんから、論文を読みたいと連絡があり、送った。「最優先で出します」と言ってくださったが、権威ある岩波書店であり、在野の私の論文では困難だと思っていた。高村さんから、涙声で「駄目でしたが、私が何とかします。植木さんを評価している先生の名前を教えてください」というので、三枝充悳《さいぐさみつよし》先生と前田耕作先生、論文審査に当たられたお茶の水女子大学助教授（現、東京大学教授）の頼住光子《よりずみみつこ》先生の名前を挙げた。高村さんは、それぞれを訪ねて、意見を聞き再度編集会議にかけられた。高村氏のその苦労は、俳誌『阿蘇』の二〇一七年九月号に掲載された連載「本との出会い、著者との出会い」から読み取れる。

　二〇〇三年の十一月二十八日のことであった。午前十一時過ぎ、妻の運転する車で駅に向かっていた。携帯電話が鳴った。「高村です」。今度は、声が弾んでいた。「今、編集会議が終わり、出版が決まりました」。私はしばらく声が出なかった。「今日は……、中村先生の九十一回目の誕生日なんですけど……」。高村さんも驚かれたのか、少し間をおいて「そんなことってあるんですね」とおっしゃった。

学位論文は『仏教のなかの男女観』として、二〇〇四年三月十九日発売に決まった。高村さんの苦労を考えると、妻と二人で、「売れなかったらどうしよう」と心配していた。発売日前日、高村さんから電話があった。「明日、発売ですが、重版が決まりました」。妻と喜んだ。こうして、四月、六月、七月に重版が相次ぎ、最終的に5刷となった。それから十四年経ち、講談社から文庫化の話があり、『差別の超克――原始仏教と法華経の人間観』（講談社学術文庫）とタイトルを改めて出版された。その発売日が二〇一八年十月十日となっていたのも嬉しかった。

「博士号を取りなさい」とおっしゃった中村先生のご加護としか思えない。

あとがき

「西日本新聞」文化部の野中彰久《のなかあきひさ》氏とお会いしたのは、二〇一一年十一月二十九日のことであった。拙著『仏教、本当の教え』（中公新書）について取材したいということで上京され、御茶ノ水の山の上ホテルのロビーでインタビューを受けた。その時、「植木さんの話は面白いですから、連載随筆を書いてもらうことは可能ですか？」と聞かれていた。

インタビューの記事は、大事な話だから小さく扱いたくないということで、大きなスペースが取れる日まで待って、十二月二十四日付に掲載してくださった。『仏教、本当の教え』だけでなく、学位論文の『仏教のなかの男女観』『梵漢和対照・現代語訳　法華経』上・下巻（岩波書店）にも言及した記事であった。おかげで、『仏教、本当の教え』が福岡のジュンク堂では、二度の売り切れ、紀伊國屋でも大きな動きがあったと、中公新書の担当者から連絡があった。さらに「4版決定」の連絡も受けた（二〇一八年で10版）。

ところがその後、野中氏はタイ支局に転勤になられ、連載の話も立ち消えになり、忘れていた。ところが、二〇一七年一月二十六日の着信メールの差出人欄に「野中彰久」という名前があった。タイから帰国し、「古巣の文化部」に復帰されたそうで、「今回は、以前お会いしたときに少しお話した連載随筆のご相談です」とあった。それは、一九五一（昭和二十六）年から続く欄で、古くは坂口安吾、亀井勝一郎、森繁久彌《もりしげひさや》、最近では安部龍太郎、野矢茂樹、阿木燿子など、多彩な方々が執筆されたという。掲載は土日を除く平日で五十回、字数は各回八百字程度ということで、仏教の話を書いていただきたいとあった。

タイトルとして「仏教50話」を提示され、「植木さんが読み解いてこられた仏典から、毎回一つの言葉を選び、その言葉の解説と、そこから思いつくお話をつづるようなエッセー」「釈迦や原始仏教教団の航跡、エピソードでも良いですし、植木さん自身が体験した出来事でも良いですし、師匠の中村さんのこと、時事的な話題、本で読まれたことなどでもよいです。『仏教、本当の教え』への導入となるような柔らかな読み物をイメージしています」と具体的な提案をしてくださった。それは、いずれも願ってもない内容で、全面的に受け入れた。

この話の一カ月後にNHK－Eテレの「100分de名著」のプロデューサー・秋満吉彦氏から会いたいという連絡を受けた。その後、いろいろと検討された結果、私が『法華経』について解説をするということに決定した。それは、ちょうど、「西日本新聞」の五十回分の連載を書き終え、私の手を離れた時のことで、うまい具合に重複することなく、作業を移行できた。

二〇一八年三月に「100分de名著　法華経」のテキストが完成して、放送も四月に無事終了した。七月に『サンスクリット版縮訳　法華経　現代語訳』（角川ソフィア文庫）、十月に『差別の超克――原始仏教と法華経の人間観』（講談社学術文庫）、十二月に『江戸の大詩人　元政上人――京都深草で育んだ詩心と仏教』（中公叢書）の出版を終え、いよいよ「仏教50話」の出版に取り掛かった。

出版社をどこにするかと考えて、鶴見俊輔、丸山眞男、都留重人《つるしげと》、武谷三男《たけたにみつお》、武田清子、渡辺慧《さとし》、鶴見和子の七氏によって創刊された『思想の科学』の編集代表であった室謙二氏のことを思い出した。室氏を私に引き合わせてくれたのは、岩波書店元編集部長であった高村幸治氏であった。その室氏から紹介してもらっていた平凡社新書の菅原悠さんに連絡をしてみた。

菅原氏は、室氏が『アメリカで仏教を学ぶ』（平凡社新書）を出版される時に編集を担当された人だった。室氏は、その新書の中で、拙訳『梵漢和対照・現代語訳　法華経』上・下巻と、『梵漢和対照・現代語訳　維摩経』に言及しながら、「声を出して読んで、耳で聞いて分かる」訳を期待すると述べておられた。

菅原氏に連絡すると、覚えていてくださり、企画をすぐに通してくださった。新聞連載は文字数が決まっていたので、連載の時点ではちょっと言い足りないところもあったが、菅原氏は、本にする時は文字数にとらわれる必要はないという寛大な計らいをしてくださった。おかげで、三倍ほどの文字数に書き足したり、五十話を百話に書き足したりして、内容を充実させることができた。感謝に堪《た》えない。また、いい企画を立ててくださった西日本新聞社の野中彰久氏のおかげで、本書を出版することができた。心より感謝申し上げる。

二〇一九年十月十日　二十年前のこの日、逝去された中村元先生を偲びつつ　植木雅俊

初出

それぞれ、左記の記事に加筆して掲載。記載のないものは書き下ろしである。

第一〜五話、第七〜九話、第十三〜十七話、第二十一〜二十三話、第二十五〜二十六話、第三十話、第三十二話、第三十四話、第三十六〜三十九話、第四十一〜四十五話、第四十九話、第五十一〜五十二話、第五十四話、第五十七〜五十八話、第六十話、第六十二〜六十三話、第六十八話、第七十一話、第七十四話、第七十六話、第八十六話、第九十一〜九十四話、第九十八〜九十九話
「西日本新聞」二〇一七年九〜十一月

第十一話
二〇〇八年十一月二十五日、グランドプリンスホテル赤坂でのスピーチ

第十二話
館報「日本近代文学館」二八二号、二〇一八年三月十五日刊

第二十七話
季刊詩誌『地球』一二二号、一九九八年十二月刊

第三十三話
「毎日新聞」二〇一五年四月五日付

第四十八話、第六十七話、第七十二話、第九十話
『仏眼』二〇〇六年八月十五日号、一九九九年九月十五日号、二〇〇〇年三月十五日号、二〇〇七年五月十五日号

第八十八話
季刊詩誌『地球』一三一号、二〇〇二年九月刊

第九十六話
短歌誌『太陽の舟』二〇〇一年四月号

【著者】
植木雅俊《うえき・まさとし》
1951年、長崎県島原市生まれ。仏教思想研究家。九州大学卒。理学修士（九州大学）、文学修士（東洋大学）、人文科学博士（お茶の水女子大学）。東方学院で中村元氏からインド思想・仏教思想論を学ぶ。著書に『差別の超克』（講談社学術文庫）、『仏教、本当の教え』（中公新書）、『仏教学者 中村元』（角川選書）など、訳書に『梵漢和対照・現代語訳 法華経』上・下巻、『梵漢和対照・現代語訳 維摩経』（いずれも岩波書店）、『サンスクリット版縮訳 法華経 現代語訳』（角川ソフィア文庫）など多数。

平凡社新書９２７

今を生きるための仏教100話

発行日――2019年11月15日　初版第1刷

著者――植木雅俊

発行者――下中美都

発行所――株式会社平凡社
東京都千代田区神田神保町3-29　〒101-0051
電話　東京（03）3230-6580［編集］
　　　東京（03）3230-6573［営業］
振替　00180-0-29639

印刷・製本―図書印刷株式会社

装幀――菊地信義

ISBN978-4-582-85927-0
NDC 分類番号180　新書判（17.2cm）　総ページ416
平凡社ホームページ　https://www.heibonsha.co.jp/